Sarah Widany

Lernen Erwachsener im Bildungsmonitoring

# VS RESEARCH

## Schriftenreihe TELLL

Herausgegeben von
Christiane Hof, Universität Flensburg
Jochen Kade, Johann Wolfgang Goethe-Universität Frankfurt/Main
Harm Kuper, Freie Universität Berlin
Sigrid Nolda, Technische Universität Dortmund
Burkhard Schäffer, Universität der Bundeswehr München
Wolfgang Seitter, Philipps-Universität Marburg

Mit der Reihe verfolgen die Herausgeber das Ziel, theoretisch und empirisch gehaltvolle Beiträge zum Politik-, Praxis- und Forschungsfeld *Lebenslanges Lernen* zu veröffentlichen. Dabei liegt der Reihe ein umfassendes Verständnis des Lebenslangen Lernens zugrunde, das gleichermaßen die System- und Organisationsebene, die Ebene der Profession sowie die Interaktions- und Biographieebene berücksichtigt. Sie fokussiert damit Dimensionen auf unterschiedlichen Aggregationsniveaus und in ihren wechselseitigen Beziehungen zueinander. Schwerpunktmäßig wird die Reihe ein Publikationsforum für NachwuchswissenschaftlerInnen mit innovativen Themen und Forschungsansätzen bieten. Gleichzeitig ist sie offen für Monographien, Sammel- und Tagungsbände von WissenschaftlerInnen, die sich im Forschungsfeld des Lebenslangen Lernens bewegen. Zielgruppe der Reihe sind Studierende, WissenschaftlerInnen und Professionelle im Feld des Lebenslangen Lernens.

www.TELLL.de

Sarah Widany

# Lernen Erwachsener im Bildungsmonitoring

Operationalisierung
der Weiterbildungsbeteiligung
in empirischen Studien

Mit einem Geleitwort von Wolfgang Seitter

Bibliografische Information der Deutschen Nationalbibliothek
Die Deutsche Nationalbibliothek verzeichnet diese Publikation in der
Deutschen Nationalbibliografie; detaillierte bibliografische Daten sind im Internet über
<http://dnb.d-nb.de> abrufbar.

1. Auflage 2009

Alle Rechte vorbehalten
© VS Verlag für Sozialwissenschaften | GWV Fachverlage GmbH, Wiesbaden 2009

Lektorat: Dorothee Koch / Britta Göhrisch-Radmacher

VS Verlag für Sozialwissenschaften ist Teil der Fachverlagsgruppe
Springer Science+Business Media.
www.vs-verlag.de

Das Werk einschließlich aller seiner Teile ist urheberrechtlich geschützt. Jede Verwertung außerhalb der engen Grenzen des Urheberrechtsgesetzes ist ohne Zustimmung des Verlags unzulässig und strafbar. Das gilt insbesondere für Vervielfältigungen, Übersetzungen, Mikroverfilmungen und die Einspeicherung und Verarbeitung in elektronischen Systemen.

Die Wiedergabe von Gebrauchsnamen, Handelsnamen, Warenbezeichnungen usw. in diesem Werk berechtigt auch ohne besondere Kennzeichnung nicht zu der Annahme, dass solche Namen im Sinne der Warenzeichen- und Markenschutz-Gesetzgebung als frei zu betrachten wären und daher von jedermann benutzt werden dürften.

Umschlaggestaltung: KünkelLopka Medienentwicklung, Heidelberg
Gedruckt auf säurefreiem und chlorfrei gebleichtem Papier

ISBN 978-3-531-16896-8

# Geleitwort

Im Zuge der gesellschaftlichen Aufwertung und Institutionalisierung des lebenslangen Lernens wird die Frage der Weiterbildungsbeteiligung breiter Bevölkerungsschichten zu einem auch bildungspolitisch relevanten Steuerungsgegenstand. In diesem Kontext gewinnt Bildungsmonitoring als die systematische Beobachtung und Bewertung von Zuständen und Entwicklungen des Bildungssystems auf der Grundlage entsprechender empirischer Erhebungen eine zunehmende Bedeutung. Die Datengrundlage für ein weiterbildungsbezogenes Bildungsmonitoring ist allerdings als höchst disparat zu bezeichnen, da sich die vorliegenden Studien in ihrem methodischen Design, in ihrer Operationalisierung von Weiterbildungsbeteiligung und auch in ihren Ergebnissen über Teilnahmequoten z.T. erheblich unterscheiden.

Genau an dieser Stelle setzt die Arbeit von Sarah Widany ein, die „Erklärungsfaktoren für die unterschiedlichen Ergebnisse anhand der Spezifika der verschiedenen Studien" aufzeigen und somit auf die Interpretationsbedürftigkeit von Zahlen über Weiterbildungsbeteiligung im Kontext von Bildungsmonitoring hinweisen möchte. Die Arbeit beginnt mit einem allgemeinen Überblick über Aufgabe und Funktion von Bildungsmonitoring gerade auch mit Blick auf die internationale Diskussionslage. Sie gibt dann einen systematisierten Einblick in vier zentrale Studien sozialwissenschaftlicher Forschung, die – wie etwa der Mikrozensus, das Sozio-Oekonomische Panel oder das Berichtssystem Weiterbildung – (regelmäßig) Daten (auch) über Weiterbildungsbeteiligung liefern. Des Weiteren unternimmt sie einen Vergleich der Stichproben des Sozio-Oekonomischen Panels (2000) und des Berichtssystems Weiterbildung (2000), um anhand sozio-demographischer Merkmale Gemeinsamkeiten und Unterschiede beider Studien deutlicher zu profilieren. Und schließlich werden die Konsequenzen der Ergebnisse mit Blick auf eine Verstetigung und Kontextualisierung empirischer Weiterbildungsbeteiligungsforschung diskutiert.

Was die Arbeit auszeichnet und in hohem Maße lesenswert macht, ist nicht nur der souveräne Überblick und die methodische Akkuratesse, mit der die Autorin ihre Daten beschreibt, einordnet, systematisiert und differenziert. Ihre analytische Schärfe und Originalität zeigt die Arbeit vielmehr in einem kontrapunktischen Nebenprodukt, das Sarah Widany aus der inhaltlichen Beschäftigung und Darstellung ihrer sekundäranalytischen Studie entstehen lässt: nämlich eine überaus klar strukturierte Einführung in die quantitative sozialwissenschaftliche Umfrageforschung am Beispiel empirischer Untersuchungen zur Weiterbildungsbeteiligung, die nicht nur Erhebungs- und Operationalisierungsprobleme quantitativer Forschung zum Gegenstand macht, sondern auch am konkreten Beispiel zeigt, welchen Erkenntnisgewinn – etwa mit Blick auf Fragen selektiver Weiterbildungsbeteiligung – klug eingesetzte Auswertungs- und Darstellungsmethoden wie beispielsweise der graphisch aufbereitete Vergleich der Eintrittswahrscheinlichkeit von Weiterbildungsbeteiligung bestimmter Zielgruppen (odds) in Relation zu den Chancen anderer Gruppen (odds ratios) erzielen können.

Insofern ist mit der Autorin zu wünschen, dass die empirische Weiterbildungsforschung stärker als bisher methodisch profilierte und differenzierte Weiterbildungsdaten generiert, die im Kontext von Bildungsmonitoring eine verlässliche(re) Grundlage für bildungspolitische Steuerungsentscheidungen darstellen (können).

Wolfgang Seitter

# Inhaltsverzeichnis

| | | |
|---|---|---|
| 1 | **Einleitung**........................................................................................ | **11** |
| 2 | **Forschungsstand** ........................................................................... | **13** |
| 3 | **Bildungsmonitoring** ..................................................................... | **15** |
| 3.1 | Bildungsmonitoring als politische Steuerungsform ........................... | 16 |
| 3.1.1 | Bildungspolitische Steuerung ............................................................. | 16 |
| 3.1.2 | Bildungspolitische Steuerung und Weiterbildung.............................. | 20 |
| 3.1.3 | (Erziehungs-)wissenschaftliche Politikberatung................................ | 24 |
| 3.2 | Bildungsberichterstattung und Indikatorisierung ............................... | 26 |
| 3.2.1 | Bildungsindikatoren............................................................................ | 28 |
| 3.2.2 | Bildungsberichterstattung und »Bildung in Deutschland«................. | 29 |
| 3.2.3 | Weiterbildungsstatistik als Grundlage für Bildungsberichterstattung ................................................................... | 35 |
| 3.2.4 | Weiterbildung im nationalen Bildungsbericht ................................... | 40 |
| 3.3 | Die internationale Dimension des Bildungsmonitorings.................... | 42 |
| 3.3.1 | Internationale Bildungspolitik............................................................. | 42 |
| 3.3.2 | Internationale Bildungsstatistik.......................................................... | 47 |
| 3.3.3 | Europäische Bildungspolitik .............................................................. | 57 |
| 3.3.4 | Europäische Bildungsstatistik............................................................. | 65 |
| 4 | **Empirische Studien zur Weiterbildungsbeteiligung** ..................... | **77** |
| 4.1 | Empirische Studien aus Sicht der Umfrageforschung........................ | 77 |
| 4.1.1 | Grundlegendes zu empirischen Studien der Umfrageforschung ............................................................................. | 77 |
| 4.1.2 | Grundgesamtheit und Stichprobe........................................................ | 78 |
| 4.1.3 | Erhebungsinstrument – Fragebogen und Interview ........................... | 82 |

| 4.2 | Übersicht und Systematisierung vorhandener Studien | 88 |
|---|---|---|
| 4.2.1 | Mikrozensus | 89 |
| 4.2.2 | IW | 90 |
| 4.2.3 | BIBB/IAB-Erhebung | 91 |
| 4.2.4 | SOEP | 92 |
| 4.2.5 | BSW | 94 |
| 4.2.6 | Tabellarische Übersicht | 95 |
| 4.3 | Operationalisierung von Weiterbildungsbeteiligung | 100 |
| 4.3.1 | Theorie der Operationalisierung | 100 |
| 4.3.2 | Überlegungen zur Operationalisierung von Weiterbildungsbeteiligung | 102 |
| 4.3.3 | Gegenüberstellung der Operationalisierung innerhalb der Studien | 105 |
| **5** | **Zwischenstand** | **117** |
| **6** | **Empirische Vertiefung anhand der Daten des SOEP und des BSW** | **119** |
| 6.1 | Auswahl der Stichproben und methodisches Vorgehen | 120 |
| 6.2 | Ausgangspunkte | 122 |
| 6.3 | Erhebungsinstrumente und Rahmenbedingungen | 125 |
| 6.4 | Vergleich der Stichproben anhand sozio-demographischer Merkmale | 127 |
| 6.4.1 | Geschlecht | 127 |
| 6.4.2 | Region: Ost- und Westdeutschland | 130 |
| 6.4.3 | Schulbildung | 132 |
| 6.4.4 | Höchster beruflicher Bildungsabschluss | 135 |
| 6.4.5 | Erwerbstätigkeit | 138 |
| 6.5 | Zusammenfassung und Bewertung der Ergebnisse | 141 |
| **7** | **Konsequenzen** | **145** |
| **8** | **Diskussion und Ausblick** | **147** |
| **9** | **Literaturverzeichnis** | **149** |
| **Anhang** | | **165** |

# Verzeichnis der Abbildungen und Tabellen

## *Abbildungen*

| | | |
|---|---|---|
| Abb. 1: | Schablone zur Erfassung der Operationalisierung von Weiterbildung | 106 |
| Abb. 2: | Operationalisierung von Weiterbildung im Mikrozensus 2000 | 109 |
| Abb. 3: | Operationalisierung von Weiterbildung in der BIBB/IAB-Erhebung | 110 |
| Abb. 4: | Die Operationalisierung von Weiterbildungsbeteiligung im SOEP | 111 |
| Abb. 5: | Die Operationalisierung von Weiterbildungsbeteiligung im BSW | 112 |
| Abb. 6: | Übersicht über Kontinuität und Bezugsräume der Erhebungen | 114 |
| Abb. 7: | Anteil von Männern und Frauen in den Stichproben | 127 |
| Abb. 8: | Teilnahmequoten nach Geschlecht | 128 |
| Abb. 9: | Anteil von Frauen und Männern an der Personengruppe mit Weiterbildungsbeteiligung | 129 |
| Abb. 10: | Anteil von in Ost- und in Westdeutschland lebenden Personen | 130 |
| Abb. 11: | Anteil von Ost- und Westdeutschen an der Personengruppe mit Weiterbildungsbeteiligung | 131 |
| Abb. 12: | Anteil der Bildungsabschlüsse in den Stichproben | 132 |
| Abb. 13: | Teilnahmequoten an formaler beruflicher Weiterbildung nach Bildungsniveau | 133 |
| Abb. 14: | Anteil nach Bildungsniveau innerhalb der Personengruppe mit Weiterbildungsbeteiligung | 134 |
| Abb. 15: | Anteil der höchsten beruflichen Bildungsabschlüsse in den Stichproben | 135 |
| Abb. 16: | Teilnahmequoten an formaler beruflicher Bildung nach höchstem beruflichen Bildungsabschluss | 136 |

Abb. 17: Anteil nach höchstem beruflichen Bildungsabschluss innerhalb der Personengruppe mit Weiterbildungsbeteiligung ........................ 136

Abb. 18: Verteilung der Kategorien zum Erwerbsstatus in den Stichproben ........................ 139

Abb. 19: Teilnahmequoten an formaler beruflicher Weiterbildung nach Erwerbsstatus ........................ 139

Abb. 20: Anteil von Personen nach Erwerbsstatus innerhalb der Personengruppe mit Weiterbildungsbeteiligung ........................ 140

Abb. 21: Teilnahme an allgemeiner und beruflicher Weiterbildung 1991-2003 ........................ 165

*Tabellen*

Tab. 1: Die 1990er Jahre als Zeitmarke in der Entwicklung der Bildungsstatistik ........................ 48

Tab. 2: Indikatoren zur Weiterbildungsbeteiligung in Education at a Glance ........................ 54

Tab. 3: Benchmarks innerhalb der offenen Methode der Koordinierung ........................ 61

Tab. 4: Gegenüberstellung der empirischen Studien zur Weiterbildungsbeteiligung ........................ 95

Tab. 5: Gegenüberstellung der Zahlen zur Weiterbildungsbeteiligung ........ 124

Tab. 6: Beteiligung an beruflicher formaler Weiterbildung nach Geschlecht ........................ 129

Tab. 7: Zusammenhang zwischen Weiterbildungsbeteiligung und Region ........................ 132

Tab. 8: Zusammenhänge zwischen Bildungsniveau und Weiterbildungsbeteiligung ........................ 134

Tab. 9: Zusammenhänge zwischen beruflichem (höchsten) Bildungsabschluss und Weiterbildungsbeteiligung ........................ 137

Tab. 10: Zusammenhänge zwischen Erwerbsstatus und Weiterbildungsteilnahme ........................ 140

# 1 Einleitung

„Unser Ziel ist es, die Beteiligung der Bevölkerung an Weiterbildung bis zum Jahr 2015 von 41 auf 50 Prozent zu steigern." (BMBF 2007), so die Verlautbarung aus der Pressemitteilung des Bundesministeriums für Bildung und Forschung (BMBF) im Herbst 2007. Diese Aussage ist gleichermaßen Bestätigung des Bedeutungszuwachses, welcher Weiterbildung seit Jahren konstatiert wird, wie auch Ausdruck einer Bildungspolitik, die sich unter dem Zeichen einer neuen Steuerungsphilosophie sieht (BMBF 2006). Im Zentrum dieser neuen Steuerung steht das Wissen über Zustände und Entwicklungen des Bildungssystems. Diese sollen in einem Bildungsmonitoring systematisch beobachtet und bewertet werden. Grundlagen für Informationen über das Bildungswesen sind in vielen Fällen die Ergebnisse empirischer Studien, dies gilt insbesondere für die Zahlen zur Weiterbildungsbeteiligung.

Die dazu durchgeführten Studien unterscheiden sich jedoch erheblich in ihren Ergebnissen. Unter Umständen können die Angaben zur Beteiligung der bundesdeutschen Bevölkerung an Weiterbildung bis zu 30 Prozentpunkte auseinander liegen.

Bildungsmonitoring will das Weiterbildungsgeschehen in Deutschland beobachten, um somit eine Basis für bildungspolitische Entscheidungen zu schaffen. Welche Zahlen aus welchen Studien sollen nun in die Berichterstattung über Weiterbildung eingebracht werden? Welche Bedeutung soll den Unterschieden in den Ergebnissen eingeräumt werden und was wird eigentlich genau erhoben, wenn Weiterbildung gemessen wird?

Ziel dieser Arbeit ist es, Erklärungsfaktoren für die unterschiedlichen Ergebnisse anhand der Spezifika der verschiedenen Studien aufzuzeigen. Inwiefern können die voneinander abweichenden Teilnahmequoten der verschiedenen Studien auf Unterschiede in Studiendesign und Operationalisierung von Weiterbildungsbeteiligung zurückgeführt werden? Wie ist angesichts dieser Ergebnisse mit der Interpretation von Zahlen zur Weiterbildungsbeteiligung im Kontext von Bildungsmonitoring umzugehen?

Um Antworten auf diese Fragen zu finden, folgt der Darstellung des Forschungsstandes (*Kapitel 2*) ein umfassender Abschnitt zum Bildungsmonitoring (*Kapitel 3*). Hier werden die steuerungstheoretischen Hintergründe und Rahmenbedingungen beleuchtet, die die empirische Wende der Bildungspolitik begleiten. Bildungsberichterstattung als wichtiges Element des Bildungsmonitorings findet dabei besondere Beachtung. Ebenso wird die internationale Dimension dieses Themenkomplexes berücksichtigt. Anschließend werden die verschiedenen Studien zur Weiterbildungsbeteiligung aus der Perspektive der empirischen Sozialforschung beleuchtet (*Kapitel 4*). Nach dieser methodischen Einführung in die wichtigsten wissenschaftlichen Merkmale von Studien der Umfrageforschung erfolgt anhand der dort erörterten Charakteristika eine Gegenüberstellung der gängigen Studien, die Daten zur Beteiligung an Weiterbildung erheben (*Kapitel 4.2*). Das nächste Kapitel behandelt die Operationalisierung von Weiterbildungsbeteiligung (*Kapitel 4.3*). Auch hier schafft eine theoretische Einführung in die Operationalisierung empirischer Begriffe die Grundlage für eine Analyse der Operationalisierung von Weiterbildungsbeteiligung in den verschiedenen Studien.

An dieser Stelle können teilweise schon erste Annahmen über die Ursachen für die Unterschiede in den Zahlen zur Weiterbildungsbeteiligung geäußert werden. Ziel dieser Arbeit ist es aber, diese Effekte empirisch nachzuvollziehen. Um eine handhabbarere Vergleichbarkeit zu ermöglichen und aus methodischen Überlegungen heraus beschränkt sich der empirische Vergleich auf zwei Studien. Anhand der beiden Erhebungen *Berichtssystem Weiterbildung* (BSW) und der Schwerpunktbefragung zur Weiterbildung des *Sozio-oekonomischen Panels* (SOEP) erfolgt ein Vergleich der beiden Datensätze unter ausgewählten Gesichtspunkten (*Kapitel 6*). Die theoretischen Ausführungen in *Kapitel 4.2* und *Kapitel 4.3* werden zu diesem Zweck teilweise vertieft. Die empirische Analyse der Daten der beiden Studien konzentriert sich darauf, anhand des Vergleichs von sozio-demographischen Strukturen von Weiterbildungsbeteiligung mögliche Unterschiede zwischen den beiden Stichproben zu beschreiben. Neben einer deskriptiven Auswertung geht es auch darum, nachzuvollziehen, ob die unterschiedlichen Zahlen auch Auswirkungen auf die Zusammenhänge der Variablen in den Stichproben haben.

Abschließend werden die empirischen Ergebnisse hinsichtlich ihrer Bedeutung für den Umgang mit Daten aus verschiedenen Studien zur Weiterbildungsbeteiligung im Kontext von Bildungsmonitoring betrachtet (*Kapitel 7*). Die Arbeit schließt mit einer zusammenfassenden Diskussion und einer kritischen Reflexion der Ergebnisse ab. Dieser Raum soll vor allem für einen Ausblick auf weitere Fragestellungen, die in diesem Zusammenhang entstanden sind, genutzt werden.

## 2 Forschungsstand

Die Fragestellung dieser Arbeit berührt verschiedene Themenbereiche und hat doch einen sehr spezifischen Fokus.
Das theoretische Fundament der Umfrageforschung als Instrument der Sozialforschung besteht aus Elementen der Statistik und der Sozialpsychologie. Forschungsarbeiten aus diesen Bereichen, die sich mit methodischen Problemen und Effekten auseinandersetzen, sind zahlreich und kaum überschaubar. Der von de Vaus herausgegebene Sammelband *Survey Research* (2002) hat den Anspruch, die wichtigsten Themen und Beiträge in vier Bänden zusammen zu fassen. Übersichtlicher und praxisbezogener mit Bezug auf nationale Gegebenheiten macht dies auch Kaase in *Qualitätskriterien der Umfrageforschung* (1999).

Der Bedeutungszuwachs der Weiterbildung und nicht zuletzt der empirische Fokus, der durch ein datengestütztes Bildungsmonitoring auf das Bildungssystem gelegt wird, haben in den letzten Jahren zu einer verstärkten Auseinandersetzung mit den zur Verfügung stehenden Datenquellen geführt. Somit hat auch die Weiterbildungsforschung, deren Nähe zu quantitativen Daten bisher wenig ausgeprägt war (Kuper 2009) einen Anstoß erhalten, sich mit ihrer Datengrundlage zu beschäftigen. Im Zuge dessen sind viele Arbeiten entstanden, die eine Bestandsaufnahme der Datenquellen durchführen und diese auch anhand verschiedener Merkmale hinsichtlich ihrer Ergebnisse und deren Differenzierungsmöglichkeiten vergleichen (beispielsweise Bellman/Leber 2005, Seidel 2006). Dies geschieht oft auch unter Bezug auf bildungspolitische Erwartungen, insbesondere dann, wenn es um den Ausbau und künftige Anforderungen an die Weiterbildungsstatistik geht (Kuwan 2004). Ein völlig neuer Input und Reflexionsanlass vor allem zum Begriffsverständnis von Weiterbildung ist die Einführung des Adult Education Survey (AES) als europaweite Befragung zum Weiterbildungsverhalten. Erste Arbeiten, die die Implikationen für die deutsche Weiterbildungsstatistik aufzeigen sind in dem Sammelband *Berichtskonzepte auf dem Prüfstand* erschienen (Gnahs/Kuwan/Seidel 2008) und werden in dieser Arbeit herangezogen.

Die im empirischen Teil angeführten Referenzstudien sind mit leichten Abweichungen als für ein Bildungsmonitoring verwertbare Studien identifiziert worden. Die Datenlage zur Weiterbildungsbeteiligung wird dabei sehr viel positiver eingeschätzt als die zu anderen Gegenständen der Weiterbildung (vgl. Bellmann 2004). Das einstimmige Urteil aller Bestandsaufnahmen lautet aber, dass die Unterschiede der Erhebungen bezüglich ihrer Erhebungsansätze, verwendeten Definitionen und Fragekatalogen, ihrer Referenzzeiträume und nicht zuletzt ihrer inhaltlichen und methodischen Validität zu groß sind, als dass eine Integration der Ergebnisse möglich wäre (Kuwan 2004: 202). Diese Aussagen bewegen sich jedoch immer auf einer sehr allgemeinen Ebene. Das Berichtssystem Weiterbildung gibt neben den Ergebnissen der eigenen Erhebung auch die Statistiken aus anderen Datenquellen wieder und erörtert die Gründe für mögliche Abweichungen der Ergebnisse (vgl. z.B. für die nichtberufliche Weiterbildung, bezogen auf den Mikrozensus (Kuwan/Thebis/Gnahs et al. 2003: 37). Hinsichtlich der Daten des SOEP findet diese Auseinandersetzung jedoch nicht statt.

Nach jetzigem Kenntnisstand ist die Expertise von Wohn (2006) zur *Effizienz von Weiterbildungsmessung* die einzige Arbeit, die sich anhand des Vergleichs der Erhebungen des Mikrozensus und des BSW zum einen ausführlicher mit der Operationalisierung von Weiterbildung beschäftigt und zum anderen eine tiefere statistische Auseinandersetzung mit Ursachen für die Unterschiede in den Teilnahmequoten sucht. Ihre Ergebnisse werden im empirischen Teil dieser Arbeit ausführlicher erörtert. Vorweg genommen sei, dass Wohn im Vergleich von Mikrozensus und BSW einen großen Teil der Differenzen auf die unterschiedlichen Fragebögen der beiden Studien zurückführen kann. Vor diesem Hintergrund wird der Vergleich von SOEP und BSW interessant sein, da die Erhebungsinstrumente in dieser Hinsicht auch Unterschiede aufzeigen, diese aber sehr viel geringer ausfallen als zwischen BSW und Mikrozensus.

Von einer erziehungswissenschaftlichen Theorie des Bildungsmonitorings kann derzeit noch nicht gesprochen werden – wie im folgenden Kapitel deutlich wird. Zur steuerungstheoretischen und bildungspolitischen Gestaltung des Weiterbildungsbereiches gibt es viele Überlegungen und Konzepte (Faulstich 1995; Dröll 1998). Die Rolle und Wirkungen eines gesamtgesellschaftlichen Monitoring für die Weiterbildung werden darin aber nicht reflektiert.

# 3 Bildungsmonitoring

Ursprünglich war für dieses Kapitel die Überschrift „Weiterbildungsmonitoring" vorgesehen. Aber bereits die Bezeichnung „Bildungsmonitoring" ist ein relativ neuer Begriff in der Bildungsdebatte, für den es bisher keine Theorie im wissenschaftlichen Sinne gibt,[1] so dass es sinnvoller erscheint, Bildungsmonitoring unter besonderer Berücksichtigung des Bildungsbereichs Weiterbildung zu analysieren. Auch wenn wissenschaftliche Expertise und insbesondere die der Erziehungswissenschaft einen kaum zu vernachlässigenden Beitrag vor allem in der Bildungsberichterstattung leistet, ist die Auseinandersetzung innerhalb des Faches eher sporadisch und keineswegs zielgerichtet (vgl. Krüger/Rauschenbach/Sander 2006: 5f.). So müssen die Grundlagen für die Beschreibung des Bildungsmonitorings zu einem großen Teil aus dem umfangreichen Textkorpus des Bildungsmonitorings selbst herangezogen werden (vgl. Brosziewski 2007: 141). Um dabei nicht bei einer Beschreibung der Selbstbeschreibung zu verweilen, erfolgt die Annäherung an Bildungsmonitoring in diesem Kapitel unter theoretischen Gesichtspunkten, die den bildungspolitischen Kontext von Bildungsmonitoring unter dem Paradigma politischer Steuerung betrachtet. Miteinbezogen werden dabei insbesondere die Rolle der Wissenschaft und die Bedeutung von Wissen als Steuerungsressource. Dieser eher globalen Annäherung folgt eine Auseinandersetzung mit den besonderen Bedingungen des Monitoring des Bildungssystems Weiterbildung als Bestandteil des Bildungsmonitorings. Dies geschieht vorwiegend über die Auseinandersetzung mit der Bildungsberichterstattung als einem Hauptbestandteil, Produkt und Aggregat des Bildungsmonitorings (vgl. Rürup 2008: 152) und der Indikatorisierung von Weiterbildung innerhalb der Bildungsberichterstattung. Im Zuge dessen wird die zugrunde liegende Datenbasis beschrieben und ausgewählte Indikatoren zur Weiterbildung werden aufgeschlüsselt. Abschließend wird die Darstellung des Bereichs Weiterbildung innerhalb der gegenwärtigen Bildungsberichterstattung bewertet. Ein zusätzli-

---

[1] Kennzeichnend hierfür ist die uneinheitliche Verwendung und fehlende Definition des Begriffs Bildungsmonitoring in wissenschaftlichen Publikationen. Dabei wird Bildungsmonitoring unter Umständen gleichgesetzt mit Bildungsberichterstattung und explizit zu Evaluation im Bildungssystem abgegrenzt (z.B. bei Kruppe 2006) oder Bildungsberichterstattung wird als ein Teil des Bildungsmonitoring neben anderen Instrumenten wie Evaluation und Bildungsstandards begriffen (z.B. bei Döbert/Avenarius 2007 oder Feller 2006), kann dabei aber durchaus einen evaluativen Charakter haben (z.B. Weishaupt 2006).

ches Kapitel geht auf den internationalen Kontext von Bildungsmonitoring und die Wirkungen auf die nationale Bildungsstatistik ein.

## 3.1 Bildungsmonitoring als politische Steuerungsform

Bildungsmonitoring soll mit Hilfe von nationalen und internationalen Vergleichsuntersuchungen, der Überprüfung von Bildungsstandards, der externen und internen Evaluation von Bildungseinrichtungen sowie durch Beiträge aus der Bildungsforschung die Qualität von Bildungssystemen sichtbar machen und somit bildungspolitische Steuerung unterstützen. Dies geschieht im primären und sekundären Bildungsbereich, unter anderem durch die Teilnahme an internationalen *large scale assessments*, wie zum Beispiel PISA und IGLU und ist flankiert durch die Einführung von länderübergreifenden Bildungsstandards (vgl. Hüfner 2006: 18). Um den Impetus dieses Steuerungsgedankens zu begreifen, wie er an dieser Stelle seitens der Politik formuliert wird, lohnt es sich, anhand des bisherigen Verlaufs bildungspolitischer Steuerung in Deutschland die theoretischen Steuerungsmodelle zu rekonstruieren:

### 3.1.1 Bildungspolitische Steuerung

Bildungspolitische Steuerung ist immer als ein Subsystem politischer Steuerung zu verstehen und somit deren Strukturen und Funktionsweisen untergeordnet. Das Ziel politischer Steuerung ist es, Zustände des politischen Systems, der Gesellschaft und der Wirtschaft gezielt zu verändern oder aufrecht zu erhalten. Ein Ausgangspunkt für Diskussionen auf wissenschaftlicher und politischer Seite ist dabei immer wieder die Frage nach der Steuerbarkeit von komplexen Gesellschaften und deren Teilsystemen und somit auch analog nach der Steuerungsfähigkeit der Politik (vgl. Schmidt 1995: 937, sowie Schwegler/Roth 1992).

Die Politik der Nachkriegszeit ist – nicht nur in Deutschland – durch einen hohen Grad an Steuerungsoptimismus gekennzeichnet. Flankiert durch das Phänomen „Wirtschaftswunder" und durch die demokratische Stabilisierung glaubt man an die Regulationsmöglichkeiten durch politische Interventionen auf nationaler und internationaler Ebene (vgl. Mayntz 1987: 95f.). Hasso von Recum beschreibt in einem historischen Rückblick die Gestalt und die Folgen dieser politischen Grundannahmen innerhalb der deutschen Bildungspolitik. Diese bedient sich konsequenterweise der Bildungsplanung als Ordnungs- und Steuerungsprinzip, um durch staatlich verantwortete Bildungsexpansion und Bildungsreformen den wirtschaftlichen Wohlstand aufrecht zu erhalten und ein sozial gerechtes und demokratieförderndes Bildungssystem auf- und auszubauen. Gremien dieser Bildungsplanung sind der 1965 gegründete Deutsche Bildungsrat und die 1970 einberufene Bund-Länder-Kommission für Bildungsplanung. Das wichtigste Dokument dieser bildungspolitischen Ära ist der Strukturplan des Deutschen Bildungsrates 1970.[2] Die expansive Bildungspolitik fährt jedoch im Fahrwasser der allgemeinen Wachstumspolitik. Als diese durch die Ölkrise und die folgenden Rezessionen jäh gebremst wird, werden auch die Ressourcen für eine gesamtstaatliche Bildungsplanung knapper. Gleichzeitig stellen demographische Veränderungen neue Ansprüche an die Planung des Bildungssystems und ein bis dahin hoher bildungspolitischer Konsens der Parteien löst sich in verschiedene ideologische Interessen auf. Fünf Jahre nachdem der Deutsche Bildungsrat 1970 seinen Strukturplan zur Planung des Bildungswesens vorlegt, wird sein Mandat nicht mehr verlängert und er muss sich auflösen. Auch der von der Bund-Länder-Kommission vorgelegte und 1973 verabschiedete Bildungsgesamtplan (BLK 1973) führt nicht zu den steuerungspolitisch erhofften Ergebnissen und wird von den Ländern – wenn überhaupt – nur partiell angenommen. Dies ist zum einen auf seine historische Verspätung, zum anderen aber auch auf methodische und planungstechnische Schwächen in seiner Konzeption zurückzuführen (vgl. Recum 1988: 107ff.). Das Ergebnis ist eine „Selbstamputation des bildungspolitischen Steuerungssystems" (Recum 1998: 24), indem bildungspolitische Entscheidungen zum größten Teil der Verantwortung der Länder überlassen werden und auf eine gesamtstaatliche Bildungsplanung verzichtet wird.

Nicht zuletzt wegen der hohen Erwartungen an die Bildungsplanung der 60er und 70er Jahre waren die Ergebnisse eher enttäuschend und der Steuerungsoptimismus wurde von einer Steuerungsskepsis oder gar einem Steuerungspessimismus abgelöst. „Der Traum gesellschaftlicher Planung" (Mayntz 1987: 96) ist nicht in Erfüllung gegangen und wird Anlass zu einer Suche nach neuen alternativen Steuerungsformen. Dies hatte auf gesellschaftlicher Ebene Ausdruck in verschiedenen Emanzipationsbewegungen, deren Selbstbestimmungsansprüche mit einer zentralen deterministischen Planung und Steuerung nicht vereinbar scheinen. Die Wissenschaft beschäftigt sich ab diesem Zeitpunkt mit den Ursachen der erfahrenen Steuerungsdefizite und sieht diese (bis heute) im Bereich der Implementation, der Motivation, des Wissens über Steuerung (-szusammenhänge) oder aber generell in der (Un-)Steuerbarkeit von Systemen, wobei der Fokus bis heute auf diesem grundsätzlichen Steuerbarkeitsproblem zu liegen scheint (vgl. ebd.: 96ff.). Insbesondere die Theorie autopoietischer Syste-

---

[2] Dessen Vorschläge für die Gestaltung des Bildungswesens hatten bis in die 90er Jahre einen maßgeblichen Einfluss auf die Bildungsdiskussion in Deutschland.

me von Luhmann ist und war Ausgangspunkt für eine Auseinandersetzung mit den Problemen der Steuerbarkeit von gesellschaftlich ausdifferenzierten Teilsystemen. Aus der Perspektive der Systemtheorie sind funktional differenzierte Teilsysteme selbstreferentiell geschlossen und können nur durch sich selbst, nicht aber durch die Fremdsteuerungsversuche anderer Teilsysteme gesteuert werden (vgl. Luhmann 1989).[3] Folglich kann eine bildungspolitische Steuerung des politischen Systems unabhängig von dem Prozess der Implementation und dem Durchsetzungsvermögen politischer Programme, der Motivation der adressierten Zielgruppe und dem Wissen über die jeweiligen relevanten Steuerungszusammenhänge das Bildungssystem nicht zielgerichtet steuern, sondern lediglich irritieren und strukturell gekoppelt bleiben. Der Effekt dieser Irritation unterliegt dabei der Funktionslogik des Bildungssystems.

Betrachtet man im Zusammenhang mit der Suche nach neuen Steuerungsalternativen die Entwicklung der Bildungspolitik in Deutschland, so scheint die zentralistische Planung zunächst durch einen gewaltigen administrativen Apparat ersetzt zu werden. Dieser ist durch die länderspezifischen Sonderwege des Bildungsföderalismus nur schwer überschaubar und dessen Offenheit für Beratung in Sachen Bildungspolitik eher begrenzt. Wenn dieser Apparat beraten wird, dann nicht selten von einer Erziehungswissenschaft, die sich nur unzureichend mit empirischer Bildungsforschung beschäftigt. So ist in dieser Phase folglich weniger von Entwicklung als von Stagnation zu sprechen. Während eine große Zahl der westlichen Länder in einem internationalen Kontext die Reform und Modernisierung ihrer Bildungssysteme auch durch den Ausbau der Bildungsforschung vorantreibt, ist das wiedervereinte Deutschland unter vorrangig administrativen Gesichtspunkten innerhalb seiner Landesgrenzen damit beschäftigt, das ostdeutsche an das westdeutsche Bildungssystem anzupassen (vgl. Recum 2003: 211f.).

Erst Mitte der 90er Jahre gibt es neue Impulse in der deutschen Bildungspolitik. Im Zusammenhang mit der Debatte um den Wirtschaftsstandort Deutschland geht es dabei vor allem um die Mängel des nationalen Bildungswesens. Bildung und Wissen werden in diesem Diskurs vor allem als ökonomischer Faktor begriffen, dem angesichts demographischer und wirtschaftlicher Herausforderungen eine wichtige Rolle im globalen Wettbewerb zugesprochen wird (vgl.

---

[3] Zur Kritik aus akteurs- und institutionstheoretischer Perspektive vgl. Mayntz 1987 und Scharpf 1989, sowie Mayntz/Scharpf 2005. Beide Autoren verweisen auf empirische Befunde, die für eine Steuerbarkeit von Teilsystemen sprechen und darauf hinweisen, dass Resistenzen gegen Steuerungsversuche eher dem „politischen Widerstand kollektiv handlungsfähiger Akteure" und den „institutionellen Bedingungen auf Seiten der Politik" (Mayntz/Scharpf 2005: 236) zuzuschreiben sind. Gleichzeitig weisen sie aber darauf hin, dass bei steuerungstheoretischen Analysen gerade die Kombination systemtheoretischer wie akteurstheoretischer Perspektiven zum Erkenntnisgewinn beitragen kann (vgl. ebd.: 237).

Fuchs/Reuter 2000: 14f., 24f.). Während die Bildungsexpansion sehr stark durch finanzielle Investitionen in das Bildungssystem seitens des Staats begleitet wird, findet die Konjunktur der Bildungspolitik der 90er Jahre unter anderen Rahmenbedingungen statt. Die öffentlichen Haushalte sind weit weniger investitionsbereit, die Regierung steht durch eine verschärfte öffentliche Kritik am deutschen Bildungswesen zusätzlich unter erheblichem Legitimationsdruck und vor der Herausforderung, in einer zunehmend wirtschaftlich wie auch bildungspolitisch globalisierten Welt ein Bildungssystem zu steuern. Anstelle zentraler Planung wird mehr und mehr auf eine nachfrageorientierte Bildungspolitik gesetzt, deren Steuerungsmechanismen sich in unterschiedlichen Ausprägungen marktorientierten Elementen wie Wettbewerb, Deregulierung und Privatisierung bedienen und auf die Selbstregulierungskräfte von Systemen setzen (vgl. Recum 1997: 39ff.).

Diese bildungspolitische Sichtweise entsteht auch vor dem Hintergrund des Paradigmas einer non-hierarchischen Kontextsteuerung,[4] die sich auf die Gestaltung von Rahmenbedingungen konzentriert, innerhalb derer die Selbstreferentialität und damit die Selbstregulierung und -steuerung von Systemen in ihrer eigenen Logik wirken soll (vgl. Willke 1991: 43).

Sicherlich kann man bei der Analyse der heutigen Bildungspolitik nicht von „der" Form bildungspolitischer Steuerung sprechen. Vielmehr beobachtet man Hybridformen, die sich in unterschiedlicher Intensität markt- und planungsorientierter Elemente bedienen. Ebenso kommen bei allen Formen auch alle drei Steuerungsmedien Macht, Geld und Wissen (Willke 1994) zum Einsatz. Aber auch hier zeichnen sich Tendenzen ab. Während die steuerungsoptimistische Phase der Bildungsexpansion durch hohe finanzielle Investitionen in das Bildungssystem gekennzeichnet ist, kommt bei der faktischen Abgabe der Bildungsgesamtplanung an die einzelnen Bundesländer in der folgenden bildungspolitischen Stagnation, dem Medium Macht (oder auch Recht) eine wichtige Bedeutung zu, gleichzeitig sind die Ausgaben für Bildung rückläufig.

Bildungspolitische Steuerung steht aktuell unter dem Zeichen wissensbasierter Steuerung[5]. Diese wird begleitet durch eine empirische Wende in Politik und Wissenschaft, die sich auf eine systematische Evaluation des Bildungssystems durch die Teilnahme an nationalen und internationalen Leistungsvergleichsmessungen und auf eine unabhängige Bildungsberichterstattung auf der

---

[4] Diese Form der modernen sozialwissenschaftlichen Steuerungstheorie hat einen vermittelnden Charakter. Nach ihr ist sowohl Planung als auch die Eigendynamik der Systeme selbst und damit die Möglichkeiten, diese zu verbinden ein wichtiges Element gesellschaftlicher Steuerung (vgl. Willke 1994: 4).
[5] In der Literatur begegnet man diesbezüglich weiteren Begriffen wie evidenz- oder evaluationsbasierte Steuerung. Nach Meinung der Verfasserin geht es dabei letztlich aber immer um Formen des Wissens, weshalb im Rahmen dieser Arbeit der Begriff der wissensbasierten Steuerung verwendet wird und keine weitere Differenzierung notwendig ist.

Grundlage von Bildungsstatistiken beruft. Dadurch sollen Erfolge und Fehlentwicklungen sichtbar werden, die – jenseits von politisch motiviertem Nutzenkalkül – nach den Prinzipien lernender Organisationen,[6] zu Lernprozessen innerhalb des Bildungssystems führen (vgl. Koch 2006: 16ff.). Die Grundlage für Steuerungsentscheidungen ist demnach Wissen über den Output des Bildungssystems. Ausgehend von einer Bewertung des Outputs können entweder (kausale) Rückschlüsse auf die vorangehenden Bildungsprozesse oder aber den Input in das Bildungssystem gezogen werden und so mögliche Ansätze zu Veränderungen des Outputs durch bildungspolitische Entscheidungen identifiziert werden (vgl. Kuper 2008: 64). Für die Produktion und die Interpretation dieses Wissens ist die Politik auf die Zusammenarbeit mit einer schwerpunktmäßig empirisch arbeitenden Bildungsforschung angewiesen. Wissen als Expertise einer empirischen Bildungsforschung soll als Grundlage für bildungspolitische Entscheidungen dienen und somit die Politik in ihren Entscheidungen beraten (vgl. Willke 1994: 236). Auf das Verhältnis von Wissenschaft und Politik in einer (erziehungs-)wissenschaftlichen Politikberatung wird hier noch eingegangen. Zuvor soll der bildungspolitische Fokus noch einmal auf den Bereich Weiterbildung gerichtet werden, um die Operationalisierung von Weiterbildungsbeteiligung in empirischen Studien und deren Ergebnissen vor dem Hintergrund bildungspolitischer Entwicklungen und Positionen zu verstehen.

### 3.1.2 Bildungspolitische Steuerung und Weiterbildung

Die Welle der Bildungsplanung der 60er und 70er Jahre erfasst auch den Bereich Weiterbildung. Der oben bereits erwähnte Strukturplan des Deutschen Bildungsrates konstatiert eine (bis heute aktuelle) öffentliche Verantwortung für die Weiterbildung und proklamiert diese als eigenständigen und gleichgestellten Teil des Bildungssystems. Hierbei wird vor allem die berufliche Qualifikation durch Weiterbildung im Anschluss an eine schulische Bildungsphase als wichtige Funktion hervorgehoben. Diese „realistische Wende"[7] soll durch eine flächendeckende

---

[6] Auf die Prinzipien lernender Organisationen wird hier nicht näher eingegangen. Hingewiesen sei aber auf Power, der die mit diesem Konzept verbundenen Kontrollelemente (*Audits*) als Teil einer neuen Steuerungsphilosophie versteht, die das reflexive Potential der von Ulrich Beck beschriebenen Risikogesellschaft unter Umständen in rein organisationalen Kontrollmechanismen einer *Audit Society* abklingen lässt (Power 1997).

[7] Dieser Terminus bezeichnet im Diskurs der erwachsenenpädagogischen Reflexion jenen Prozess wirtschaftlicher Funktionalisierung der Weiterbildung, in dem eine noch an die Weimarer Tradition anknüpfende Erwachsenenbildung der Nachkriegszeit unter dem Stichwort Qualifizierung eine Wende hin zu beruflich verwertbaren Inhalten erfährt, der in einem gewissem Maß von Verstaatlichung und Institutionalisierung begleitet wird (vgl. Weymann 2004: 115).

Versorgung mit Weiterbildung und deren Anschlussfähigkeit an den sekundären und tertiären Bildungsbereich gewährleistet werden (vgl. Kuper 2000: 13f.). Gesteuert wird dieser Institutionalisierungsprozess auf rechtlicher Ebene durch die Verabschiedung von Weiterbildungsgesetzen in verschiedenen Bundesländern und damit verbundenen Richtlinien zur finanziellen Förderung. Weiterbildung findet jedoch in Form von Weiterbildungsaktivitäten von Betrieben, privaten Weiterbildungsanbietern und vereinsförmig organisierten Initiativen zu einem großen Teil auch außerhalb dieses institutionalisierten Systems statt (vgl. Seitter 2000: 24f.). Die institutionelle Integration der Weiterbildung als quartärer Sektor in das Bildungssystem ist nur partiell gelungen. Der Terminus der „reflexiven Wende" in der Erwachsenenbildung begleitet in den späten 70er Jahren auf theoretischer und sozialkritischer Ebene eine Gegenbewegung zur Institutionalisierung von Weiterbildung sowie zu deren wirtschaftlicher Funktionalisierung. Das lernende Individuum und seine alltägliche Lebenswelt und nicht zuletzt seine sozialen Probleme werden als Mittelpunkt und Aufgabenfeld von Weiterbildung gesehen (vgl. Weymann 2004: 118f.), welches somit unter Umständen nicht nur im Einzugsbereich bildungspolitischer Steuerung liegt, sondern auch andere Politikfelder und -ressorts wie Sozialpolitik, Arbeitsmarktpolitik und die Wirtschaft im Allgemeinen betrifft. Dies wird insbesondere während der Transformationsprozesse in den neuen Bundesländern deutlich (vgl. ebd.: 116, 125f.).

Einigkeit besteht heute über den Bedeutungszuwachs, den Weiterbildung in den letzten Jahren erfahren hat. Ausgangspunkt dafür ist der gesellschaftliche Wandel, der nicht nur im Bildungsbereich als Anlass und Motor für Veränderungsprozesse erlebt wird, sondern gleichzeitig bildungspolitischen Aktivitäten eine immer wichtigere Bedeutung bei der Bewältigung der zukünftigen Anforderungen zukommen lässt (vgl. Nuissl 1998: 75). Diese Anforderungen lassen sich als ein Konsens über folgende gesellschaftliche „Megatrends" darstellen (ebd.: 75f.):

1. Deregulierung von Strukturen auf verschiedenen Ebenen, deren Reichweite sowohl staatliche Institutionen als auch individuelle Lebensverhältnisse berührt.
2. Die Orientierung an Prozessen der Globalisierung unter Berücksichtigung lokaler Gegebenheiten.
3. Individualisierung, die sowohl persönliche als auch zwischenmenschliche Bezugssysteme und gemeinschaftliche Wertvorstellungen verändert.
4. Eine selten in Frage gestellte und anscheinend unaufhaltsame Vermarktlichung.
5. Mediatisierung des alltäglichen Lebens.

Einigkeit besteht in der Regel auch darüber, dass die Bewältigung dieser Anforderungen nur in einer Bildungs- oder auch Weiterbildungsgesellschaft möglich ist. In dieser sind Qualifizierung und Kompetenzerwerb über die erste Phase der Grundausbildung hinaus in einem lebensbegleitenden und lebenslangen Prozess individuell verankert (vgl. Arnold/Gieseke 1999). Die Bildungspolitik antwortet auf diese Entwicklungen auf nationaler, supra- und internationaler Ebene mit Programmen, in denen das Leitbild des Lebenslangen Lernens (LLL) und dessen Förderung von zentraler Bedeutung ist (vgl. Ioannidou 2006: 12f.).[8] Innerhalb der Konzeption von LLL, verstanden als

„jede zielgerichtete Lerntätigkeit, die einer kontinuierlichen Verbesserung von Kenntnissen, Fähigkeiten und Kompetenzen dient" (Kommission der Europäischen Gemeinschaften 2000: 3),

wird die Rolle der Weiterbildung als größter Sektor des Bildungssystems für die Weiterentwicklung gesellschaftlicher Teilhabe, sozialen Zusammenhalts und der Beschäftigung besonders hervorgehoben (vgl. ebd.: 6). Auf programmatischer Ebene trifft man auf klare Bekenntnisse. Die Praxis der Weiterbildungspolitik jedoch ist – nicht anders als das ihr zugrunde liegende System – unübersichtlich und uneinheitlich. Akteure dieser Praxis kommen, gemäß der Struktur und der rechtlichen Regelungen des gemischtwirtschaftlichen Systems Weiterbildung, aus den verschiedenen staatlichen Verantwortungsebenen, aus nahe stehenden Wissenschaften, aus der Wirtschaft, den Gewerkschaften, den Parteien und den Weiterbildungseinrichtungen selbst (vgl. Dröll 1998: 1). Weiterbildungspolitische Debatten können dabei zum einen auf einer praktischen und zum anderen auf einer theoretischen (und weniger sichtbaren) Ebene verfolgt werden. Erstere 1) wenden sich dem Weiterbildungssystem und den Formen von Weiterbildung vor allem unter Ordnungsgesichtspunkten zu. Letztere 2) beschäftigen sich auf einer theoretischen Ebene mit der Funktion von Weiterbildung (vgl. Wittpoth 1997: 40).

1) Der Zustand des Weiterbildungssystems ist für Faulstich ein „Paradebeispiel", sowohl „für das Versagen des Marktes" als auch für das Versagen staatlicher Steuerung (1995: 80). Dabei sind die staatlichen Steuerungsdefizite neben Ressourcenknappheit und unklaren Zuständigkeiten auch auf einen Mangel an Wissen und Expertise über das Weiterbildungssystem selbst zurückzuführen

---

[8] Zentrales Dokument hierfür ist das 'Memorandum über Lebenslanges Lernen' der Europäischen Union (Kommission der Europäischen Gemeinschaften 2000), sowie auf nationaler Ebene beispielsweise die 'Strategie für lebenslanges Lernen in der Bundesrepublik Deutschland' (BLK 2004). Zur Analyse der sogenannten Lissabon-Agenda und deren Bedeutung für das Bildungssystem vgl. Stahl 2005. In kritischer Auseinandersetzung mit der Funktion Lebenslangen Lernens im Kontext der inter- und supranationalen Bildungspolitik und seiner Bedeutung für die Erwachsenenbildung vgl. Knoll 1997. Vgl. außerdem *Kapitel 3.3*.

(vgl. ebd.). Die „Grabenkämpfe" zwischen Markt und Staat können im Falle der Weiterbildung nur durch ein komplexes Steuerungsmodell überwunden werden, das der Komplexität der Weiterbildung gerecht wird und berücksichtigt, dass staatliches Handeln in der Realität nicht nur von staatlichen sondern auch von gesellschaftlichen Akteuren getragen wird (vgl. ebd. 1995: 81, 87). Konsens besteht bei der Diskussion um die zukünftige Gestaltung der Weiterbildung über den Gestaltungsbedarf. Die Debatte um die Form dieser Gestaltung kreist hingegen um die Frage der öffentlichen Verantwortung für Weiterbildung. Das heißt konkret, wie weit diese auf staatlicher Seite reichen soll (vgl. Wittpoth 1997: 140ff.) und wie viel Verantwortung für Weiterbildung auf das Individuum verlagert werden kann (vgl. Dröll 1998: 29).

2) Die Kontroversen auf einer theoretischen Ebene bauen vornehmlich auf den unterschiedlichen Funktionszuschreibungen gegenüber der Weiterbildung auf. Wittpoth unterscheidet dabei zwischen zwei grundlegenden Positionen innerhalb der bildungspolitischen Debatte, die sich zwischen *Anomie* und *Autonomie* bewegen: a) Weiterbildung soll die Integration in eine *Gemeinschaft* sicher stellen, die sich ständig wechselnden Rahmenbedingungen gegenüber sieht. b) Weiterbildung soll das *Individuum* stärken, damit es sich gegenüber diesen gesellschaftlichen Rahmenbedingungen behaupten kann (vgl. 1997: 130ff.). Konkretisiert lassen diese Funktionszuschreibungen Weiterbildung mitunter als Allheilmittel erscheinen: Weiterbildung steht im Dienste der Persönlichkeitsentwicklung und Lebensbewältigung, steht für Chancengleichheit auf beruflicher und sozialer Ebene, ist beliebtes Instrument der Arbeitspolitik und auch der Personalpolitik in Betrieben (vgl. Münch 1993: 64). Wittpoth zweifelt diese Beschreibungen auf der Grundlage von empirischen Ergebnissen über die Beteiligung an Weiterbildung an. Diese weisen auf Funktionslogiken von Weiterbildung hin, die eben nicht die ihr angedachte normativ und (bildungs-)politisch gewollte medizinische Wirkung haben und die sich gegenüber den Funktionslogiken des Erziehungssystems deutlich abgrenzen lassen, was wiederum die Beschreibung von Weiterbildung als angeschlossenen quartären Sektor des Bildungssystems in Frage stellt (vgl. 1997a: 92f.).

Abschließend kann argumentiert werden, dass der Bildungsbereich Weiterbildung aufgrund seiner heterogenen Struktur auf der Ebene der Lern- und Bildungsaktivitäten, der Ebene der Teilnehmer und der Träger und Anbieter ein denkbar schwieriges Feld für bildungspolitische Steuerung darstellt, zumal die politischen Zuständigkeiten oft nicht klar sind.

## 3.1.3 (Erziehungs-)wissenschaftliche Politikberatung

Das Verhältnis von Wissenschaft und Politik innerhalb der wissenschaftlichen Politikberatung ist in vielerlei Hinsicht wechselseitig. In modernen Gesellschaften gibt es heutzutage kaum eine politische Entscheidung, die ohne die Mithilfe wissenschaftlicher Expertise getroffen wird.[9] Ein Bildungsmonitoring ohne die Expertise einer empirischen Bildungsforschung würde nicht über die nötigen Instrumente und Ergebnisse verfügen, die zu einer wissensbasierten Steuerung notwendig sind (vgl. Koch 2006: 16f.). Die Vorstellung von einer rein objektiven Wissenschaft, in deren Beratung keine politischen und persönlichen Positionen der Wissenschaftler mit einfließen, ist dabei eine ideale. Auf der einen Seite gibt es demnach in Form von wissenschaftlichen Auffassungen eine Einflussnahme auf politische Entscheidungen (vgl. Leschinsky 2003: 33; so wie Kirchgässner 2007: 186f. und 192ff.). Auf der anderen Seite hat die Politik (deren alleinige Orientierung am Gemeinwohl ebenso hinterfragt werden kann wie die Objektivität von Wissenschaft (vgl. Kirchgässner 2007: 187)) allein durch die Inanspruchnahme der Forschung oder auch durch gezielte Eingriffe in die Wissenschaft selbst,[10] Einfluss auf die Entwicklung und das Selbstverständnis der Disziplin.

Schon die Bildungsreform der 60er und 70er Jahre wurde von einer empirischen Bildungsforschung begleitet, die mit eben so großen Erwartungen hinsichtlich ihrer Leistungsfähigkeit belastet war, wie die von ihr begleiteten Reformvorhaben. Das Scheitern der Bildungsreform führte zunächst zu einem Ende der Kooperation von Bildungsforschung und Bildungspolitik und innerhalb der Erziehungswissenschaften vor allem zu Reflexionen und zur Problematisierung der Bedeutung und Verwendung erziehungswissenschaftlichen Wissens in nichtwissenschaftlichen Kontexten (vgl. Terhart 2001: 21f.). Ende der 90er Jahre führt die empirische Wende der Bildungspolitik wieder zu einem erhöhten Bedarf an wissenschaftlicher Beratung, wobei hier die Expertise der Erziehungswissenschaft neben dem Steuerungs- und Diagnosewissen anderer vorrangig

---

[9] Dies hat mehrere Ursachen: 1) Allein das demokratische Zustandekommen von Entscheidungen ist für die Akzeptanz in einer politikskeptischen Bevölkerung nicht mehr ausreichend; Wissenschaft macht die Entscheidungsprozesse nachvollziehbarer und legitimiert sie. 2) Die Expertise innerhalb des politischen Systems ist nicht ausreichend. 3) Wissenschaftliche Beratung bedeutet auch eine neue Form von Rückkopplung von der Bevölkerungsmeinung, zu der Berufspolitiker inzwischen oft eine zu große Distanz haben (vgl. Renn 2006: 50f.).

[10] Neben gesetzlichen Regelungen geschieht dies hauptsächlich über die Finanzierung von Forschung (vgl. Kirchgässner 2007: 188f sowie 201ff.). Aktuell gilt das insbesondere für die Erziehungswissenschaften für das Rahmenprogramm zur Förderung der empirischen Bildungsforschung des Bundesministeriums für Bildung und Forschung (BMBF 2008). Hier werden explizit Forschungsarbeiten gefördert, deren Erkenntnisse im Sinne des Bildungsmonitoring zu einer output-orientierten Steuerung beitragen.

ökonomisch ausgerichteter Disziplinen[11] nachgefragt wird (vgl. ebd.: 23). Wissenschaftliche Politikberatung findet meist in Form von Gremien[12] statt, die in der Regel in Gutachten ihre Urteile äußern und Einschätzungen mitteilen. Im Fall der Bildungsberichterstattung für Weiterbildung waren dies die *„Expertisen zu den konzeptionellen Grundlagen für einen Nationalen Bildungsbericht – Berufliche Bildung und Weiterbildung/Lebenslanges Lernen"* (Baethge/Buss/Lanfer 2003; Baethge/Lanfer/Achtenhagen et al. 2004). Diese Expertisen können als instrumentelle Gutachten[13] angesehen werden: Den Wissenschaftlern wurde eine bestimmte Zielgröße vorgegeben, in diesem Fall die Konzeption einer nationalen Bildungsberichterstattung für den Bereich Weiterbildung. Die Wissenschaftler beschreiben in ihrem Gutachten, wie dieses Ziel umgesetzt werden kann (vgl. Kirchgässner 2007: 207). Diese Gutachten haben im Sinne der wissenschaftlichen Objektivität lediglich einen Empfehlungscharakter, die letztendliche Entscheidung liegt immer im politischen System.

Diese Form wissenschaftlicher Politikberatung kann mitunter den Eindruck erwecken, die Aufgabe der Politik bestehe darin, für eine überschaubare Anzahl von bekannten Problemen bisher unbekannte Lösungen zu finden. Bellmann kritisiert diese Vorstellung und spricht von einer „problematischen Umdefinition des Politischen", wenn er argumentiert, dass es in der Regel eben nicht um bekannte, sondern um Probleme mit einem hohen Grad an Komplexität geht, für die es hingegen durchaus schon verschiedene existierende (erfolgreiche) Lösungswege gibt. Die politische Auseinandersetzung bestehe also vielmehr aus der Konkurrenz etablierter Problemlösungen als aus der Kontroverse einer legitimen Entscheidungsfindung und umgehe somit den demokratischen Prozess. Vor dem Hintergrund der neuen Steuerungsphilosophie wird Bildungsforschung also zu „einem konstitutiven Moment der Politik". Wie sie diese Funktion ausfüllen wird, ist von ihrem eigenen reflexivem Bewusstsein und der innerdis-

---

[11] So versteht das BMBF empirische Bildungsforschung als inter- und multidisziplinären Forschungsbereich, in dem neben der Erziehungswissenschaft auch die Soziologie, Psychologie, Verwaltungswissenschaft, Ökonomie, Geschichte, Philosophie und Politik- und Rechtswissenschaft sowie die Neurowissenschaft Informationen erarbeiten, die zur bildungspraktischen und bildungspolitischen Entscheidungsbegründung verwendet werden können (vgl. BMBF 2008: 4).

[12] Diese waren für das Bildungssystem auf bundespolitischer Ebene von 1954-1965 der „Deutsche Ausschuss für das Bildungswesen", 1966-1975 der „Deutsche Bildungsrat" und 1999-2001 das „Forum Bildung".

[13] Kirchgässner unterscheidet außerdem noch ideologische Gutachten, die ein im Prinzip schon festgelegtes politisches Vorhaben wissenschaftlich legitimieren sollen und Alibi-Gutachten, deren Inhalt nur unwesentlich relevant ist und deren Funktion allein in ihrer rituellen Existenz oder auch in dem Gewinn von Zeit im politischen Entscheidungsprozess liegt (vgl. ebd.: 207; siehe auch zu Marktmechanismen bei der Vergabe von Gutachten auf der Seiten von Wissenschaft und Politik: 210ff.). Kritiker der Bildungspolitik im Zusammenhang mit der Bildungsberichterstattung werden diese Expertisen unter Umständen auch den ideologischen Gutachten zuordnen.

ziplinären Auseinandersetzungen mit dieser Thematik abhängig. Sie kann dabei entweder als Sprachrohr unterschiedlicher Akteure fungieren oder mit dieser Umdefinition des Politischen unkritisch zusammenarbeiten (vgl. Bellman J. 2006: 501ff.).

Abgesehen von diesen fundamentaleren Überlegungen gibt es disziplinübergreifend drei Faktoren, die Einfluss auf den Erfolg wissenschaftlicher Politikberatung haben. 1) Die *Konsensbildung im Expertendilemma*: Arbeiten in einem Beratungsgremium unterschiedliche Experten[14], gibt es in der Regel auch unterschiedliche Urteile und Wahrheitsansprüche. Können diese nicht auf einen vertretbaren Nenner gebracht werden, werden die Konflikte unter den Experten eventuell in eine Öffentlichkeit getragen, die mit der Bewertung der Auseinandersetzung überfordert ist. 2) Die *Anschlussfähigkeit der Expertise*: Nicht selten werden die Ergebnisse wissenschaftlicher Beratung nicht oder nur in Teilen in der politischen Praxis umgesetzt. Ursachen dafür werden aus einer systemtheoretischen Perspektive in den Kommunikationsgrenzen der beiden Systeme Politik und Wissenschaft gesehen. Aus Sicht der Kommunikationstheorie treffen mit den beiden Systemen auch unterschiedliche Interaktionsmuster aufeinander. Dabei werden die in einem diskurshaften Verständigungsprozess erarbeiteten wissenschaftlichen Empfehlungen in einen strategiegeleiteten politisch institutionell bestimmten Verhandlungsprozess aufgenommen, der im Gegensatz zum gemeinschaftlichen Finden von Lösungen an der Durchsetzung von (Partikular-) Interessen orientiert ist. 3) Die *Legitimation der Expertise*: Die Zusammenarbeit zwischen Politik und Wissenschaft suggeriert (von beiden Seiten) nicht selten einen Machbarkeitsmythos, der in vielen Fällen nicht aufrecht erhalten werden kann, was in der Öffentlichkeit nicht nur zu Politikverdrossenheit, sondern auch zu einem Verdruss über deren Berater führt (vgl. Renn 2006: 53ff.).

## 3.2 Bildungsberichterstattung und Indikatorisierung

Eine wissensbasierte Steuerung des Bildungssystems benötigt in erster Linie Informationen über das Bildungssystem. Diese Feststellung ist so grundlegend wie banal. Dennoch geht es in diesem Kapitel genau darum, die Wissensbasis wissensbasierter Steuerung anhand der Informationen innerhalb der Bildungsberichterstattung zu untersuchen. Steuerungstheoretische Überlegungen zu Rahmen- und Gelingensbedingungen dieser Steuerungsform, wie sie im vorigen Ka-

---

[14] Aufgrund der besseren Lesbarkeit wird in dieser Arbeit auf Genderung verzichtet. Natürlich sind in jedem Fall auch die entsprechenden weiblichen Vertreterinnen gemeint.

pitel angeschnitten wurden, sollen diesbezüglich zwar im Hintergrund mitlaufen, im Vordergrund steht jedoch die Auseinandersetzung mit der Konzeption und der Umsetzung der deutschen Bildungsberichterstattung, insbesondere für den Bereich Weiterbildung. Berichte über Bildung liegen in Deutschland derweil in unterschiedlichen Publikationen unter Federführung von unterschiedlichen nationalen und internationalen Institutionen vor (für eine beispielhafte Übersicht vgl. Rürup 2008: 144f.). Die folgende Auseinandersetzung bezieht sich kapazitätsbedingt ausschließlich auf den 2006 erstmals veröffentlichten Bericht »Bildung in Deutschland« und seine Folgeerscheinung im Jahr 2008 (im Folgenden auch nationaler Bildungsbericht) des »Konsortium Bildungsberichterstattung«[15] (im Folgenden KBBE) und dessen konzeptionelle Vorarbeiten.[16] Diese Auswahl liegt zum einem aufgrund der Aktualität nahe, zum anderen beansprucht dieses Dokument selbst für sich, der erste Bildungsbericht zu sein, der regelmäßig im staatlichen Auftrag Analysen für den gesamten Bildungsbereich leistet (vgl. KBBE 2006). Der nationale Bildungsbericht kann somit als Instrument gesehen werden, das bewusst für eine wissensbasierte Steuerung des Bildungssystems entwickelt wurde (vgl. Döbert 2007). Dafür spricht auch die Orientierung an internationaler Berichterstattung, die im Sinne der Vergleichbarkeit eine Anschlussfähigkeit des deutschen nationalen Berichts an die Bildungsinformationssysteme anderer Länder und internationaler Organisationen, insbesondere der Organisation for Economical Cooperation and Development (OECD) gewährleisten soll (vgl. ebd.: 3).

Der internationale Bezug drückt sich innerhalb der Konzeptualisierung des nationalen Bildungsberichts hauptsächlich durch den Einsatz eines Indikatorenmodells aus, welches in wesentlichen Punkten dem Indikatorensystem der OECD entspricht. Nach einer knappen Erläuterung zu Funktion, Bedingungen und Einsatz von Bildungsindikatoren stellt dieses Kapitel anschließend die Bildungsberichterstattung im Rahmen des nationalen Bildungsberichts dar. Insbe-

---

[15] Beauftragt von der KMK und dem BMBF. Erschienen 2006 als Buch im Bertelsmann-Verlag. Elektronische Version sowie ergänzende Materialien unter http://www.bildungsbericht.de. Dem Konsortium Bildungsberichterstattung gehören an: Deutsches Institut für Internationale Pädagogische Forschung (DIPF), Deutsches Jugendinstitut (DJI), Hochschul-Informations-System GmbH (HIS), Soziologisches Forschungsinstitut an der Universität Göttingen (SOFI), das Statistische Bundesamt und die Statistischen Landesämter (StBA und StLA) (vgl. Konsortium Bildungsberichterstattung 2006: II). Der Bericht wird zweijährig vorgelegt werden.

[16] Im Zuge der Berichterstattung wurde im Zeitraum Oktober 2004 bis April 2006 ein Gesamtkonzept für die Bildungsberichterstattung, ein Indikatorenmodell zur kontinuierlichen Beobachtung des Bildungssystems und eine Strategie zur Erschließung bildungsrelevanter Daten erarbeitet (vgl. Konsortium Bildungsberichterstattung 2006: VII). Schon vor diesem Zeitraum wurden speziell für den Bereich Weiterbildung konzeptionelle Arbeiten veranlasst, die die Institutionalisierung der Bildungsberichterstattung vorbereiten sollten (vgl. Baethge/Buss/Lanfer 2003 sowie Baethge/Lanfer/Achtenhagen et al. 2004).

sondere wird in diesem Zusammenhang auf die Berichterstattung über Weiterbildung eingegangen. Dabei geht es um die Form der Darstellung von Weiterbildungsteilnahme und die Statistiken, die dafür herangezogen werden und nicht um die Ergebnisse.

### 3.2.1 Bildungsindikatoren

Nach erfolgreicher Anwendung in wirtschaftlichen Kontexten gewann die Verwendung von Indikatoren erstmals Anfang der 70er Jahre im Zuge des sogenannten *Social Indicator Movements* auch in sozialpolitischen Bereichen an Bedeutung. Anfang der 80er Jahre wurde die Idee dieser Sozialindikatoren – zunächst in den englischsprachigen Ländern vor dem Hintergrund neuer Steuerungsformen – auch zu Monitoringzwecken im Bildungssystem verwendet (vgl. Nikel/ Müller 2008: 238f.). Die Arbeiten der OECD, speziell das angegliederte Projekt zur Erarbeitung von international vergleichbaren Indikatoren des Center for Educational Research and Innovation (CERI), hatten und haben dabei einen großen Einfluss auf die konkrete Gestaltung von Bildungsindikatoren innerhalb der einzelnen Staaten (vgl. Bottani/Walberg 1994: 10f.; Rürup 2008: 150f.).[17] Trotz dieser Bemühungen um internationale Anschlussfähigkeit gestalten sich Bildungsindikatoren und die Modelle, in die sie eingebettet sind, je nach ihrer Funktion und der damit verbunden Zielsetzung sehr unterschiedlich.[18] Es gibt durchaus viele gemeinsame Grundannahmen, die Unterschiede zeigen sich aber vorrangig auf einer praktischen Ebene in der jeweiligen Umsetzung der Indikatorensysteme (vgl. van Herpen 1994: 54).

Soziale Indikatoren werden zunächst eingesetzt, um Zustände von Systemen zu beschreiben. Eine wesentliche Funktion sozialer Indikatoren ist die Reduktion von Komplexität. Bei wiederholten Erhebungen geben Indikatoren anhand von Zahlen, welche auf systematischen und wissenschaftlich fundierten statistischen Messungen beruhen, Auskunft über die Veränderungen, Defizite und Entwicklungstendenzen eines sozialen Systems. Die Interpretation der Indikatoren geschieht in der Regel vor dem Hintergrund von Standards,[19] die sich kriterial an vorab vereinbarten Zielen orientieren und die Entwicklung hin zu diesen Zielen

---

[17] Zu verweisen ist hier auf die OECD-Berichte »Education at a Glance« sowie »Education Policy Analysis«, die einen Vorbildcharakter für die inhaltliche Gestaltung der jeweiligen nationalen Bildungsberichterstattung haben, aber auch durch ihre Inhalte und Analysen selbst großen Einfluss auf nationale bildungspolitische Diskurse ausüben (aktuellste Berichte: OECD 2007 und OECD 2006). Vgl. hierzu *Kapitel 3.3.2*.

[18] Für eine Systematik der verschiedenen Begrifflichkeiten von Indikatorenmodellen im Bildungsbereich und die damit verbundenen Ansätze vgl. van Herpen 1994.

[19] Zur Diskussion um Standards im Bildungswesen vgl. Tenorth 2003 sowie Klieme 2004.

im Zeitverlauf ipsativ beobachtet (vgl. Nikel/Müller 2008: 236). Nicht selten geschieht dies in einem sozialen Vergleich, der die Ergebnisse anderer territorialer Referenzen als Bezugsrahmen hat (vgl. Brosziewski 2007: 139). Die Qualität eines Indikatorensystems und damit das Steuerungswissen, das dieses bereit stellen soll, wird dabei von verschiedenen Faktoren beeinflusst. Wenn es die Aufgabe von Indikatoren ist, die Beobachtung von komplexen Sachverhalten zu ermöglichen, vereinfachen sie in der Regel die Realität, die sie widerspiegeln sollen. Dies ist auch dann der Fall, wenn durch ein vielschichtiges Indikatorensystem versucht wird, die Realität des zu beobachtenden Systems möglichst umfassend abzubilden. Ein weiterer Aspekt ist die Güte der Abbildung der Realität durch einen Indikator. Hierbei geht es um die Qualität hinsichtlich seiner Validität und Reliabilität, die letztendlich auch von der Qualität der zur Verfügung stehenden Datenbasis abhängig ist. Des Weiteren sind Indikatorensysteme durch ihren Verwendungskontext geprägt. Bildungsindikatoren, die politisches Steuerungswissen produzieren haben beispielsweise eine andere Form als Bildungsindikatoren, die in einem rein wissenschaftlichen und erkenntnisorientiertem Zusammenhang generiert werden (vgl. Hutmacher 1997: 103f.).

Nicht selten wird von Indikatorensystemen gefordert, dass Querverbindungen zwischen einzelnen Input/Prozess/Output-Indikatoren auf mögliche komplexe Ursache-Wirkungs-Zusammenhänge aufmerksam machen (vgl. van Ackeren/Hovestadt 2003: 23). Der nationale Bildungsbericht tritt hier einen Schritt zurück und beschreibt sein analytisches Potential als das des deskriptiven Vergleichs, der es ermöglicht, nach verschiedenen Bezugsgrößen und Hintergrundmerkmalen ausdifferenzierte Indikatoren über den Zeitverlauf hinweg zu beobachten. Die Beantwortung von kausal-analytischen Fragestellungen sei Aufgabe der wissenschaftlichen Forschung (vgl. Klieme/Avenarius/Baethge et al. 2006: 144, so auch Döbert 2007: 195). Die Indikatorisierung von Bildung innerhalb der Bildungsberichterstattung des nationalen Bildungsbericht geschieht explizit vor dem Hintergrund bildungspolitischer Zielsetzungen (vgl. Klieme/Avenarius/Baethge et al. 2006: 132) und kann deshalb als bildungspolitischer Ansatz bezeichnet werden (vgl. van Ackeren/Hovestadt 2003: 25). Die Verwirklichung dieses Ansatzes wird Gegenstand des folgenden Kapitels sein.

*3.2.2 Bildungsberichterstattung und »Bildung in Deutschland«*

„Bildungsberichterstattung ist die kontinuierliche, datengestützte Information der bildungspolitischen Öffentlichkeit über Rahmenbedingungen, Verlaufsmerkmale, Ergebnisse und Erträge von Bildungsprozessen." (Klieme/Avenarius/Baethge et al. 2006: 130)

Der nationale Bildungsbericht bedient sich dabei der in der Bildungsberichterstattung international geläufigen Systematisierung der Beobachtung von Bildung nach Input/Kontext-, Prozess- und Output/Outcome-Indikatoren (vgl. van Herpen 1994: 54 sowie Döbert 2007: 189).[20] Die Leitidee von *Bildung im Lebenslauf* legt diese Systematisierung über alle Stufen und Bildungsbereiche, die innerhalb einer individuellen Bildungsbiographie denkbar sind. Es wird so versucht, eine systemische Betrachtung des Bildungswesens und seiner Institutionen mit einer individuellen Komponente zu verbinden, die Bildungsverläufe von der frühkindlichen Erziehung bis zur Weiterbildung sowie informelle Lernprozesse berücksichtigt.[21] Bildungsprozesse sollen dabei immer über drei, aus einer gesamtgesellschaftlichen Perspektive abgeleiteten *Zieldimensionen* analysiert werden (vgl. Klieme/Avenarius/Baethge et al. 2006: 130):

1. *Individuelle Regulationsfähigkeit* – In wie weit trägt Bildung dazu bei, Individuen zu einer selbstständigen Gestaltung der eigenen Biographie und das Verhältnis zu der sie umgebenden Umwelt und Gesellschaft zu gestalten?
2. *Humanressourcen* – In wie weit stellt Bildung Kompetenzen bereit und sichert so das für gesellschaftlichen Wohlstand erforderliche Arbeitskräftevolumen?
3. *Chancengleichheit* – In wie weit fördert Bildung die gesellschaftliche Teilhabe und wirkt systematischer Benachteiligung entgegen?

Diese umfassende multidimensionale Darstellung von Bildung kann aber nur in soweit verfolgt werden, als die sich daraus ableitenden Indikatoren auf eine ausreichend solide Datenbasis treffen. Bei Indikatoren, die Bildungsdaten mit Individualbezügen voraussetzen, ist dies aber gerade oft nicht der Fall und führt damit zu einer Selektion, die in der Sache selbst verortet ist (vgl. Döbert 2007: 183). Des Weiteren kommt auch eine umfassende Bildungsberichterstattung alleine aus Kapazitätsgründen[22] nicht daran vorbei, zu selektieren. Die Auswahl von Darstellungsbereichen erfolgt dabei zum einen auf der Ebene der Themen und innerhalb dieser noch einmal auf der Ebene der zur Verfügung stehenden

---

[20] Besondere Bedeutung wird gegenwärtig vor dem Hintergrund einer output-orientierten Steuerung den Prozess- und Output/Outcome-Indikatoren zugesprochen, die in der Bildungsberichterstattung die Wirkungen von Bildung widerspiegeln sollen. Da Weiterbildungsbeteiligung diesen Indikatoren aber nicht zugeordnet ist (siehe unten) wird darauf in dieser Arbeit nicht näher eingegangen.
[21] Dieses Vorhaben ist mit Blick auf vergleichbare internationale Bildungsinformationssysteme ein relatives Novum innerhalb der Bildungsberichterstattung, da sich die Beobachtung von Bildung dort in der Regel schwerpunktmäßig einzelnen Bildungsbereichen wie Schule oder Hochschule widmet (vgl. Rürup 2008: 149).
[22] Der Bericht soll zuzüglich Tabellenanhang 200 Seiten nicht überschreiten (vgl. Klieme/Avenarius /Baethge et al. 2006: 138).

Daten. Die Selektion der Berichtsgegenstände wurde im Fall des nationalen Bildungsberichts in einem diskursiven Prozess entschieden, an dem zuerst natürlich die Mitglieder des Konsortium Bildungsberichterstattung selbst beteiligt waren. Hinzugezogen wurden außerdem Experten aus dem In- und Ausland. Als weiterer Entscheidungsträger ist die Steuerungsgruppe der Auftraggeber (BMBF und Kultusministerkonferenz (KMK)) von »Bildung in Deutschland« und dessen wissenschaftlicher Beirat zu nennen, der wichtige wissenschaftliche Impulse – vor allem hinsichtlich der Indikatorenforschung – in den Entscheidungsprozess einbrachte (vgl. Rürup 2008: 164f.). Die Auswahl orientierte sich letztendlich an der Leitidee *Bildung im Lebenslauf*, an aktuellen und wichtigen Problemen des Bildungswesens,[23] der Relevanz für bildungspolitische Steuerungsfragen und musste dabei der Qualität von und den Zugangsmöglichkeiten zu entsprechenden Daten Rechnung tragen.

Das Ergebnis lässt sich auf das Input-Prozess-Output-Modell wie folgt übertragen (vgl. Klieme/Avenarius/Baethge et al. 2006: 133f.):

- *Input*: Demographie, Bildungsausgaben, Personalressourcen, Bildungsangebote/Bildungseinrichtungen, *Bildungsbeteiligung/Bildungsteilnehmer*
- *Prozess*: Umgang mit Bildungszeit, Übergänge, Qualitätssicherung/Evaluierung
- *Output*: Kompetenzen, Abschlüsse, Bildungserträge

Die Erläuterung aller Inhalte kann hier nicht geleistet werden. Da sich der empirische Teil dieser Arbeit mit der Operationalisierung von Weiterbildungsbeteiligung auseinander setzt, liegt es nahe, exemplarisch das Thema *Bildungsbeteiligung/Bildungsteilnehmer* zu behandeln, welches hier dem Bereich der Input-Indikatoren zugeordnet wird. Der nationale Bildungsbericht sieht Bildungsbeteiligung als einen Indikator für die Intensität der Nutzung von Bildungsangeboten. An ihr sind Entwicklungen „wie die Expansion weiterführender Bildungsgänge [...] und die wachsende Bedeutung lebenslangen Lernens" (Klieme/Avenarius/Baethge et al. 2006: 135) abzulesen. Diesbezüglich gibt die Differenzierung nach bestimmten Kriterien der Bildungsteilnehmer wie Geschlecht, Alter, Migrationshintergrund, Sozialschicht und Wohnort Aufschluss über Bildungschancen der jeweiligen Gruppen (vgl. ebd.). Die einzelnen Themen werden durch die Zuordnung spezieller Indikatoren, über die in regelmäßigen Abständen (Kernindikatoren) und bei Bedarf berichtet werden soll, weiter aufgeschlüsselt. Das Indikatorenmodell des KBBE[24] (vgl. KBBE 2005) unterscheidet zwischen *bildungsbe-*

---

[23] Im Jahr 2006 wurde vor allem das Thema Migration und Bildung aufgegriffen. 2008 ging es um die Übergänge von der Schule ins Erwerbsleben, Studium oder in Ausbildungsverhältnisse.
[24] Das Indikatorenmodell ist mit einer langfristigen Perspektive entworfen worden, die auch zukünftigen Fortschritten und Entwicklungen in der Datenbasis Rechnung trägt. Infolgedessen werden die

*reichsübergreifenden Indikatoren*, deren Bezugsrahmen für alle Bildungsbereiche von Relevanz ist (z.B. Bildungsausgaben oder Kompetenzerwerb) (vgl. ebd.: 27ff.) und *bildungsbereichsspezifischen Indikatoren*, die durch die bildungsbereichsübergreifenden Indikatoren nicht hinreichend abgedeckt werden können. Folglich bedarf es für die problembezogene Darstellung der Bildungsbereiche spezifischer Indikatoren (vgl. ebd.: 109ff.). Bildungsbeteiligung als Kernindikator ist sowohl bereichsübergreifend als auch bereichsspezifisch indikatorisiert und soll somit bereichsspezifisch für die einzelnen Bildungsbereiche (z.b. frühkindliche Bildung, Schule, Hochschule) an sich und bereichsübergreifend regionale Merkmale (Länder) und Merkmale, die die Teilnahme an Bildung sozialstrukturell differenziert abbilden, regelmäßig widerspiegeln (vgl. ebd.: 73).

Indikatoren werden im nationalen Bildungsbericht als „statistische Kennziffern" verstanden, „die jeweils für ein zentrales Merkmal von Bildungsprozessen, bzw. einen zentralen Aspekt von Bildungsqualität stehen." (Klieme/Avenarius/ Baethge et al. 2006: 130) Sie stellen „das „wichtigste" Produkt der Bildungsberichterstattung dar" (ebd.), indem sie datengestützte Analysen der Leistungsfähigkeit des Bildungssystems ermöglichen. Da Indikatoren in der Regel nicht a priori existieren, ist eine Operationalisierung der einzelnen Indikatoren notwendig. Diese Operationalisierung ist im Falle der Indikatorisierung als eine schrittweise Anleitung zum Aufstellen statistischer Kennziffern zu verstehen und sei hier im Sinne der Indikatorisierung des nationalen Bildungsberichts am Beispiel der Weiterbildungsbeteiligung dargestellt (vgl. generell zur Operationalisierung ebd.: 140ff.; für den Indikator Weiterbildungsbeteiligung [*IW 06*] vgl. KBBE 2005: 256). Zur Operationalisierung und Indikatorisierung aus theoretischer Perspektive der empirischen Sozialforschung wird an dieser Stelle auf *Kapitel 4.3.1* (Theorie der Operationalisierung) verwiesen.

Weiterbildungsbeteiligung wird im nationalen Bildungsbericht als Konstrukt verstanden und in seine einzelnen *Komponenten* zerlegt, die wiederum auf wohl definierte Messoperationen zurückgeführt werden müssen. Genauer gesagt, geht es um die *Teilnahme an Fort- und Weiterbildung im letzten Jahr nach Themenbereichen der Weiterbildung und Anteil der erwachsenen Bevölkerung*. Die Themenbereiche der Weiterbildung (allgemein, politisch, beruflich) werden als Teilkomponenten der Weiterbildung behandelt. Die Erhebung dieser Teilkomponenten muss bestimmten einheitlichen Messvorschriften folgen und in der Regel bei derselben Zielpopulation erfolgen, um die Ergebnisse im Anschluss nebeneinander stellen zu können. Das KBBE sieht für die Erhebung der Weiterbildungsbeteiligung und deren Bezugsgrößen das Berichtssystem Weiterbildung

---

ausgewählten Indikatoren vom KBBE hinsichtlich ihrer Anwendbarkeit und ihrer Bedeutung für die Bildungsberichterstattung als „verfügbar", „machbar" und „wünschbar" bezeichnet (vgl. KBBE 2005: 3f.).

(BSW), die Trägerstatistiken und partiell die Erhebungen des Continuing Vocational Training Survey (CVTS II) vor. Die Messung der Teilnahme an Weiterbildung liefert dann die Basisdaten in Form von Häufigkeiten. Jede Person, die mit mindestens einer Teilnahme an Weiterbildung erhoben wurde, wird als „ja", alle weiteren als „nein" gezählt. Alle Basisdaten sollten so differenziert wie möglich mit Hintergrundvariablen verknüpft werden, die parallel erhoben werden müssen. Für den Indikator Weiterbildungsbeteiligung hält das KBBE folgende Differenzierungsbereiche für relevant: Alter, Geschlecht, sozio-ökonomischer Hintergrund, Erwerbsstatus, beruflicher Status, Migrationshintergrund sowie regionale Disparitäten und Bildungshintergrund und auch die Differenzierung nach Dauer der Teilnahme in Stunden. Die Hintergrundvariablen werden dann mit den Basisdaten in *mehrdimensionalen Tabellen* aggregiert und gegebenenfalls mit Referenzdaten aus anderen Statistiken zusammengeführt, um eine bessere Interpretation zu gewährleisten. In einem nächsten Schritt folgt dann theoretisch die *Berechnung der abgeleiteten Kennziffern*. Für die Weiterbildungsbeteiligung wird die Veränderung der Weiterbildungsteilnahme aus den Erhebungen des BSW mit dem Anfangsjahr 1991 im Zeitverlauf abgeleitet und in prozentualen Angaben *graphisch dargestellt*. Dabei wird nach der Beteiligung an allgemeiner und beruflicher Weiterbildung sowie den Beteiligungsquoten in Ost- und Westdeutschland unterschieden (vgl. KBBE 2006: 124, Abb. G1-1). Dies ist jedoch keine Berechnung einer Kennziffer im Sinne einer Indikatorisierung. Klieme, Avenarius, Baethge et al. argumentieren, dass Kennziffern in Bildungsberichten nur selten erwähnt oder dargestellt werden. Vielmehr werden die Zusammenhänge zwischen Basisvariablen und Hintergrundvariablen in Grafiken und Diagrammen verdeutlicht, in denen den Mittelwerten der Basisvariablen die entsprechenden Abstufungen der Hintergrundvariablen gegenüber gestellt werden. Am Beispiel der *Abbildung G1-1: Teilnahme an allgemeiner und beruflicher Weiterbildung 1991 bis 2003 (in%)* (siehe Anhang A) wird dementsprechend die Trendentwicklung der Teilnahme an allgemeiner und beruflicher Weiterbildung in Gesamtdeutschland, der in Ost- und Westdeutschland, gegenübergestellt.

Abschließend und als Überleitung zum nächsten Kapitel wird das in Ansätzen bereits erwähnte Verhältnis von Bildungsberichterstattung und Indikatorisierung zu den zugrunde liegenden Daten und deren Zugangsmöglichkeiten erörtert.

Indikatoren, die – wie sie im nationalen Bildungsbericht konzipiert sind – in regelmäßigen Abständen erhoben werden und Aussagen über die Population der Bundesrepublik zulassen sollen, sind auf institutionalisierte Vollerhebungen der amtlichen Statistik und regelmäßige Stichprobenerhebungen angewiesen. Diese Verbindung hat sowohl institutionelle als auch ökonomische Konsequenzen, die die Institutionalisierung und Entstehung des Bildungsberichts beeinflussen (vgl. Brosziewski 2007: 140). Im Zuge der Konzeption von »Bildung in Deutschland«

hat das KBBE eine Datenstrategie vorgelegt, die sich mit der bereits verfügbaren Datenbasis auseinander setzt und mit der Perspektive auf eine zukünftige Berichterstattung und deren Kriterien, Empfehlungen für deren Ausbau und Erweiterung gibt (KBBE 2006a). Die Leitidee *Bildung im Lebenslauf* und die Themenbereiche des Indikatorenmodells implizieren vor diesem Hintergrund eine Fokussierung auf individualstatistische Daten und die Möglichkeiten, die diese für eine Abbildung von Bildungsbiographien und -verläufen bieten. Die zur Verfügung stehende Datenbasis wird diesbezüglich in vielen Bereichen der Bildungsberichterstattung als unzureichend bezeichnet. Für den Bereich Weiterbildung beispielsweise „ist realistischerweise nicht [an den Ausbau einer breiten] Individualstatistik[25] zu denken." (ebd.: 6) Die Datenbasis für die Abbildung von Weiterbildung im Lebenslauf ist daher auf repräsentative Studien angewiesen, deren internationale Anschlussfähigkeit sicher gestellt werden muss. Dies geschieht auf europäischer Ebene beispielsweise gerade durch die Integration des Adult Education Survey (AES) in das Berichtssystem Weiterbildung (BSW) (Rosenbladt/Bilger 2008) und auf internationaler Ebene durch die Planung der Teilnahme an dem Programme for the International Assessment of Adult Competencies (PIAAC) – einem *large scale assessment* zur Kompetenzmessung bei Erwachsenen (Gnahs 2007). Die Defizite der amtlichen Individualstatistik bei der Beobachtung individueller Bildungsverläufe, so die Überlegungen, können durch den Aufbau eines nationalen Bildungspanels aufgefangen werden, das insbesondere bezüglich der Frage nach der Wirkung von Bildung ein sehr viel höheres Analysepotential hat (vgl. KBBE 2006a: 7). Die Implementierung dieses Bildungspanels mit einem Schwerpunkt der Kompetenzentwicklung im Lebenslauf ist inzwischen als Teil des Rahmenprogramms zur Empirischen Bildungsforschung des BMBF in Angriff genommen worden (vgl. BMBF 2008: 15).

Diese Erweiterung oder gar der Neuaufbau der Datengrundlagen sowie neue Bedarfe an empirisch gestützten Forschungsergebnissen im Kontext von Bildungsberichterstattung oder wissensbasierter Steuerung im Allgemeinen sind nur in der Zusammenarbeit mit den betroffenen wissenschaftlichen Disziplinen zu beantworten. Im Zuge des Systemmonitoring von Bildung ergeben sich so auch in der Erziehungswissenschaft bis dato nur sehr gering etablierte neue Forschungsfelder (vgl. Weishaupt 2006: 49).

---

[25] Individualstatistik bedeutet hier, dass die prozeduralen Daten der unterschiedlichen bildungsadministrativen Einrichtungen so erhoben werden, dass deren Verknüpfung möglich ist und (pseudonymisierte) Rückschlüsse auf den einzelnen Bildungsteilnehmer gezogen werden können.

## 3.2.3 Weiterbildungsstatistik als Grundlage für Bildungsberichterstattung

Ein wesentlicher Impuls der Konzeptionsarbeiten für den nationalen Bildungsbericht war und ist die systematische Sondierung der zur Verfügung stehenden Daten. Dies gilt besonders für den Weiterbildungsbereich, da hier aufgrund der hohen Segmentierung und heterogenen Weiterbildungssettings ein verhältnismäßig hoher Handlungsbedarf gesehen wird (vgl. KBBE 2006a: 45). Dieses Phänomen ist indes nicht neu und die Parallelen zur Konjunktur bildungspolitischer Bewegungen sind nahe liegend. Ein Blick auf die Geschichte der Weiterbildungsstatistik zeigt, dass diese immer dann eine Zuwendung und unter Umständen auch Aufwertung erfahren hat, wenn sie zur Steuerung von Bildung herangezogen werden sollte. Erste Impulse zur Entwicklung der Weiterbildungsstatistik kamen somit aus den Vorhaben zur Bildungsplanung der 60er und 70er Jahre. Das ehrgeizige Ziel, die Daten zur Weiterbildung auf einen ähnlichen Stand zu bringen, wie sie für andere Bildungsbereiche zur Verfügung stehen, ist zwar ein gutes Beispiel für den planungsoptimistischen Zeitgeist, wurde jedoch offensichtlich nie erreicht. Auch wenn in Folge dieser Anstrengungen einige Verbesserungen und auch Meilensteine gesetzt wurden[26] (vgl. zur Geschichte der Weiterbildungsstatistik Gnahs 1999: 364ff.), urteilt Klemm 1990 plakativ:

„De facto erreicht die statistische Erfassung des Weiterbildungsbereiches derzeit nicht die Qualität der amtlichen Viehbestandsstatistik." (Klemm et al. 1990: 189)

Wie passabel dieser Vergleich ist, sei einmal dahin gestellt,[27] de facto sieht sich ein datengestütztes Bildungsmonitoring heute mit einer Weiterbildungsstatistik konfrontiert, die – und wie sollte es auch anders sein – in verschiedensten Datenquellen und begrifflicher Vielfalt die Pluralität und Segmentierung des Weiterbildungssektors widerspiegelt – und das natürlich keineswegs vollständig. Hinzu kommt eine rasante Zunahme der Anlässe für Weiterbildung, die in immer mehr Bereichen einen Bedeutungszuwachs erfährt, sei dies in der Flexibilisierung beruflicher Strukturen oder in ihrer Relevanz für gesellschaftliche Integration. Zusätzlich wird der Fokus auch vermehrt auf informelle Weiterbildung und die Aneignung von Kompetenzen in beruflichen Kontexten gerichtet. Diese dy-

---

[26] Beispielsweise die Aufnahme des Themas Weiterbildung in eine Zusatzbefragung des Mikrozensus, partielle Verbesserungen der Trägerstatistiken sowie die Etablierung des BSW. Die Einführung des BSW als Repräsentativerhebung kann dabei auch als Antwort auf das Scheitern der Einführung einer bundesweiten Weiterbildungsstatistik auf gesetzlichen Grundlagen interpretiert werden (vgl. Sauter 1990: 260).
[27] Der Viehbestand wird in Deutschland schon seit Anfang des 19. Jahrhundert amtlich erfasst (Gerß 2004) und es werden seit langem halbjährlich repräsentative Viehbestandserhebungen mit ausgezeichneten Prognosewerten durchgeführt (FAL 2005).

namischen Entwicklungen können von etablierten Statistiken nur bedingt aufgegriffen werden (vgl. Bellmann 2004: 87f.).

Das heutige Bild der Weiterbildungsstatistik kann demzufolge sehr gut als ein Puzzle dargestellt werden (vgl. Seidel 2006: 36f.) Einige Puzzleteile liefern Daten von Seiten der Teilnehmer, andere von Seiten der Betriebe und wieder andere von Seiten der Weiterbildungsanbieter. All diese Daten werden in unterschiedlichen Zeitabständen erhoben und manche Puzzleteile fehlen völlig. Dieses Fehlen kann zum einen auf Lücken in der Weiterbildungsstatistik selbst zurückgeführt werden, zum anderen aber auch auf deren zunehmende Öffnung für informelle Lernformen, die außerhalb von Institutionen in sehr unterschiedlichen Kontexten stattfinden.

An dieser Stelle werden auch „die Grenzen der Quantifizierung von Weiterbildung deutlich." (Gnahs 1999: 371) Im Folgenden sollen die unterschiedlichen Statistiken nicht einfach aufgezählt werden (vgl. hierfür z.B. Arnold/ Schiersmann 2004: Anhang 2 57-99). Vielmehr geht es darum, die verschiedenen Formate, in denen Daten zur Weiterbildung vorliegen, zu beschreiben und auf ihren Informationswert hinsichtlich der Beteiligung an Weiterbildung zu untersuchen.

Die Systematisierung von Datenquellen zur Weiterbildung kann diesbezüglich durch die Zuordnung zu einem der drei Bereiche vollzogen werden (vgl. ebd. 2006: 38ff., 42ff., 53ff.):[28]

1. Anbieterstatistiken
2. Betriebsbefragungen zur Weiterbildung
3. Individualbefragungen zur Weiterbildung

Außerdem gibt es Ergebnisse einzelner Forschungsarbeiten, die in einer problemorientierten Bildungsberichterstattung sporadisch aufgegriffen werden können.[29] Eine langfristige indikatorengestützte Bildungsberichterstattung ist jedoch auf regelmäßige Erhebungen angewiesen – somit beschränkt sich diese Übersicht auf Datenquellen, die kontinuierlich Informationen zur Weiterbildung bereit stellen.

---

[28] In anderen Systematisierungen (vgl. Bellmann 2003 und darauf bezogen Kuper 2008) werden unter forschungsmethodischen Gesichtspunkten und mit Blick auf die Referenzsysteme der Datenauswertung außerdem Berichtssysteme unterschieden, worunter vor allem das BSW fällt. Diese Unterscheidung scheint hier aber nicht notwendig, da das BSW hier in seiner Eigenschaft als Individualbefragung analysiert wird. Die Fragestellung dieser Arbeit setzt für alle Studien, unabhängig von ihrem eigentlichen Verwendungszweck das theoretische Referenzsystem Bildungsberichterstattung/ Bildungsmonitoring.

[29] Die »Forschungslandkarte Erwachsenen- und Weiterbildung« versucht gegenwärtig, die verschiedenen Forschungsarbeiten systematisch zu erfassen (Ludwig 2007).

*1) Anbieterstatistiken*
Diese bestehen in der Regel aus Träger- und Geschäftsstatistiken[30] und haben die Funktion, die Geschäftsplanung zu unterstützen oder werden als Leistungsnachweise bei der Rechenschaftslegung für Förderungsmaßnahmen eingesetzt. Erfasst werden im Allgemeinen durchgeführte Veranstaltungen, Unterrichtsstunden und Belegungen. Da es hier um Weiterbildungsinstitutionen als Produzenten von Statistiken geht, liegt es nahe, dass sie sich nur auf organisierte Formen von Weiterbildung konzentrieren und informelle Formen nicht berücksichtigt werden. Die Differenzierung zwischen nichtberuflicher und beruflicher Weiterbildung ist nur bedingt möglich, da diese beiden Bereiche aus Teilnehmer- und Anbietersicht teilweise viele Überschneidungen aufweisen. Viele Anbieter haben zudem gleichzeitig Kurse zu beiden Richtungen im Angebot (vgl. Seidel 2006: 38).

Die Belegung von Kursen wird in den Anbieterstatistiken in Form von Teilnahmefällen erfasst. Die Weiterbildungsbeteiligung kann durch Teilnahmefälle nicht direkt abgelesen werden, da ein Teilnehmer in einem Berichtszeitraum auch mehrere Kurse belegt haben kann und in diesem Fall mehrfach gezählt werden würde, was zu einer positiven Verzerrung der Weiterbildungsbeteiligungsquote führen kann. Vor diesem Hintergrund gibt es Überlegungen, durch das Modellieren von regionalisierten und zeitraumbezogenen Belegungswahrscheinlichkeiten, die Teilnahmefälle der Trägerstatistiken in Teilnahmequoten zu transformieren (Pehl 2005). Nach Kenntnis der Verfasserin sind diese Modelle bisher in der Bildungsberichterstattung noch nicht zum Einsatz gekommen. Denkbar ist, dass der Aufwand für eine bundesweite Berichterstattung zu hoch ist, da aufgrund des (unter Umständen sehr kleinräumigen) territorialen Bezuges und der zahlreichen Trägerstatistiken, etliche dieser Modelle gerechnet werden müssten. Auf der anderen Seite könnte gerade eine regional begrenzte Bildungsberichterstattung von diesen Daten profitieren, da die regionale Differenzierung in bundesweiten Repräsentativerhebungen oft nur sehr eingeschränkt möglich ist.

*2) Betriebsbefragungen zur Weiterbildung*
Diese sind eine wichtige Datenquelle zur betrieblichen Weiterbildung, da die Betriebe als Bildungsanbieter rund 50 Prozent der Teilnahmefälle abdecken (vgl. Kuwan/Bilger/Gnahs 2006: 299). Die drei Erhebungen, die Daten für diesen Bereich bereitstellen, sind die »Weiterbildungserhebung der Wirtschaft« (IW-Erhebung), die oben bereits erwähnte »Europäische Erhebung zur beruflichen Weiterbildung« (CVTS) und als Mehrthemenbefragung das »IAB-Betriebspanel« (vgl. Seidel 2006: 54). Gegenstand dieser Befragungen sind die Weiterbildungsaktivitäten der Betriebe. Die Informationen über das Weiterbil-

---
[30] Für eine Übersicht der einzelnen Statistiken vgl. Gnahs 1999: 369f.

dungsangebot, die Teilnahme der Beschäftigten und den finanziellen Aufwand kommen meist aus den Personalabteilungen des jeweiligen Unternehmens (vgl. ebd.: 44). Diese Statistiken liefern (wie auch die Trägerstatistiken) aggregierte Daten und sind in der Regel an die Aggregation der Daten innerhalb der Unternehmen gebunden. Im Falle der Weiterbildungsbeteiligung können die Informationen in den Personalabteilungen in Form von Teilnahmefällen oder personenbezogen erfasst werden. Die Erhebung der CVTS II beispielsweise berücksichtigte in der Befragung beide Merkmalsausprägungen und rechnet die fallbezogenen Werte anschließend auf personenbezogene Werte um (vgl. Egner 2002: 48ff.).

Aggregatserhebungen bringen in diesem Fall sowohl in Bezug auf die Stichprobenziehung (Klumpenstichprobe) und die damit verbundenen Rückschlüsse auf die Grundgesamtheit als auch hinsichtlich ihrer Reliabiliät Komplikationen mit sich. Für die Auseinandersetzung mit stichprobenbedingten statistischen Problemen sei hier auf das *Kapitel 4.1.2* verwiesen. Letztendlich ist die Güte der Daten in diesen Befragungen auf einzelne Menschen und deren Wissen und Angaben über das Weiterbildungsengagement des gesamten Unternehmens angewiesen (vgl. Kuper 2009).

Weiterbildungsstatistiken aus Unternehmensbefragungen sind natürlich dann interessant und unabdingbar wenn es darum geht, Weiterbildung in Abhängigkeit von betrieblichen Rahmenbedingungen zu untersuchen. Als Datenquelle zur Weiterbildungsbeteiligung sind sie allerdings nur mit Einschränkungen heran zu ziehen. Diese liegen einerseits in den schon angesprochenen erhebungsbedingten inferenzstatistischen Problemen, andererseits sind die Aussagen – und das ist immanent – über Weiterbildungsbeteiligung thematisch eingeschränkt: Es wird ausschließlich die Weiterbildungsbeteiligung in Betrieben abgebildet, was wiederum nur Aussagen über die Weiterbildungsbeteiligung von Erwerbstätigen in betrieblichen Beschäftigungsverhältnissen zulässt.

*3) Individualbefragungen zur Weiterbildung*
Individualstatistiken zur Weiterbildung liefern Daten über das individuelle Weiterbildungsverhalten von Personen ohne Mehrfachzählungen von Teilnahmefällen und lassen – sofern die ihnen zugrunde liegenden Erhebungen repräsentativ angelegt sind – damit Aussagen über die Weiterbildungsbeteiligung der Bevölkerung zu. Dadurch wird das individuelle Merkmal Weiterbildung zu einem Merkmal einer Population (vgl. Brosziewski 2007:140). Die Tiefe in der Weiterbildung dabei erfasst wird, ist unterschiedlich und abhängig von dem Kontext der jeweiligen Erhebungen (vgl. Seidel 2006: 42). Individualstatistiken können zudem noch am ehesten das Weiterbildungsverhalten in nicht-formalisierte Lernformen abbilden, welches durch seinen individuellen Bezug in Trägerstatistiken

überhaupt nicht und in Betriebsbefragungen nur Ansatzweise erfasst werden kann (vgl. KBBE 2005: 236f.). Die wichtigsten Erhebungen, die regelmäßig personenbezogene Daten zur Weiterbildung bereit stellen und dadurch für ein indikatorengestütztes Bildungsmonitoring in Betracht gezogen werden sollten, sind das Berichtssystem Weiterbildung (BSW), das Sozio-Oekonomische-Panel (SOEP), der Mikrozensus und die BIBB/IAB-Erhebung. Diese vier Studien werden in *Kapitel 4* ausführlicher sowohl unter forschungsmethodischen Gesichtspunkten als auch hinsichtlich der Erfassung von Weiterbildungsbeteiligung vorgestellt.

Die einzelnen Puzzleteile der Weiterbildungsstatistik sind somit in Grundzügen beschrieben: Verschiedene Datenquellen in verschiedenen Formaten liefern zu verschiedenen Gegenständen der Weiterbildung verschiedene Daten. Um die Puzzle-Allegorie weiter zu führen, bedeutet dies, dass nicht nur – wie bereits erwähnt – einige Puzzleteile völlig fehlen, sondern auch, dass die Puzzleteile in den seltensten Fällen zueinander passen, wenn man versucht, diese zu einem Gesamtbild der Weiterbildung zusammen zu fügen. Eine Integration der einzelnen Datenquellen scheitert in der Regel. Die Kontraste hinsichtlich des Erhebungsdesigns, der Operationalisierungen, des Informationsgehalts, der methodischen und inhaltlichen Validität sowie der zeitlichen und territorialen Referenzen sind zu groß, als dass sich ein (ästhetisches) Bild ergeben würde.

Zudem wäre dieses Bild ein trügerisches – eines, das suggeriert, dass eine vollständige empirischen Abbildung der Weiterbildung machbar ist (vgl. Kuwan 2004: 202).

Die Sichtung der vorhandenen Datenquellen im Zuge der konzeptionellen Vorarbeiten zu »Bildung in Deutschland« hatte einen evaluativen Charakter (vgl. Baethge/Buss/Lanfer 2003 und Kuwan 2004). Für den Teilbereich Weiterbildungsbeteiligung der Weiterbildungsstatistik wird die Situation nicht ganz so defizitär eingeschätzt. Die vorhandenen Quellen erlauben weitestgehend eine Disaggregation der Weiterbildungsteilnahme nach bestimmten soziodemographischen Merkmalen wie Alter, Geschlecht, beruflicher Status etc. Diese Differenzierung beleuchtet Weiterbildungsbeteiligung bezüglich ihrer sozialen Struktur und kann so Informationen zur Teilhabe bestimmter Personengruppen machen. Vor dem Hintergrund einer immer älter werdenden Gesellschaft wird zum Beispiel der Weiterbildungsbeteiligung älterer Menschen bildungspolitisch große Bedeutung beigemessen. Die Analyse der Weiterbildungsbeteiligung bestimmter Teilgruppen ist allerdings von der Stichprobengröße abhängig und somit nur eingeschränkt möglich. Weitere Gruppen, auf die das Interesse gerichtet ist, sind Menschen mit Migrationshintergrund und Gruppen aus bildungsfernen Schichten. Hier werden bei der Disaggregation der Daten eben jene Grenzen erreicht (vgl. Baethge/Buss/Lanfer 2003:118).

## 3.2.4 Weiterbildung im nationalen Bildungsbericht

Der Bildungsbereich Weiterbildung wird im ersten nationalen Bildungsbericht[31] nur von einem der 36 bildungsbereichsübergreifenden Indikatoren explizit aufgegriffen. Dieser Indikator wird innerhalb des Indikatorenmodells auf der Ebene des Inputs eingeordnet und beschreibt den gesamtgesellschaftlichen Aufwand für Bildung, differenziert nach finanzierten Bildungsbereichen, finanzierenden Sektoren und im Verhältnis zum Bruttoinlandsprodukt ([*IÜ 13*], vgl. KBBE 2005: 61). Die Grundlage ist eine volkswirtschaftliche Gesamtrechnung des Bildungsbudgets anhand verschiedener amtlicher und nichtamtlicher Statistiken. Die nicht sehr differenzierten Angaben im Berichtsteil (vgl. KBBE 2006: 21) werden durch einen Tabellenanhang ergänzt (KBBE 2006: 218, *Tab. B1-1A*), der das Bildungsbudget und seine Zusammensetzung für alle Bereiche detailliert aufschlüsselt. In den methodischen Erläuterungen, die am Ende eines jeden Abschnitts des nationalen Bildungsberichts eine Zusammenfassung der für das Thema relevanten begrifflichen und methodischen Aspekte darlegen, wird auch auf die Weiterbildungsstatistik eingegangen. Die Abbildung der Ausgaben für allgemeine und berufliche Weiterbildung als Teil des gesamten Bildungsbudget, heißt es dort, ist aufgrund der unvollständigen statistischen Informationen des Weiterbildungssystems unzureichend (vgl. KBBE 2006: 25).

Der bereichsübergreifende Inputindikator Bildungsbeteiligung hat die Beteiligung an Weiterbildung nicht aufgenommen (vgl. ebd.: 26ff.). Schon bei der Konzeption des Indikatorenmodells wurde überlegt, ob die gemeinsame Darstellung von Bildungsbeteiligung im regulären Bildungssystem und im Weiterbildungssystem nicht verzerrend wirken könne, da die Intensität der Lernaktivitäten sehr unterschiedlich ist (vgl. KBBE 2005: 73, [IÜ 19]). Auch das problemorientierte Kapitel zu Bildung und Migration greift den Bildungsbereich Weiterbildung nicht auf (vgl. KBBE 2006: 137ff.).

Bleibt also noch das Kapitel Weiterbildung des nationalen Bildungsberichts (vgl. ebd.: 123-136). Hier bezieht man sich über 14 Seiten auf Weiterbildung unter den Teilüberschriften Teilnahme, Finanzierung, Informelles Lernen Erwachsener und Arbeitsmarkterträge beruflicher Weiterbildung. Die Ausführungen zur allgemeinen Teilnahme des oben bereits angeführten Indikators beruhen ausschließlich auf den Statistiken des BSW. Im Kapitel Teilnahme geht es zunächst nur um die Beteiligung an organisierter Weiterbildung in Form von Kursen oder Lehrgängen. Die Beteiligung an informellen Lernformen wird im Abschnitt In-

---

[31] Der Bericht »Bildung in Deutschland« erschien das erste Mal 2006 und wird im zweijährigen Turnus weiter geführt werden. Er versteht sich keineswegs als fertiges Produkt und sieht im Gegenteil eine seiner Hauptaufgaben auch darin, Strategien zur Datengewinnung zu erarbeiten. In diesem Sinne beschreibt dieses Kapitel einen Zwischenstand.

formelles Lernen Erwachsener wieder ausführlich durch die Ergebnisse des BSW erläutert, wobei hier zum Teil eigene sekundäranalytische Berechnungen durch das KBBE vorgenommen wurden.

Angesichts der umfangreichen Systematisierung und Auswertung der vorhandenen Statistiken, die die Konzeptionsarbeiten von »Bildung in Deutschland« begleiteten, wirkt der fast alleinige Bezug auf die Daten des BSW für den Gegenstand der Teilnahme an Weiterbildung leicht reduktionistisch. Auch findet sich in den sehr umfangreichen Begleittexten des nationalen Bildungsberichts generell keine Begründung, warum letztendlich diese und keine andere Statistik als Grundlage für die Indikatorisierung gewählt wurde.

2008 erscheint die zweite Ausgabe von »Bildung in Deutschland« (KBBE 2008). Für den bildungsbereichsübergreifenden Indikator gelten dieselben Argumente wie 2006: Für die Weiterbildung als größtenteils privat finanzierten Bereich, ist die Datenlage nicht ausreichend, so dass die Aufwendungen für Weiterbildung nicht in die Bildungsausgaben nach Bildungsbereich (Abb. B1-1) mit aufgenommen werden können. Die Ausgaben für Weiterbildung werden, soweit dies die statistischen Quellen erlauben, in einem eigenen Abschnitt „Finanzierung der Weiterbildung" (Abb. B1-3) in einem Vergleich der Jahre 1999 und 2005 gegenübergestellt. Für diese Jahre stehen durch die CVTS-Erhebung Daten zu den Aufwendungen der Betriebe für Weiterbildung zur Verfügung. Weitere Posten sind die Aufwendungen der öffentlichen Haushalte und der Bundesagentur für Arbeit (vgl. ebd.: 31f.).

Der Umfang des Kapitels zur Weiterbildung im nationalen Bildungsbericht ist um zwei Seiten auf 16 Seiten gestiegen. In der Einführung wird auf die Berichterstattung von 2006 Bezug genommen, in der ein Rückgang der Weiterbildungsbeteiligung diagnostiziert wurde. Der weitere Verlauf der Weiterbildungsbeteiligung und die möglichen Einflussfaktoren sind Hauptgegenstand der diesjährigen Berichterstattung. Auch auf die Datenquellen wird in der Einführung eingegangen. Neue internationale Erhebungen wie der CVTS3 und neben dem BSW die Erhebung des AES seien ein Gewinn für die Darstellung der Indikatoren (vgl. KBBE 2008: 137) und sind aufgrund ihrer thematischen Ausrichtung mit ein Grund dafür, dass die Beobachtung beruflicher Weiterbildung im Zentrum des diesjährigen Berichtswesens steht. Der einführende Indikator zur Teilnahme an allgemeiner und beruflicher Weiterbildung wird unverändert mit der Aufnahme der Zahlen zu 2007 fortgesetzt (vgl. ebd.: 138). Der Bildungsbericht 2008 geht nicht auf die internationale Dimension der neuen Erhebungen ein und bleibt in seinem Bezug national (vgl. ebd.: 137-152).

## 3.3 Die internationale Dimension des Bildungsmonitorings

In den vorherigen Kapiteln ist Bildungsmonitoring in Bezug auf die Bundesrepublik Deutschland betrachtet worden. Diese nationalstaatliche Darstellung greift jedoch zu kurz, will man dem gesamten Konzept Rechnung tragen. Wesentliches Merkmal dieses Steuerungsmodells ist sein internationaler Entstehungs- und Anwendungskontext. Diese internationale Dimension ist Gegenstand des Kapitels. In Hinsicht auf das Thema dieser Arbeit wird dabei vor allem auf die Bedeutung für und die Rolle der Bildungsberichterstattung und Bildungsstatistik für den Bildungsbereich Weiterbildung eingegangen. Dies geschieht zunächst in einer Zusammenfassung von Forschungsergebnissen und theoretischen Überlegungen[32], die sich mit dem Konzept der Governance im transnationalen Bildungsraum befassen. Als wesentliches Merkmal dieses neuen politischen Raumes wird anschließend die internationale Bildungsstatistik dargestellt. Um dieses Konzept zu verdeutlichen, wird darauf hin die Bildungspolitik der EU erörtert, wobei auch auf einzelne Aspekte der europäischen Bildungsstatistik eingegangen wird. In diesem Rahmen erfährt der Adult Education Survey (AES) und seine Implikationen für die deutsche Weiterbildungsstatistik eine besondere Beachtung. Um dies in einer angebrachten Informationstiefe zu tun, wird in einzelnen Abschnitten, insbesondere den AES betreffend auf Inhalte der *Kapitel 4.1* und *4.3* vorgegriffen.

### 3.3.1 Internationale Bildungspolitik

Die international orientierte und komparatistisch aufgestellte Erwachsenenbildungsforschung ist über einen langen Zeitraum eher punktuell betrieben worden, so dass es schwer fällt, mit neuen Forschungsvorhaben an einen erarbeiteten Forschungsstand anzuschließen und somit Kontinuität zu gewährleisten. Eine zusätzliche Schwierigkeit ist zudem sicherlich das komplexe und unübersichtliche Feld, in dem internationale Bildungsaktivitäten beobachtet werden müssen. Durch die Aktualität globaler Entwicklungen und deren Bedeutung für (nationale) Bildungsprozesse gab es in diesem Forschungsfeld in den letzten Jahren dadurch eine Reihe von Arbeiten, die den Einfluss und die Bedingungen internationaler Bildungspolitik auch für den Bereich Weiterbildung untersuchen und zu einer Konsolidierung des Forschungsgebietes beitragen (vgl. Reischmann 2000).

---

[32] Der gegenwärtige Forschungsstand wird im International Handbook of Educational Policy 1und 2 aufgeführt (Bascia/Cumming/Datnow et al. 2005).

In einer von Globalisierungsprozessen[33] geprägten Welt können politische Prozesse und somit auch Bildungspolitik nicht mehr nur mit Blick auf den einzelnen Nationalstaat erklärt werden. In immer stärkerem Ausmaß werden bildungspolitische Akteure wahrgenommen, die außerhalb nationalstaatlicher Grenzen agieren. In diesem Zusammenhang wird von einem *transnational educational space* gesprochen, von dem aus bildungspolitische Entscheidungen der Nationalstaaten auf verschiedenen Ebenen beeinflusst werden (Lawn/Lingard 2002). In diesem transnationalen Bildungsraum treten mehrere Akteure auf, die nach den Regulationsmöglichkeiten über ihre Mitglieder differenziert werden können (vgl. Ioannidou 2007: 338f.): 1) *Internationale Akteure* wie die United Nations Educational, Scientific and Cultural Organization (UNESCO) oder die OECD, die (nahezu) keine legislative Gewalt über ihre Mitgliedsstaaten haben und deren Einfluss so zu sehen ist, dass sie die Möglichkeit haben, bestimmte Themen auf die politische Tagesordnung zu bringen. 2) *Supranationale Organisationen* wie die EU, die zumindest in Teilgebieten über Möglichkeiten verfügen, ihre Mitglieder rechtlich zu binden und zuletzt 3) *Nicht-Regierungs-Organisationen*, die selbstorganisiert und unabhängig von staatlichen Einflüssen mit einem professionellem Anspruch arbeiten.

In diesem neuen politischen Raum wird als Konsequenz auch nicht mehr von staatlicher Steuerung gesprochen. Der Begriff *governance* berücksichtigt das Feld der verschiedenen Akteure außerhalb von Nationalstaaten sowie deren Interaktionen, die letztlich zu einer politischen Entscheidung führen (vgl. Benz 2004).

Die Orientierung und Aktivitäten dieser Akteure, deren Instrumente politischer Einflussnahme und letztlich ihr Einfluss auf nationalstaatliche (Weiter-) Bildungspolitik sind Gegenstand verschiedener Untersuchungen. Schemmann untersucht in seiner Arbeit die weiterbildungspolitischen Orientierungen und Aktivitäten der UNESCO, der OECD, der EU und der Weltbank. In einer vergleichenden Analyse kommt er zu dem Ergebnis: „Der konvergente Befund ist ohne Zweifel der dominante des Vergleichs." (2007: 228) So sind die Vorstellungen über Funktion und Bedeutung von Bildung[34] und auch der Stellenwert von Bil-

---

[33] Globalisierung ist ein kontroverser und polarisierender Begriff. Zum Globalisierungsdiskurs, Definitionen und Konsequenzen insbesondere für das deutsche Bildungssystem vergleiche beispielsweise Blossfeld/Bos et al. 2008. Diese Arbeit schließt sich dem dort angeführten Konzept von Globalisierung an als einem Prozess, der auf der einen Seite von einer Internationalisierung von Finanz-, Produkt- und Arbeitsmärkten und mit der Verbreitung von neuen Informations- und Kommunikationstechnologien einhergeht und auf der anderen Seite einen erhöhten Druck auf den Wettbewerb zwischen einzelnen Standorten ausübt und durch kontingente globale Entwicklungen Instabilität für lokale Märkte bedeutet (vgl. ebd.: 15f.).
[34] Tenor ist übergreifend die Notwendigkeit des lebenslangen Lernens und die ökonomische und soziale Dimension von Bildung, indem durch humankapitaltheoretische Argumentationen der Beitrag

dung und Weiterbildung innerhalb der inter- und supranationalen Organisationen selbst, grundlegend eher durch Homogenität und Vergleichbarkeit gekennzeichnet als durch Differenzen. Die Stellung des Bereichs Bildung und auch der Weiterbildung hat in den vergangenen Jahren durchgehend eine deutliche Aufwertung innerhalb der Programmbereiche der Institutionen erfahren (vgl. ebd.: 224). Übereinstimmend fordern sie die qualitative Verbesserung des Bildungssystems – was nicht selten von der Forderung nach Benchmarks und indikatorisierter Bildungsberichterstattung begleitet wird oder aber Indikatoren zum Bildungssystem sind zumindest Bestandteil dieser Argumentation (vgl. ebd. 227). So ist auf der Ebene der Aktivitäten auch das kontinuierliche Monitoring von Bildungssystemen durch indikatorisierte Berichterstattung als wesentliches konvergentes Merkmal identifizierbar (vgl. ebd. 233f.). Dieses Thema wird im folgenden Kapitel näher erläutert.

Die Momente politischer Einflussnahme internationaler Organisationen werden von Weymann und Martens in drei strategische Konzepte von Governance unterschieden (vgl. 2005: 74f.). Die Organisationen bringen Infrastruktur, professionelles Personal und gut ausgebaute Netzwerke mit ein, die die Organisation von Konferenzen und Arbeitstreffen inhaltlich und ergebnisorientiert beeinflussen können. Auch durch weitere Aufgaben der *Koordination*, wie etwa durch Impulspapiere oder die Gestaltung von Arbeitsprogrammen, haben sie die Möglichkeit internationale Prozesse zu formen respektive sie zu beschleunigen. 2) Durch die Publikation von Informationen, Ideen und Modellen in Form von Broschüren, Memoranden etc. relativieren sie nationale Programme und Konzepte und zeigen Handlungsalternativen auf, die in die politischen *Meinungsbildung* mit aufgenommen werden. 3) Greifbarere Formen der Einflussnahme ergeben sich durch die Mitgliedschaften der Nationalstaaten in internationalen Organisationen. Im Falle einer Beauftragung hat diese einen legitimierten Gestaltungsspielraum, Inhalte aufzuarbeiten, die anschließend in den nationalen Mitgliedstaaten umgesetzt werden müssen. Diese regulierenden Mechanismen der Gestaltung, Übertragung in nationale Vorgaben und Überwachung der Umsetzung der Vorgaben werden als *Instrumente* bezeichnet. Punkt 1) und 2) werden dabei oft als weiche Formen der Steuerung bezeichnet (vgl. Sonderforschungsbereich 700 2007: 8). Ordnet man diesen Steuerungsformen Steuerungsmittel zu, wie dies bereits im *Kapitel* über Bildungssteuerung *(3.1.1)* geschehen ist, sind auch hier alle drei Steuerungsmedien zu finden, wobei das Medium Wissen als das dominante Steuerungsmedium identifiziert werden kann (vgl. Ioannidou 2007: 340) und das in einem sehr viel stärkerem Ausmaß als bei der Beobachtung der heuti-

---

von Bildung zur wirtschaftlichen Entwicklung und Bildung in ihrer gesellschaftlichen Integrationsfunktion betont wird (vgl. ebd. 226f.).

gen nationalstaatlichen Bildungspolitik.[35] Dies erklärt sich zu einem großen Teil durch die Verfasstheit der internationalen Organisationen selbst. Diese können in der Regel, insbesondere im Fall von Bildungspolitik, nur sehr begrenzt auf das Steuerungsmedium Recht/Macht zurückgreifen, da sie nicht über die entsprechenden Kompetenzen verfügen. Dem Steuerungsmedium Wissen lassen sich die folgenden Aktivitäten und Prozesse zuordnen (vgl. ebd.: 341): 1) *Bildungsmonitoring*, der Vergleich und die Berichterstattung über Bildungssysteme, 2) Evaluation durch *Peer-Review*-Verfahren[36] und 3) die Durchführung von *large-scale-Leistungsmessungen*.

Mechanismen, Auswirkungen und Folgen dieses transnationalen Bildungsraums und der darin verwendeten Steuerungsmedien auf Entscheidungen und Entwicklungen einer nationalstaatlichen Bildungspolitik sind im Einzelnen empirisch schwer zu isolieren, da sie Resultate von unter Umständen wechselseitigen Prozessen sind, auf die mehrere Faktoren Einfluss nehmen.[37] Es zeichnet sich jedoch, so die These, eine „weltweite Isomorphie von Bildungspolitik" (Weymann/Martens 2005: 82) ab, ein Vorgang, der die Angleichung der Konzepte nationalstaatlicher Bildungspolitik nach sich zieht. Nationalstaaten stehen in der heutigen Zeit unter dem Druck, mit ihrer Bildungspolitik auf Bedingungen und Herausforderungen globaler Prozesse zu reagieren, was sich – durch strukturelle Bedingungen wie den Föderalismus (z.B. in Deutschland und den USA) oder auch die normative Dimension von bildungspolitischen Entscheidungen – oft als problematisch und konfliktbehaftet erweist. Internationale Organisationen und ihre Governance-Instrumente bieten in diesem Fall eine willkommene Ausweichmöglichkeit. Sie koordinieren und formen mit Mitteln der weichen Steuerung eine internationale Auseinandersetzung, sammeln und bereiten Informationen auf und geben durch best practice-Modelle und Benchmarks Orientierungshilfen und beeinflussen so letztendlich nationale Politik (vgl. ebd.). Es darf aber nicht der Eindruck entstehen, die politische Motivation internationaler Organisationen entstehe aus diesen selbst heraus. Internationale Organisationen wie sie

---

[35] Hierbei muss jedoch die Idiosynkrasie der Organisationen beachtet werden. Das Steuerungsmedium Geld spielt in der Bildungspolitik der Weltbank (durch Kredittransfers) oder der EU (durch die Finanzierung von Bildungsprogrammen) immer noch eine maßgebliche Rolle (vgl. ebd.).

[36] Im Peer-Review-Verfahren findet eine systematische Beurteilung der Leistung von Staaten durch andere Staaten statt, in der Regel hinsichtlich eines bestimmten Politikfeldes und anhand von vereinbarten Kriterien. Nicht selten werden in diesem Prozess Zielkriterien in Form von Benchmarks und Indikatoren formuliert (vgl. ebd.: 342).

[37] In den Arbeiten des Sonderforschungsbereichs 597 „Staatlichkeit im Wandel" wird vielfach auf den Einfluss internationaler Organisationen auf Veränderungen in nationalstaatlicher Politik eingegangen. Im Fokus der Untersuchungen für den Bildungsbereich stehen die Bildungspolitik der EU und der OECD sowie methodische Überlegungen zur Messung dieses Einflusses (vgl. unter anderem Martens/Balzer/Sackmann et al. 2004; Leuze/Brand/Jakobi et al. 2008; Nagel/Bieber/Jakobi et al. 2009).

hier angesprochen werden, sind internationale Staatengemeinschaften und damit letztlich abhängig von der Integration nationalstaatlicher Vorstellungen und Politiken (Smith/Baker 2001:149). Die Veranschaulichung am konkreten Beispiel zeigt, wie eigentümlich und komplex sich diese Prozesse gestalten können. Populäres Beispiel ist diesbezüglich die PISA-Studie, ihr Entstehungskontext[38] und ihre unterschiedliche Rezeption sowie deren bildungspolitische Konsequenzen und Interpretationen in den Nationalstaaten, Bundesländern, durch Schulakteure oder in der Bildungsforschung (vgl. bspw. Roitsch 2002; Tillmann/Dedering/Kneuper et al. 2008; Imhof 2005; Hubert 2006). Während die Ergebnisse der PISA-Studie in der Bundesrepublik ein vielfaches Echo auslösten, wurde die ebenfalls von der OECD initiierten Leistungsmessungen zur Lesefähigkeit Erwachsener, dem International Adult Literacy Survey (IALS) kaum wahrgenommen. Die Ergebnisse des IALS wurden im Jahr 2000 veröffentlicht, also ein Jahr vor den PISA-Ergebnissen. Angesichts der ebenfalls nur mäßigen Ergebnisse für Deutschland hätte man eine den PISA-Ergebnissen ähnliche Reaktion erwarten können. Jedoch wurden diese Ergebnisse in Deutschland kaum beachtet. Deutlichster Beweis dafür ist, dass für Deutschland nicht einmal ein Ergebnisbericht veröffentlicht wurde. Mit Spannung dürfen nun die Reaktionen auf die Ergebnisse des Programme for International Assessment of Adult Competencies (PIAAC) erwartet werden, welches in Anlehnung an PISA Kompetenzen bei Erwachsenen misst (Gnahs 2007a). Gegen die These des weltweiten Isomorphismus sprechen auch empirische Befunde, wonach die Ähnlichkeit von nationalen Bildungspolitiken vielmehr durch die pfadabhängige Betrachtung von gemeinsamen historischen Entwicklungsprozessen und geographischer Nähe zu erklären ist (vgl. Windzio/Sackmann/Martens 2005).

Nach Schemmann ist der globale Bildungsdiskurs im Bereich bildungspolitischer Orientierungen der Weiterbildung von einem homogenen – gleichzeitig jedoch äußerst verallgemeinerndem – Niveau gezeichnet, was die These einer Isomorphie der weltweiten Bildungspolitik auf der Ebene des Diskurses unterstützen würde. Gerade diese harmonisierten, jedoch abstrakt und unkonkret gehaltenen Allgemeinplätze innerhalb dieses Diskurses (allen voran die weiträumige Formel des Lebenslangen Lernens) gewährleisten indes eine Anschlussfähigkeit für verschieden national-kulturelle Spezifika und Interpretationen (vgl. 2007: 231). Bildungspolitische Aktivitäten zeigen im Großen und Ganzen ebenfalls ein harmonisches Bild. Dem von anschlussfähigen Allgemeinplätzen getragenem Diskurs steht hier jedoch ein Prozess der Konkretisierung gegenüber. Globale bildungspolitische Maßnahmen finden zunehmend in kooperativen Netzwerken von Akteuren statt und werden dabei fortwirkend spezifischer (vgl.

---

[38] siehe Fußnote 40.

ebd.: 239). „Dabei stehen die Aktivitäten zur indikatorisierten Berichterstattung ohne Zweifel im Zentrum" (ebd.: 233).

*3.3.2 Internationale Bildungsstatistik*

Verfolgt man die Entwicklung der internationalen Bildungsstatistik, werden zwei Antriebskräfte deutlich. Zum einen geht es um eine Verbesserung der Vergleichbarkeit der national erhobenen Daten der einzelnen Länder. Dies wird durch eine Harmonisierung der Erhebungs- und Klassifizierungsverfahren angestrebt. Zum anderen geht es um eine thematische Erweiterung der national verfügbaren Daten. Diese geschieht vor dem Hintergrund neuer Informationsbedarfe. Auf dem Weg zur Wissensgesellschaft sind die für den industriellen Wohlfahrtsstaat erarbeiteten Steuerungsinstrumente unzureichend. Der damalige inputorientierte Fokus auf das formale Bildungssystem wird einer wirtschaftlichen Entwicklungspolitik, die auf Informationen über den Zusammenhang von Investitionen in Bildung und deren Erträge angewiesen ist, nicht mehr gerecht. Das Wissen über Output und Outcome muss durch die Bildung neuer Indikatoren oft auch über die Erhebung völlig neuer Daten bereit gestellt werden, zum Beispiel wenn es um die Beobachtung von Innovationen im Bildungssystem, die Abbildung von Fähigkeiten und Kompetenzen oder um die lebensspannenumfassende kumulative Darstellung von Lernprozessen geht (Tuijnman 2003). PISA oder der AES sind Reaktionen auf diese Bedarfe. Auf dem Weg zu umfassenden Indikatorenmodellen, die Zusammenhänge von Bildung und Wirtschaft abbilden und als Grundlage für politische Entscheidungen dienen können, sind sie aber nur ein erster Schritt – erhebliche Entwicklungsarbeiten stehen für diese Form von Steuerungsinstrumenten noch aus (ebd.: 482).

*Tabelle 1:* Die 1990er Jahre als Zeitmarke in der Entwicklung der internationalen Bildungsstatistik (nach Cusso/D'Amico 2005)

| 1990er | |
|---|---|
| komparativ | komparativistisch |
| Entwicklung (nationalstaatliche) | Globalisierung |
| deskriptiv | präskriptiv |
| ethnorelativitisch | ethno-/eurozentristisch |
| Input / Output | Input / Outcome |
| formales Bildungssystem | lebenslang – lebensweit |
| Harmonisierung ex post | Standardisierung ex ante |
| „Deckelung" | Wettbewerb |
| Recht auf Bildung, Breitenbildung | Bemessung des Humankapitals von Staaten |
| UNESCO | OECD/Weltbank/EU |

*Tabelle 1* zeigt – sehr vereinfachend – die Merkmale der Bildungsstatistik vor und nach den 1990er Jahren. Bereits nach dem 2. Weltkrieg ist die Vergleichbarkeit und Harmonisierung der nationalen Statistiken Bestandteil der Entwicklungspolitik der United Nations (UN) – für den Bildungsbereich ist die UNESCO die zuständige Organisation (vgl. Cusso/D'Amico 2005: 200). Über standardisierte Fragebögen werden die Rohdaten zum Bildungssystem der Mitglieds- und Nicht-Mitgliedsländer von den zuständigen Ministerien erfragt und anschließend mit Hilfe von internen und externen Validierungskriterien in eine Datenbank eingepflegt. Das Statistical Yearbook ist von 1963 bis 1999 das relevante Publikationsmedium für diese Daten. Die Art und Weise der damaligen Berichterstattung ist deskriptiver Natur – die Darstellung von Zusammenhängen verschiedener Bildungsvariablen ist theoretisch möglich, wird aber nicht praktiziert, ebenso wenig erfolgt bis 2003 eine Hierarchisierung der Länder nach deren Performanz (vgl. ebd.: 202). So werden konsistente Bildungsdaten erhoben, die mit Rücksicht auf die Besonderheiten der Bildungssysteme der jeweiligen Länder über

einen langen Zeitraum einen Vergleich der Länder zulassen. Diese Vergleiche können und sollen natürlich auch als Entscheidungsgrundlagen für politische Entscheidungen innerhalb der Entwicklungspolitik eines Staates dienen. Cusso und D'Amico bezeichnen diese Form des Vergleichs als komparativ und sehen im Verlauf der weiteren Implementierung von Bildungsindikatoren ab den 1990er Jahren eine komparativistische Tendenz, indem internationale Bildungsorganisationen Bildungsstatistiken nicht mehr allein zur bildungspolitischen Information erstellen. Vielmehr werden durch den internationalen Vergleich bestimmte Varianten politischer Entscheidungsfindung unterstützt. Bildungsindikatoren sind nicht mehr nur politisch relevante Informationen, sondern haben gleichzeitig eine Definitionsmacht über Standards in Bildungssystemen (vgl. ebd.: 201).

Ausgangspunkt für die Modifikationen der internationalen Bildungsstatistik in den 1990er Jahren ist die Kritik anderer internationaler Organisationen, vornehmlich Weltbank, OECD und EU, an den Bildungsindikatoren der UNESCO. Dabei geht es weniger um die Qualität der Daten als um den Tatbestand, dass die nationalen Statistiksysteme als Datenquellen für die Ansprüche einer internationalen Berichterstattung nicht leistungsfähig genug seien[39] und dass relevante Informationsbedarfe, zu Output und Outcome von Bildungssystemen bisher nicht in die Datenerhebung und Berichterstattung aufgenommen wurden.[40] Die Folge ist eine Diversifikation und weitere Institutionalisierung der internationalen Bildungsstatistik. Diese verläuft jedoch nicht separat, sondern durchaus in Kooperation der „neuen" Akteure und mit Rekurs auf bestehende Erhebungsinstrumente der UNESCO (vgl. ebd.: 206, für einen Überblick vgl. Smith/Baker 2001: 144f.). Diese Entwicklungen sind nur denkbar, wenn man von einer Grundannahme ausgeht: Der internationale Vergleich von Ländern hinsichtlich der Leistung ihres Bildungssystems, wie er hier skizziert wird, beruht auf der Annahme eines

---

[39] Zur gleichen Zeit wird die finanzielle und personelle Ausstattung für den Bereich Statistik innerhalb der UNESCO zurück gefahren (vgl. Smith/Baker 2001: 148), was den Einstieg von weiteren Akteuren in der internationalen Bildungsstatistik sicherlich begünstigte.

[40] Zum politischen Hintergrund: 1984 ist die USA aus der UNESCO ausgetreten. Anlass war der Konflikt um die Weltinformationsordnung. Begründet wurde der Austritt seitens der USA mit dem Vorwurf einer anti-westlichem Ideologie und mangelnder Effizienz innerhalb der UNESCO (Roth 1986). Aufgrund einer US-Studie, die 1983 veröffentlicht wurde und ein äußerst schlechtes Licht auf die Leistungen des amerikanischen Bildungssystem warf, wandte sich die amerikanische Regierung an die OECD und forderte sie auf, Vergleichsdaten zu Bildungssystemen der industrialisierten Welt zu erheben. Somit würde Bildung in den Verantwortungsbereich der Außenpolitik fallen und die Bildungshoheit der Einzelstaaten könnte bei einer Schulreform entwertet werden. Die damals sehr kleine Bildungsabteilung der OECD reagierte zunächst ablehnend. Anscheinend so vehement, dass die USA 1987 den Austritt aus dem OECD-Bildungsprogramm androhte. Aus anderen politischen Beweggründen trat parallel Frankreich mit denselben Forderungen an die OECD heran (Leibfried/Martens 2008: 7f.).

allgemeinen, supranationalen Charakters von Bildung und berücksichtigt keine nationalen Besonderheiten im Konzept von Bildung. Bildungsstandards, Zusammenhänge von Bildung und wirtschaftlicher Entwicklung haben folglich übergreifend für alle Nationalstaaten die gleiche Bedeutung und Funktion (vgl. Lenhardt 2008:1012). Wäre dies nicht der Fall, wäre ein Vergleich nur bedingt sinnvoll. Diese Grundhaltung wird begünstigt durch eine wirtschaftliche Orientierung der Entwicklung von Bildungsstatistik und Bildungsberichterstattung internationaler Organisationen. Die Auswirkungen der Globalisierung auf die Ökonomie gelten als sehr weit fortgeschritten, entsprechend muss ein ökonomische Verständnis von Bildung wenig Rücksicht auf lokale und kulturelle Differenzen nehmen (vgl. Schemman 2007: 232). Hinzuzufügen ist, dass bei der internationalen Bildungsberichterstattung in einem strengen Sinne eigentlich kein Vergleich sondern vielmehr eine Gegenüberstellung, eine Juxtaposition der Daten verschiedener Länder stattfindet (vgl. Reischmann 2000: 41). Zudem sind die meisten der beobachteten Länder, gerade im Bereich Weiterbildung, Mitgliedsstaaten der OECD und/oder der EU und somit in der Regel durch hohe Pro-Kopf-Einkommen und eine hoch entwickelte Wirtschaft gekennzeichnet.[41]

Instrumente der internationalen Bildungsstatistik, die die Standardisierungsbestrebungen beispielhaft abbilden sind die *Internatioal Standard Classification of Education* 1997 (ISCED-97) und die *UOE Data Collection*.

Die *ISCED* wird bereits in den 70er Jahren von der UNESCO entwickelt, um die Bildungsstatistiken der einzelnen Länder international vergleichbar zu machen. Durch Innovationen und Ausdifferenzierungen in den Bildungsbereichen (z.B. neue Lehr- und Lernmedien, Fernstudium und Ausbreitung der beruflichen Bildung) müssen die ISCED-Klassifizierungen revidiert, modifiziert und erweitert werden, damit ihr Fassungsvermögen an die Ausprägungen moderner Bildungssysteme anschließen kann. Die 1997 revidierte Fassung der Klassifizierung ist bis heute gültig (UNESCO 2006). Sie hat den Anspruch, länderübergreifend alle beabsichtigten und systematischen Aktivitäten zur erfassen, die im Laufe eines Lebens vollzogen werden, um Lernbedürfnissen zu entsprechen (vgl. UNESCO 2006: 9). Über drei Merkmale 1) Ausrichtung des Bildungsprogramms, 2) Art der auf die jeweilige Stufe aufbauenden Bildung und 3) theoretische Gesamtdauer erfolgt eine zertifikatsorientierte Zuordnung zu einer von sie-

---

[41] Vgl. World Bank List of economies (Juli 2008). URL: http://go.worldbank.org/D7SN0B8YU0. Das World Education Indicator Projekt, initiiert von UNESCO, Weltbank und OECD, ist hingegen gezielt auf das Monitoring sogenannter Entwicklungsländer ausgerichtet (vgl. UNESCO/OECD 1999).

ben Stufen mit Unterstufungen[42] auf der ISCED-Skala. Bildungsabschlüsse werden somit statistisch international vergleichbar,

> „...obwohl niemand auf die Idee käme, einer der hier eingeordneten faktischen Bildungsabschlüsse ließe sich ohne Rücksichten auf seine territorialen Gültigkeiten in Berufschancen oder auch nur in Reputation umsetzen." (Brosziewski 2007: 138)

Die Grundannahme ist hier, dass ein Bildungszertifikat in jedem Land einen Unterschied macht, der eine Bedeutung in der jeweiligen Gesellschaft hat – wie sich dieser gestaltet, ist für die Skalenkonstruktion letztlich unbedeutend (vgl. ebd.: 141).[43] Die Einordnung in die ISCED-Klassifizierungen gestaltet sich durch jeweilige nationale Besonderheiten schon innerhalb des formalen Bildungssystems dennoch nicht einfach (vgl. für Deutschland bspw. Schroeter/Lechert/Lüttinger 2006: 11f.). Weiterbildung liegt in der Regel außerhalb dieses formalen Bildungssystems und ist thematisch sehr auf die jeweilige Zielgruppe zugeschnitten. Solange die Weiterbildungsaktivität und deren Abschluss eine Entsprechung im formalen Bildungssystem finden (was z.B. beim Nachholen eines Schulabschlusses auf der Abendschule oder bei einem weiterbildenden Masterstudiengang der Fall ist) fällt eine Einordnung relativ leicht. Die Zuordnung anhand von Bildungsprogrammen, die zentrale Klassifikationseinheit der ISCED, ist jedoch in vielen non-formalen und insbesondere informellen Kontexten von Weiterbildung nicht eindeutig möglich (vgl. BLK 2003).

Die *UOE Data Collection* ist ein Zusammenschluss aus *U*NESCO, *O*ECD und der *E*U und umfasst somit insgesamt über 60 Mitgliedsstaaten. Zweck der Vereinigung ist es, die Vergleichsqualität und Verfügbarkeit der international erfassten Daten zum Bildungssystem zu gewährleisten. Die Mitgliedsstaaten verpflichten sich, festgelegte Standards für die Datensammlung einzuhalten und Abweichungen gegebenenfalls zu dokumentieren (vgl. Schemmann 2007: 238). Zur Gewährleistung von Standards in der Datenerhebung werden Handbücher veröffentlicht, die standardisierte Liefervorgaben an die Länder weiter geben (OECD 2004). Für die Abbildung von *adult education* und *continuing education*[44] wird darin zunächst die terminologische Problematik angesprochen, die außerdem noch von länderspezifischen Variationen geprägt ist, aber auch die Notwendigkeit betont, diesen Bildungsbereich als einen Teil der *non-formal education* zu erfassen, der jenseits von *formal education* abgebildet werden muss. Die Definition von Weiterbildung geschieht zunächst über die Abgrenzung zu *initial*

---

[42] Die ISCED-Klassifizierung: 0 = Pre-Primary Education, 1 = Primary Education, 2 = Lower Secondary Education, 3 = Secondary Education, 4 = Post Secondary Non Tertiary Education, 5 = First Stage of Tertiary Education, 6 = Second Stage of Tertiary Education
[43] Insofern sollte der Einsatz der ISCED als Ordinalskala im internationalen Vergleich gut überlegt sein.
[44] Die beiden Begriffe werden innerhalb der UOE Data Collection gleichgesetzt.

*education* (1. Bildungsabschluss/weg), indem Weiterbildung als eine Wiederaufnahme von Bildung bezeichnet wird, nachdem ein erster Bildungsweg abgeschlossen wurde, wie das auch in den meisten Definitionen der Länder der Fall sei. Wenn Bildungsaktivitäten in diese Kategorie fallen, werden diese in die entsprechende internationale Weiterbildungsstatistik aufgenommen, vorausgesetzt, dass der Lerninhalt dem regulärer Bildungsbereiche entspricht und, dass die Bildungsaktivität zu vergleichbaren potentiellen Qualifikationen führt, wie in entsprechenden regulären Bildungsbereichen. Orientierungsschema ist hier wiederum die ISCED-Klassifizierung. Wenn bei Bildungsaktivitäten diese Entsprechung vorliegt, sollen sie in die Weiterbildungsstatistik mit aufgenommen werden, unabhängig davon, ob sie den Bereich der allgemeinen bildenden oder der beruflichen Ausbildung fallen und unabhängig davon, ob sie von Bildungsinstitutionen des ersten Bildungsweges oder der Weiterbildung angeboten werden. Angebote, die vom Inhalt her nicht dem regulärer Bildungsbereiche entsprechen, insbesondere jene, die sich primär auf Allgemein- oder Freizeitbildung beziehen, sollten ausgeschlossen werden (OECD 2004: 14f., 94). Da die Bezugsquelle der UOE Data Collection Institutionen der Angebotsseite sind, werden Informationen der Nachfrageseite, also Daten aus Individualerhebungen, nicht mit einbezogen (vgl. Ioannidou 2006: 19f.)

Weiterbildung war und ist ein Bereich, der auf internationaler Ebene bisher kaum erfasst wurde, da die Bildungsprozesse hier in der Regel außerhalb des formalen nationalen Bildungssystems liegen und von der amtlichen Statistik nicht oder nur unzureichend erfasst werden und die nationalen Daten aus Individualbefragungen aus verschiedenen inhaltlichen und methodischen Gesichtspunkten oft nicht für einen Vergleich in Frage kommen. Diese Informationen zu einem wichtigen Bildungsbereich dennoch zu erschließen und in einem internationalen Rahmen vergleichbar zu machen war somit Bestandteil bildungspolitischer Aktivitäten internationaler Organisationen (vgl. Smith/Baker 2001: 150f.). Dies wird deutlich durch Veröffentlichungen wie dem *Manual for Better Training Statistics (OECD 1997a) und Guidelines on the Measurement of Training – a draft Proposal* (OECD 2000).[45] Prinzipiell könnte man sagen, dass die Probleme der internationalen Weiterbildungsstatistik denen der nationalen Weiterbildungsstatistik und den verschiedenen Erhebungen zur Weiterbildung in Deutschland sehr ähnlich sind: Die Vergleichbarkeit der Weiterbildungsdaten aus den verschiedenen Ländern wird durch unterschiedliche Operationalisierungen von

---

[45] Durch die Literaturangaben könnte der Eindruck entstehen, dass es sich hier nur um Aktivitäten der OECD handelt. Tatsächlich hat die OECD als internationale Organisation wohl den höchsten Output an Publikationen in diesem Bereich. Die Entwicklung der Bildungsindikatoren und Bildungsstatistik erfolgt in der Regel aber in kooperativen Verbünden mit anderen Organisationen und unabhängigen Experten. Für eine Übersicht vgl. OECD 2004a: 19ff.

Weiterbildung, unterschiedliche Referenzjahre und -zeiträume sowie Grundgesamtheiten beeinträchtigt, wobei die unterschiedlichen Definitionen und Reichweite von Weiterbildung als die bedeutendste Beeinträchtigung für die Vergleichbarkeit der nationalen Studien wahrgenommen wird (vgl. OECD 2000: 10). Wie im Zuge der Konzeptionsarbeiten zum nationalen Bildungsbericht findet auch auf der internationalen Ebene eine systematische Erfassung vorhandener Datenquellen statt (vgl. OECD 1998, Table 4; Phelps/Stowe 1998).[46] Gleichsam mit diesen Bestandsaufnahmen und der Analyse der Erhebungskonzepte entstehen konzeptionelle Gestaltungsvorschläge für die Erweiterung sowie Harmonisierung der internationalen Weiterbildungsstatistik (vgl. Borkowsky 2000: 90), die sich in Glossaren auch auf die Terminologie von Weiterbildung beziehen (vgl. OECD 1997a: 235ff.)

Was dieses Streben nach einer Verbesserung der internationalen Statistik unter anderem mit sich bringt, lässt sich beispielhaft an der Abbildung und Konstruktion des Indikators zur Weiterbildungsbeteiligung aus »Education at a Glance«, dem Medium der Bildungsberichterstattung der OECD zeigen (*Tabelle 2*). Während die Indikatoren der UNESCO von einer Kontinuität der Indikatoren über den Zeitverlauf hinweg geprägt sind, ist indikatorisierte Bildungsberichterstattung der OECD durch eine ständige Weiterentwicklung gekennzeichnet, was quantitative (Anzahl der Indikatoren oder auch der teilnehmenden Länder) und qualitative (Änderungen der Datenquellen oder der Indikatorenbildung an sich) Brüche in der Zeitreihe nach sich zieht (vgl. Cusso/D'Amico 2005: 205, 209 sowie Sedel 2004: 148, 152ff.). Geht man chronologisch vor, nimmt der Indikator zur Weiterbildungsbeteiligung mit den Veröffentlichungen seit 1994, dem dritten Erscheinungsjahr der Reihe, folgende Gestalt an:

---

[46] Hier ist allerdings anzumerken, dass die Recherche nach diesen Bestandsaufnahmen, die in diesem Fall in OECD-Texten zitiert werden, äußerst mühsam ist, da die Referenzen mitunter unvollständig sind oder die angegebenen Quellen unauffindbar sind.

*Tabelle 2:* Die Indikatoren zur Weiterbildungsbeteiligung in Education at a Glance (OECD) von 1998 – 2008

| Jahr | Beschreibung | Datenquelle | vgl. |
|---|---|---|---|
| 1995 | Continuing education and training for adults | BSW | OECD 1995: 157-163; 327; 339 |
| 1996 | Job-related continuing education and training for the adult labour force (P8) | BSW 1994, Statistik des Arbeitsamts | OECD 1996: 131-134; 359f. |
| 1997 | Patterns on participation in continuing education and training for the adult labour force (C7) | BSW 1994, IALS 1994/1995[47] | OECD 1997b: 189-196, 375-378 |
| 1998 | Participation in continuing education and training by adults (C5) | IALS 1994/1995 | OECD 1998a: 204-220; 398 |
| 2000 | Participation in skill improvement training among the employed population (C7) | IALS 1994-1995, | OECD 2000a: 195-204 |
| 2001 | Participation in continuing education and training among the adult population (C6) | BSW 1997, IALS 1994-1998 | OECD 2001: 181-190; Annex 3: 360 |
| 2002-2004 sind keine Indikatoren zur Weiterbildungsbeteiligung aufgenommen worden. | | | |
| 2005 | Participation in continuing education and training (C6) | Ad-hoc-Modul LLL 2003, EU AKE[48] | OECD 2005: 310-329; Annex 3: 20f. |
| 2006 | Participation in adult learning (C5) | Ad-hoc-Modul LLL 2003, EU AKE | OECD 2006a: 334-346; Annex 3: 23f. |
| 2007 | Do adults participate in training and education at work? (C5) | Ad-hoc-Modul LLL 2003 | OECD 2007: 346-358; Annex 3: 30f. |

---

[47] Bei Indikatoren auf Grundlage der IALS-Daten wird Deutschland (auch in den folgenden Erscheinungsjahren) nicht in den Vergleich miteinbezogen. „IALS data for Germany were not included in this indicator, since the main question on participation in adult education and training was phrased differently from the other countries." (OECD 1997b: 375)

[48] Im Rahmen der Arbeitskräfteerhebung (AKE) der Europäischen Gemeinschaft (EG) wurde für das Referenzjahr 2003 ein „Ad-hoc-Modul zum lebenslanges Lernen 2003" durchgeführt, dass somit vergleichbare Daten von allen Mitgliedern der EG erhob (vgl. EC 2002).

Bereits anhand der relativ sparsamen Informationen in *Tabelle 2* wird deutlich, dass Kontinuität in diesem Fall höchstens in Epochen zu finden ist. Dies gilt sowohl für die Erhebungsjahre, die Bezeichnung der Indikatoren als auch für die Datenquellen. Die Darstellung der Indikatoren ändert sich ebenfalls über den Zeitverlauf, jedoch bleibt ein gewisses Grundmuster erhalten: Nach einer Grafik mit Darstellungen grundlegender Art, sogenannter Schlüsselergebnisse, wird die Teilnahme an Weiterbildung mit zusätzlichen Hintergrundvariablen differenzierter abgebildet. Die folgenden drei Absätze verdeutlichen dies anhand der Beschreibung des Indikators zur Weiterbildungsbeteiligung aus drei verschiedenen Jahren:

*2001* ist dieses Schlüsselergebnis (Chart C6.1), die Teilnahmequote an beruflicher Weiterbildung und das durchschnittliche Weiterbildungsvolumen pro Teilnehmer an beruflicher Weiterbildung der Bevölkerung im Alter von 25 bis 64 Jahren, jeweils differenziert nach Personen in Arbeitslosigkeit und Personen in Erwerbstätigkeit, pro Land versteht sich. Dabei werden die Länder mit Daten aus dem IALS in einem (grafischen) Ranking und anschließend die Länder mit Daten aus den nationalen Haushaltsbefragungen in einem (ebenfalls grafischen) Ranking dargestellt. In der zweiten Grafik auf den folgenden Seiten werden die BSW-Daten von Deutschland nicht mehr separat abgebildet, sondern in den Vergleich der IALS-Länder nach Teilnahmequote, differenziert nach Geschlecht und Bildungshintergrund, mit aufgenommen. Als Datenquelle werden die IALS und ein Haushaltssurvey (in diesem Fall das BSW) angegeben. Jahresangaben gibt es nicht. Für ausführlichere Informationen wird auf den Anhang (Annex) verwiesen (vgl. OECD 2001: 181, 183). Dort findet man in einer Tabelle eine knappe Beschreibung der nationalen Umfragen zur Weiterbildung, die als Datenquelle für die Länder ohne IALS-Teilnahme dienen. Hier werden unter anderem Merkmale wie Periodizität, Non-response-Rate und die Datenerhebungsmethode gegenübergestellt. Dort sind dann auch die Informationen zu den Referenzjahren zu finden und wie sich zeigt, erstrecken sich diese von 1994 bis 1999 (vgl. ebd.: 360f.). Ab 2002 ist dieser Anhang nicht mehr Bestandteil der regulären Auflage und nur noch über das Internet auf den Seiten der OECD einsehbar. Jedes Kapitel zu einem Indikator schließt außerdem mit einem Definitions- und Methodenteil ab. Hier bezieht man sich auf die Definition von Weiterbildung, wie sie in „Education at a Glance« verstanden wird und teilweise auch auf die Vergleichbarkeit der Daten, sowohl bezüglich des aktuellen Indikators, als auch bezüglich zu denselben Indikatoren vorheriger Ausgaben. Die Ergebnisse der Indikatoren 1998 und 2001 könne man vergleichen, sofern sie sich auf beide, berufliche und nichtberufliche Weiterbildung beziehen, die Gesamtweiterbildungsbeteiligung also. Da man bei „Education at a Glance« 2001 bei der Berechnung des Weiterbildungsvolumens pro Teilnehmer methodisch bedingt nicht stringent nach beruflicher und nicht-beruflicher Teilnahme an Weiterbildung unterscheiden kann, gelten die Angaben zum durchschnittlichen Weiterbildungsvolumen pro Teilnehmer 2001 nicht nur wie 1998 für die Teilnehmer an beruflicher Weiterbildung, sondern auch für die Teilnehmer an nichtberuflicher Weiterbildung, also über alle Teilnehmende hinweg (vgl. ebd.: 186).

*2005* zeigt als Schlüsselergebnisse (Chart C6.1) die Teilnahmequoten pro Land der erwerbstätigen Bevölkerung im Alter von 25-64 an beruflicher Weiterbildung. Als Referenzjahr wird 2002 genannt, bei der Datenquelle wird „OECD" angegeben und auf den Anhang verwiesen (OECD 2005: 310). Dort wird als Datenquelle für alle EU-Länder auf das Ad-hoc-Modul verwiesen, weitere Informationen zum Modul stehen nicht zur Verfügung. Der Haushaltssurvey zur Weiterbildung von Kanada, so wird erläutert, wurde nach der Vorlage des Ad-hoc-Moduls adaptiert, um ein möglichst ähnliches Erhebungsprogramm zu gewährleisten. Zu dem Haushaltssurvey in den USA, das einzige Land neben Kanada, dass in diesem Indikator nicht vom europäischen Ad-hoc-Modul bedient wird, wird nur das Referenzjahr 2003 angegeben (OECD 2005, Annex 3: 20f.).

*2008* bezieht man sich erneut auf die Daten von 2003, sowohl was das Ad-hoc-Modul betrifft als auch die Daten für die USA und Kanada.[49] Neue Informationen zu der Entwicklung in den einzelnen Ländern können folglich nicht aufgenommen werden. Alternativ wird die Informationsbreite der Daten genutzt, indem insbesondere auf die Weiterbildungsbeteiligung älterer Menschen eingegangen wird. Die Schlüsselergebnisse (Chart C5.1) zeigen nach Ländern die Verteilung des durchschnittlichen Weiterbildungsvolumen in Stunden von Menschen im Alter von 55 bis 64 Jahren im Verhältnis zu eben dieser Ausprägung bei jüngeren Menschen im Alter von 25 bis 34 Jahren, differenziert nach Bildungshintergrund (vgl. OECD 2008: 398).

Über den Zeitverlauf hinweg ergibt sich also eine sehr heterogene Abbildung von ein und demselben Indikator. Während die grafische Darstellung und schriftliche Aufarbeitung der Ergebnisse auch hinsichtlich der Informationstiefe sehr gelungen ist, gestaltet es sich mühsam, relevante Hintergrundinformationen zu den Datenquellen, Definitionen und deren Vergleichbarkeit zusammen zu stellen. Informationen dazu finden sich sowohl in den Kapiteln zu den Indikatoren als auch im Anhang und fallen in manchen Fällen mehr und in den meisten Fällen weniger ausführlich aus als es für eine aussagekräftige Beurteilung der Vergleichbarkeit wünschenswert wäre.

Bei einer Gegenüberstellung der Berichterstattung von »Bildung in Deutschland« *(Kapitel 3.2.4)* und »Education at a Glance« wird deutlich, dass hier zwei verschiedene Prioritäten gesetzt sind. Während der nationale Bildungs-

---

[49] 2007 wurde für die europäischen Länder auf die AKE 2006 referiert (vgl. OECD 2007: 325).

bericht eine kontinuierliche Fortschreibung des Indikators Weiterbildungsbeteiligung fokussiert, wird diese Kontinuität bei »Education at a Glance« zugunsten der internationalen Gegenüberstellung von Länderergebnissen aufgegeben. Beim nationalen Monitoring von Bildungssystemen steht als Referenz die Entwicklung über die Zeitspanne hinweg im Vordergrund, beim internationalen Monitoring wird dieser Rekurs zugunsten des Ländervergleichs nachgestellt.

### 3.3.3 Europäische Bildungspolitik

Europäische Bildungspolitik ist in ihren Anfängen in den 1970er Jahren durch das kooperative transnationale Engagement in diversen Pilotprojekten geprägt, die nach dem europäischem Prinzip der Subsidiarität, den Eigenheiten der teilnehmenden Nationalstaaten Raum ließen und dennoch eine integrierende Funktion inne haben sollten. Die Kooperationserfahrungen, Netzwerke und Institutionen, die sich aus diesen ersten Projekten formieren, sind die Grundlage für die in der Mitte der 1980er Jahre groß angelegten Programme im Bereich der Hochschulen und der Berufsbildung. Erst in den Maastrichter Verträgen zur Europäischen Union 1992 wird diese Integrationsfunktion offiziell, indem Bildung und Kultur auf die Agenda des europäischen Integrationsprozesses gestellt und vor allem in ihrer Bedeutung für die Entwicklung einer europäischen Kultur betont werden. Im Verlauf der 90er Jahre wird diese kulturelle Integrationsfunktion durch bildungspolitische Aktivitäten verdrängt, die die Funktion von Lernen und Bildung in ihrem Beitrag zur wirtschaftlichen Entwicklung als Antwort auf die Herausforderung globaler (vorrangig wirtschaftlicher) Prozesse sehen und damit dem Politikfeld Bildung innerhalb der europäischen politischen Agenda mehr Bedeutung zukommen lassen (vgl. Grek 2008: 208ff.).[50] Eine Begleiterscheinung dieses politischen Richtungswechsels ist die Ausrichtung und Orientierung an Zahlen zum Bildungssystem als Instrument bildungspolitischer Steuerung. Bedeutendste Zeitmarke für diese Entwicklung sind die programmatischen Entscheidungen des Europäischen Rats in Lissabon im Jahre 2000, der Beginn des sogenannten Lissabon-Prozesses (vgl. ebd.: 212). Diese numerische Orientierung geht außerdem mit einer Erweiterung der bisherigen Innenorientierung einher – der Blick richtet sich jetzt auf die weltweite Entwicklung von Wirtschaftsräumen und nimmt diese als Bezugspunkte für einen internationalen Vergleich (vgl.

---

[50] Die Reform des europäische Hochschulraums mit der länderübergreifenden Einführung der gestuften Studiengängen sowie dem European Credit Transfer and Accumulation System (ECTS) zur einheitlichen Anerkennung von Studienleistungen ist beispielsweise ein eindrucksvolles Beispiel für die Folgen dieser Konsolidierung europäischer Bildungspolitik auf nationale Bildungssystem (vgl. für Deutschland Buse 2004: 26ff.).

Schemmann 2007: 123; Ertl 2006). Ausdruck dieser Orientierung ist eine indikatorisierte Bildungsberichterstattung auf europäischer Ebene (Mitgliedsstaaten und europäische Länder)[51] und Dateninformationssysteme zur Bildung[52] sowie zahlreich bildungspolitische Dokumente, die sich explizit auf Indikatoren und Zahlen zum Bildungssystem beziehen[53].

Bedeutendstes Instrument innerhalb der neuen Governance durch Zahlen und Benchmarks (Grek 2008) ist die *offene Methode der Koordinierung*, die mit den Beschlüssen des Rats von Lissabon erstmals auch explizit im Bildungsbereich zur Anwendung kommen soll. Im Vergleich zu anderen Politikfeldern wie der Wirtschafts- und Landwirtschaftspolitik sind die rechtlichen Kompetenzen der EU im Bildungsbereich nicht sehr weitreichend. Die neue Koordinierungsmethode als weiches Steuerungsmittel erlaubt dennoch eine „quasi-zentrale Steuerung" (Schemmann 2007: 132; vgl. auch Lange/Alexiadou 2007: 322f.), die eine gemeinsame Zielsetzung nationaler Politiken bestärkt und diese Zielerreichung zugleich in ein kontinuierliches Monitoring einbindet. So erfolgt ohne die erforderliche supranationale Kompetenz der EU eine Konvergenz nationaler Bildungssysteme aufgrund der Kooperation der einzelnen Staaten. Offen ist die Koordination insofern, als die Methode im Wesentlichen mit Zielvereinbarungen arbeitet, die in unverbindlichen Konsultationsprozessen entstanden sind und aus relativ übergeordneten strategischen Erklärungen in Verbindung mit Indikatoren und Benchmarks bestehen. Wie diese Zielvereinbarungen im Einzelnen erreicht werden, liegt theoretisch in der Verantwortung und Entscheidungsmacht der einzelnen Nationalstaaten, folglich kann auch innerhalb dieser Konvergenz das Prinzip der Subsidiarität zu einem gewissen Grad berücksichtigt werden (vgl. ebd.: 132f.).

---

[51] Wenngleich bereits in den 1970er Jahren Interesse an der statistischen Abbildung von Bildungssystemen und deren Vergleichbarkeit geäußert wurde (vgl. Ertl 2006.). Seit 1994 gibt es die von der EU veröffentlichte Berichterstattung »Schlüsselzahlen zum Bildungswesen in Europa«, allerdings wird Weiterbildung innerhalb dieser Berichterstattung nicht berücksichtigt. Für diesen Themenbereich wird auf eine gesonderte Reihe »Schlüsselzahlen zur Berufsbildung in der Europäischen Union« verwiesen (vgl. EK 2000: VI). Diese Reihe erschien allerdings letztmalig im Jahr 2001 und wurde bisher nicht weitergeführt. In dieser letzten Veröffentlichung lag der Fokus weniger auf der Gestalt von Weiterbildung als auf den Übergängen von Bildungssystem ins Erwerbsleben (EK 2001). Auch für den Bericht zur allgemeinen Bildung ist das letzte Veröffentlichungsjahr 2005 (EK 2005).
[52] Bspw. EURYDICE „Das Informationsnetz zum Bildungswesen in Europa" mit Datenbanken zu statistischen Angaben und Indikatoren nach Ländern und Bildungsbereichen. URL: http://eacea.ec.europa.eu/portal/page/portal/Eurydice.
[53] An prominentester Stelle seien hier das „Memorandum über lebenslanges Lernen" (Kommission der Europäischen Gemeinschaften 2000) und „Einen europäischen Raum des lebenslangen Lernens schaffen" (Kommission der Europäischen Gemeinschaften 2001) aufgeführt (vgl. auch Schemmann 2007: 125ff.).

Im Gegensatz zur rechtlichen Verbindlichkeit der europäischen Gesetzgebung ist die offene Methode der Koordinierung auf die Überzeugungskraft von Empfehlungen, Berichten und bspw. Aktionsplänen angewiesen. Da diese oft vom Europäischen Rat und dem Rat der Europäischen Union initiiert werden und diese sich aus den Ministern der entsprechenden Ressorts der jeweiligen Nationalstaaten bzw. deren Staats- und Regierungschefs zusammen setzen, kann davon ausgegangen werden, dass die Mitgliedsstaaten maßgeblich Einfluss auf Inhalte und Ziele der Vorgaben haben und damit gleichzeitig eine hohe Verbindlichkeit für die involvierten Länder erzeugt wird. Die strategischen Ziele und der Prozess der offenen Methode der Koordinierung ist das Ergebnis eines zwischenstaatlichen Abstimmungsprozesses. (vgl. Lange/Alexiadou 2007: 323).

Am Beispiel der Benchmarks für den Bildungsbereich Weiterbildung soll die Gestaltung der offenen Methode der Koordinierung mit einem Fokus auf dem Monitoring der Indikatorenfortschreibung als Instrument der europäischen Bildungspolitik im Folgenden exemplarisch dargestellt werden. Zuvor noch eine kurze allgemeine Ausführung zu der Funktion von Benchmarks (als Instrument bildungspolitischer Steuerung):

Benchmarks dienen in Indikatorensystemen als Kennzahlen der Orientierung, um Aussagen über Fortschritte und Qualität in (Bildungs-)systemen zu machen, die sich in einem bewusst eingeleiteten Verbesserungsprozess befinden. Das Benchmarking legt den Umgang mit diesen Kennzahlen fest, wobei es vor allem darum geht, wie diese Referenzpunkte entstehen und welches Diagnosepotential sie besitzen. Benchmarking findet in der Regel in einem vergleichenden Zusammenhang statt; interne Vorgänge und Ergebnisse werden in Bezug zu externen Werten derselben Kategorie gesetzt und gegenübergestellt. Diese externen Werte sind je nach Intention des Benchmarking verschiedener Provenienz, werden aus best practice-Beispielen abgeleitet, werden als interne oder externe Zielvorgaben vorgegeben oder entstehen durch den datenbasierten Vergleich einzelner Indikatoren, zum Beispiel durch Berechnung des Mittelwerts eines Indikators über die teilnehmenden Systeme hinweg (vgl. UNESCO 2007: 43ff.; vgl. Scheerens 2004: 129).

Mit den Schlussfolgerungen des Vorsitzes des Europäischen Rates im März 2000 wurde für das erste Jahrzehnt des 21. Jahrhunderts dringender Handlungsbedarf formuliert, um den europäischen Wirtschaftsraum auf die „Herausforderung einer wissensbasierten Wirtschaft" (Europäischer Rat 2000: 1) vorzubereiten. Dazu sei unter anderem die Modernisierung der europäischen Bildungssysteme notwendig (vgl. ebd.). Die „neue offene Methode der Koordinierung" soll dabei eine „kohärente strategische Leitung und eine effektive Überwachung der Fortschritte gewährleisten." (ebd.: 2) Der Europäische Rat ersucht den Rat der Europäischen Union (Bildung) für sein Zusammenkommen in 2001, „allgemeine

Überlegungen über die konkreten zukünftigen Ziele der Bildungssysteme anzustellen (...)" (ebd.: 9). Sodann wurden auf dem Treffen des Rats der europäischen Bildungsminister drei übergeordnete Ziele deklariert vgl. (Council of the European Union 2001: 7):

1. Verbesserung der Qualität und Effektivität der europäischen Bildungssysteme,
2. Erleichterung des Zugangs zu Bildung für alle und
3. die Öffnung der Bildungssysteme gegenüber der Welt

Das zweite Ziel schließt Bildung für Erwachsene mit ein und betont angesichts der demographischen Entwicklung ausdrücklich die Bedeutung von Weiterbildung für ältere Altersgruppen. Mit drei Unterzielen wird das allgemeine Ziel näher ausgeführt: 1) Offene Lernumgebungen, 2) die Attraktivität von Lernen fördern und 3) die Unterstützung aktiver Staatsbürgerschaft, gerechter Zugangsmöglichkeiten und des sozialen Zusammenhalts. Das zweite Unterziel wird wiederum durch Ausführungen unter anderem zu Fragen der Einstellung zu Lernenden, Beratung, Individualisierung, der Kontextabhängigkeit von geeigneten Lernumgebungen und die Durchlässigkeit von Bildungssystemen näher ausgeführt (vgl. ebd.: 11f.). Zur Umsetzung des Monitoring und der Indikatorisierung der Ziele wird auf die Ergebnisse der zukünftigen Zusammenarbeit mit der Europäischen Kommission verwiesen sowie auf regelmäßig erfolgende Berichte an den Europäischen Rat, die über den Fortschritt der Zielsetzung Rechenschaft ablegen (vgl. ebd.: 16f.).

Die Kommission greift die Vorgaben des Rates auf und entwickelt daraufhin Vorschläge für Benchmarks untergliedert nach den Bereichen, die unter die gemeinsamen Zielvorgaben fallen. Für den Bereich Weiterbildung gilt:

„Bis 2010 sollten sich im EU-Durchschnitt mindestens 15% der Erwachsenen im erwerbsfähigen Alter (Altersgruppe 25-64 Jahre) am lebenslangen Lernen beteiligen; in keinem Land soll die Quote unter 10% liegen." (Kommission der Europäischen Gemeinschaften 2002: 4)

Des Weiteren wird mit Bezug auf die offene Methode der Koordinierung ein Vorschlag für ein allgemeines schematisches Rahmenkonzept für die Konstruktion von Indikatoren entworfen (*Tabelle 3*), mit dem anhand von bereits existierenden Datenquellen der Fortschritt in Richtung der Erreichung der Ziele verfolgt werden soll.

*Tabelle 3:* Schema für Indikatoren als Benchmarks innerhalb der offenen Methode der Koordinierung (vgl. ebd.: 7)

|           | **Derzeitiger Stand** |                                     |                | **Benchmarks** |          |
|-----------|-----------------------|-------------------------------------|----------------|----------------|----------|
| Indikator | EU-Durchschnitt       | Durchschnitt der 3 führenden EU-Länder | USA und Japan  | bis 2004       | bis 2010 |

Die Indikatoren werden mit den Referenzen Durchschnittswert der EU, Durchschnittswert der drei besten Mitgliedsstaaten (best practice) und dem Bezug auf die im Wettbewerb als stärkste Wettbewerber wahrgenommenen Wirtschaftsräume USA und Japan aufgestellt. Die jeweiligen Benchmarks geben den jeweiligen Soll-Wert des Indikators bezüglich der zwei Zeitmarken 2004 und 2010 vor, während die Fortschrittsspalten den jeweiligen Ist-Wert abbilden, jeweils mit Bezug auf den EU-Durchschnitt (vgl. ebd.). Der Schlüsselindikator zum Monitoring der Entwicklung des Lebenslangen Lernens bezieht sich auf die Daten der Arbeitskräfteerhebung (AKE) und wird definiert als die „Teilnahme von 25- bis 64-Jährigen an Aus- und Weiterbildung in den vier Wochen vor der Erhebung". Die AKE (auch Labour Force Survey, LFS) ist eine repräsentative Befragung, die europaweit Daten zu arbeitsmarktrelevanten Themen erhebt, unter die auch Fragen zur Bildung und Weiterbildung fallen (vgl. Europäische Gemeinschaft 1998). Die durchschnittliche Beteiligung an Weiterbildung nach dieser Definition und Datenlage liegt innerhalb der EU im Jahr 2001 bei 8,4 Prozent, innerhalb der Länder mit den höchsten Beteiligungsquoten in den letzten 10 Jahren durchschnittlich bei 19,6 Prozent. Für die USA und Japan werden keine Daten zum Vergleich herangezogen (vgl. Kommission der Europäischen Gemeinschaften 2002: 4: 17). Die Darstellung der Benchmark zur Weiterbildungsbeteiligung innerhalb des Monitoringprozesses wird in den folgenden Abschnitten anhand der Zwischenberichte auszugsweise dargestellt:

*2004* wird der erste gemeinsame Zwischenbericht des Rats der Europäischen Union und der Kommission zu den Fortschritten bei den Entwicklungen zur Erreichung der Benchmarks vorgelegt (Commission of the European Communities 2004). Die Definition des Indikators hat sich nicht verändert. Das Benchmark für den Indikator hingegen hat sich gegenüber den vorgeschlagenen 15 Prozent auf 12,5 Prozent verringert. Die erste Abbildung zeigt jeweils die durchschnittlichen Beteiligungsquoten für die gesamte EU, für die EU-Beitrittsländer und für die EU und die EU-Beitrittsländer zusammen. Anschließend wird die durchschnittliche Beteiligungsquote aller einbezogenen Länder nach der durchschnittlichen Beteiligung der Bevölkerung sowie gesondert nach der Beteiligung von Menschen mit niedrigerem Bildungsniveau abgebildet, jeweils differenziert nach Frauen und Männern. Die Beteiligungsquote der drei besten Länder wird nicht gesondert abgebildet sondern anschließend in einem kurzen Folgetext wiedergegeben. Dort wird auch auf den Beitritt der neuen Länder eingegangen. Deren durchschnittliche Weiterbildungsbeteiligungsuote liegt bei fünf Prozent, was bei einer Aufnahme und damit einem Einbezug in den EU-Durchschnitt zu einer Senkung des ursprünglichen Durchschnitts von 8,5 Prozent um 0,6 Prozent auf 7,9 Prozent führt. Für diesen Indikator werden die Daten der Arbeitskräfteerhebung von 2002 herangezogen (vgl. ebd. 51ff.).

Die Zwischenberichterstattung wird in den Jahren 2005 bis 2008 kontinuierlich fortgesetzt (vgl. Commission of the European Communities 2005, 2006, 2007 und 2008).

*2005* wird erstmals auf die zugrunde liegende Datenbasis und deren Qualität eingegangen. Bei der Beobachtung der Entwicklungen seit dem Jahr 2000, heißt es dort, müssen insbesondere für den Übergang von 2002 auf 2003 für viele Länder methodische Brüche in den Zeitreihen berücksichtigt werden, was in der Regel zu höheren Beteiligungsquoten führte (vgl. ebd. 2005: 70). Davon abgesehen sei eine positive Entwicklung der Beteiligung an Weiterbildung zu verfolgen. Um 2010 jedoch die Benchmark von 12,5 Prozent zu erreichen, wäre für den Zeitraum 2004 bis 2010 eine jährlich Steigerung der durchschnittlichen Beteiligungsquote um 0,5 Prozent notwendig. Dies könne in einigen Ländern durch den Start neuer Programme, in anderen aber nur durch die Einrichtung neuer Institutionen erreicht werden. Außerdem sei die Datenbasis bisher nicht ausreichend genug, um Facetten innerhalb des Indikators abzubilden, die über die allgemeine Beteiligungsquote hinausgehen. An dieser Stelle wird auf neue Optionen verwiesen, die sich durch die Auswertungsmöglichkeiten des AES ergeben, der sich zu diesem Zeitpunkt gerade in der Entwicklung befindet. Auch die gegenwärtige Datenbasis, die Arbeitskräfteerhebung, wäre besser interpretierbar, wenn die Referenzperiode zur Erfassung der Weiterbildungsbeteiligung von vier Wochen auf ein Jahr erweitert werden würde (vgl. ebd.: 75).

Der Fortschrittsbericht *2006* berichtet ebenfalls über eine Erhöhung der Weiterbildungsbeteiligung, relativiert diese jedoch ebenso durch den Zeitreihenbruch in 2003. Inzwischen liegt die Beteiligungsquote bei 10,8 Prozent (Daten aus 2005) (vgl. ebd. 2006: 5). Anhand der Daten des ad-hoc-Moduls Lebenslangen Lernens von 2003 wird die Beteiligung an Weiterbildung weiter differenziert (bspw. Bildungshintergrund und Alter) abgebildet. Allerdings wird darauf hingewiesen, dass die Ergebnisse des Moduls und der regulären Arbeitskräfteerhebung aufgrund unterschiedlicher Referenzperioden und Definitionen nicht vergleichbar sind. Abschließend wird festgestellt, dass die Weiterbildungsbeteiligungsquote der angestrebten Benchmark entgegen strebt, jedoch die Zeitreihenbrüche in den Erhebungen zu einer Überbewertung dieser Entwicklung führen.

Bei der Entwicklung und Implementation von Strategien zum lebenslangen Lernen werden die Mitgliedsstaaten dazu aufgefordert, den Abbau der Barrieren beim Zugang zu Weiterbildung als besonderes Ziel zu verfolgen (vgl. ebd.: 39f.). *2007* wird ein leichter Rückgang der Weiterbildungsbeteiligung berichtet. Die durchschnittliche Quote zur Weiterbildungsbeteiligung der europäischen Mitgliedsstaaten ist auf 9,6 Prozent gefallen (Daten aus 2006) (vgl. ebd. 2007: 13, 79).

*2008*, im aktuellsten Zwischenbericht, ist die Quote um 0,1 Prozent gestiegen (Daten aus 2007) (vgl. ebd. 2008: 26), und die Aufgabe, mit der Entwicklung der Weiterbildungsbeteiligung an die europäische Benchmark anzuschließen, wird als eine der größten Herausforderungen für die nationalen Bildungssysteme vieler Mitgliedsstaaten erklärt (vgl. ebd.: 23).

Das Monitoring hinsichtlich des Benchmarks der Weiterbildungsbeteiligung von 12,5 Prozent im EU-Durchschnitt bedient sich mit der Arbeitskräfteerhebung einer kontinuierlichen Datenreihe, deren Ergebnisse mit dem Abstand von einem Jahr zeitnah in die Berichterstattung integriert werden können. Aber auch der Bezug auf eine einzige Datenreihe bringt Brüche in der zeitlichen Abbildung mit sich, da innerhalb dieser Erhebung selbst methodologische und definitorische Inkonsistenz besteht, die fast durchgehend alle Länder betrifft. Darüber hinaus gibt es Hinweise auf eine unterschiedliche Erfassung von Weiterbildungsbeteiligung in den jeweiligen AKE-Erhebungskonzepten der einzelnen Länder. Durch einen relative großen Spielraum in der Gestaltung der Erhebungsprogramme könnte der Vergleich der Ergebnisse von vorne herein in Frage gestellt werden (vgl. Rosenbladt/Infratest: 2008: 25; Rosenbladt/Bilger 2008: 201ff.). Insofern kann die Reliabilität des Indikators in Frage gestellt werden, besonders dann, wenn diese Unregelmäßigkeiten in der Regel zu einer Erhöhung der Beteiligungsquoten geführt haben.[54] Betrachtet man die Berichterstattung des Indikators vor dem Hintergrund der offenen Methode der Koordinierung, mussten für den Indikator Abstriche beim Vergleich zu den Wettbewerbsländern USA und Japan gemacht werden. Die drei EU-Länder mit den höchsten Beteiligungsquoten werden jeweils genannt. Es wird auch fast durchgehend darauf hingewiesen, dass die Beteiligungsquoten der einzelnen Mitgliedsstaaten in vielen Fällen enorme Abstände aufweisen. 2007 beispielsweise weist Schweden mit 32 Prozent (2000 = 21,6%) die höchste Weiterbildungsbeteiligung auf, die Türkei steht

---

[54] Die methodischen Mängel wurden anscheinend zugunsten des großen geographischen Einzugsbereichs in Kauf genommen, da die Arbeitskräfteerhebung als einzige Datenquelle alle EU-Länder sowie die Beitrittsländer erfasst. Die Brüche in den Zeitreihen sind außerdem auf eine Erweiterung der erhobenen Lernaktivitäten im Rahmen von lebenslangem Lernen zurückzuführen, somit wurde zum Vorteil der umfassenderen Abbildung der Dimension lebenslangen Lernens Zugeständnisse gegenüber der Kontinuität der Erhebungen gemacht (vgl. Sroka 2005: 203f.).

mit 1,5 Prozent (2000 = 1%) am untersten Ende des Rankings (vgl. Commission of the European Communities 2008: 27). Angesichts dieser Streuung der Werte der Länder um das arithmetische Mittel, den EU-Durchschnitt, ist auch die Konstruktion der Benchmark fraglich, da die einzelnen Länderwerte hier in einem Mittelmaß unterschlagen werden, dass nationale Entwicklungstendenzen vernachlässigt. Insofern war die Erweiterung der Benchmark wie sie in einem Vorschlag der Kommission an den Rat zu finden ist eine sinnvolle Ergänzung: „.... in keinem Land soll die Quote unter 10 % liegen" (Kommission der Europäischen Gemeinschaften 2002: 4). Aller Voraussicht nach wird das Benchmark von 12,5 Prozent im Jahre 2010 nicht erreicht werden, was aber keinerlei Konsequenzen für die Mitgliedsstaaten nach sich ziehen wird. Immerhin ist die Weiterbildungsbeteiligung in allen Ländern gestiegen. Inwiefern dieser Fortschritt auf den Einfluss der offenen Methode der Koordinierung zurückzuführen ist, kann nur schwer nachvollzogen werden. Zu berücksichtigen ist auch, dass in diesem Abschnitt lediglich eine Facette der Koordinierungsmethode vorgestellt wurde, anhand derer nicht das gesamte Verfahren beurteilt werden kann.[55]

Die Erhöhung der durchschnittlichen Weiterbildungsbeteiligung in den EU-Ländern von 7,1 Prozent im Jahr 2000 auf 12,5 Prozent im Jahr 2010 würde eine jährliche Steigerung der Quote um durchschnittlich ca. 0,5 Prozentpunkte bedeuten. Damit Deutschland die Benchmark von 12,5 Prozent erreicht, müsste sich die Weiterbildungsbeteiligungsquote jährlich durchschnittlich um ca. 0,7 Prozentpunkte erhöhen (vgl. Commission of the European Communities 2008: 27). Die Deutsche Benchmark, wie sie bereits in der Einleitung zitiert wird, setzt sich eine Erhöhung der Weiterbildungsbeteiligung von 41 Prozent im Jahr 2003 auf 50 Prozent im Jahr 2015 zum Ziel (BMBF 2007). Die Terminierung zum Erreichen der Benchmark fällt in Deutschland fünf Jahre später und auch die Datenquelle ist nicht die in der europäischen Statistik verwendete AKE, sondern die nationale Erhebung zur Weiterbildung, das Berichtssystem Weiterbildung. Aber auch hier liegt die jährliche Steigerung, die durchschnittlich nötig wäre, um die angestrebte Quote von 50 Prozent zu erreichen, ebenfalls bei ca. 0,7 Prozentpunkten. Schlussfolgerungen zu dieser Parallele bewegen sich zwangsweise in spekulativem Bereich, dennoch könnte man – mit aller Vorsicht und unter berechtigten Vorbehalten – annehmen, dass die Bundesregierung im Jahr 2007 – einem Jahr, in dem die Entwicklung der Weiterbildungsbeteiligung in Europa bereits darauf hindeutet, dass die europäische Benchmark von 12,5 Prozent im Jahr 2010 nicht erreicht werden wird – sich in der Konstruktion ihrer nationalen Benchmark weiterhin an der für Deutschland notwendigen Steigerungsrate um

---

[55] Neben dem Benchmarking fanden zahlreiche Konsultationen zwischen den Ländern statt, in denen Strategien für einen effizienten Erwachsenenbildungssektor unter den Aspekten Organisation, Finanzierung, Beteiligung, Qualität und Entwicklung vorgestellt und ausgetauscht wurden.

das EU-Benchmark zu erfüllen, orientiert, sich aber für diesen Prozess mehr Zeit ausnimmt. Vereinzelt orientieren sich Länder in einer sehr viel deutlicheren Weise an den Benchmarks der EU und nehmen in ihrer Bildungsberichterstattung und in Aktionsplänen direkten Bezug auf europäische Vorgaben. Diese bilden aber eher die Ausnahme (vgl. Sroka 2005: 205f.). Sroka spricht den europäischen Benchmarks nur wenig Einfluss auf nationale Bildungspolitik zu. Dies begründet er zum einem mit strukturellen Gegebenheiten in den Nationalstaaten, wenn zum Beispiel föderale Strukturen die Einführung von nationalen Benchmarks erschweren. Zwei weitere Ursachen dafür liegen in den Indikatoren selbst. Diese sind aufgrund von Unregelmäßigkeiten im Indikatorendesign zu unzuverlässig und durch den Verzicht auf national-spezifische Werte und Maßstäbe zu unkonkret, als dass sie für nationale Politiken die Funktion von richtungweisenden Bezugswerten einnehmen könnten (vgl. ebd.: 206).

### 3.3.4 Europäische Bildungsstatistik

Wie schon auf nationaler (deutscher) und internationaler Ebene verfolgt werden konnte, findet auch auf europäischer Ebene im Zuge der Konzentration auf Bildungsberichterstattung und den Einsatz von Indikatoren als Instrument bildungspolitischer Steuerung eine verstärkte Auseinandersetzung mit den bildungsstatistischen Grundlagen für dieses Vorhaben statt. Die Bestandsaufnahme der verfügbaren Datenquellen, deren Kompatibilität, Exklusivität und Ausbaufähigkeit[56] und die Entwicklung von Standardisierungsinstrumenten[57] und Glossaren[58], die eine Harmonisierung der verschiedenen Erhebungen ermöglichen sollen sowie die Implementierung von völlig neuen Datenquellen, sind praktische Folgen dieser Auseinandersetzung. Strukturiert wurde dieser Prozess für den Bildungsbereich von einer im Jahr 2000 durch die Europäische Kommission eingerichteten Task Force Measuring Lifelong Learning (TFMLLL). In ihrem ersten Bericht empfiehlt die TFMLLL drei Maßnahmen (vgl. Europäische Kommission/ Eurostat 2001: 3f.):

1. Die Modifizierung vorhandener europäischer Erhebungen, wobei das Adhoc-Modul der AKE zum lebenslangen Lernen besondere Priorität eingeräumt wird
2. Klassifikation von Lernaktivitäten
3. Eine neue europäische Erhebung zur Erwachsenenbildung,

---

[56] Vgl. bspw. CEDEFOP 2008, Europäische Kommission/Eurostat 2001, Gnahs/Pehl/Seidel 1999.
[57] Vgl. die CLA – Classification of learning activities (European Commission/Eurostat 2006).
[58] Vgl. CEDEFOP 2009.

die letztlich auf die Entwicklung eines Europäischen Statistischen Informationssystems (ESIS) hinarbeiten, mit dem die Darstellung lebenslangen Lernens durch die Kombination verschiedener Datenquellen möglich ist (vgl. ebd.: 4). Diese Maßnahmen sind inzwischen umgesetzt worden. Die Integration des Ad-hoc-Moduls wird als *bottom-up approach* beschrieben, die Implementierung des Adult Education Survey als *top-down approach*. Ersteres ist sehr viel kostengünstiger und zeitsparender, da bestehende Mehrthemenbefragungen als „Vehikel" für das neue Weiterbildungs-Modul genutzt werden können. Letzteres ist sowohl was die Finanzierung als auch Konzeptions- und Implementierungsaufwand betrifft sehr viel anspruchsvoller, erlaubt dafür jedoch, das Thema Weiterbildung in einer Tiefe und Breite zu erfassen, in der es in einer Mehrthemenbefragung nicht möglich wäre (vgl. Ioannidou 2006: 24f.) Der AES als Erhebung zur Weiterbildung hat 2006/2007 in allen EU-Ländern sowie in Kroatien, der Türkei und Norwegen seine erste Erhebungsphase durchlaufen. Diese neue und in ihrer geographischen Reichweite einzigartige Studie zur Weiterbildung wird im Folgenden näher beschrieben. Besondere Beachtung werden dabei die konzeptionellen Voraussetzungen einer solchen international angelegten Studie erfahren sowie die Operationalisierung von Weiterbildungsbeteiligung innerhalb des AES. Dabei werden vor allem Implikationen für die deutsche Weiterbildungsstatistik hervorgehoben.

*Der Adult Education Survey – Rahmenbedingungen und Vorlauf*
Die Harmonisierungsbestrebungen und die thematischen Erweiterungen vorhandener Befragungen allein scheinen dem Informationsbedarf nicht gerecht werden zu können. 2002 wird eine Arbeitsgruppe zur Entwicklung des AES[59] eingesetzt, die die konzeptionellen Vorarbeiten der TFMLLL unter der Berücksichtigung der Erfahrungen mit dem Ad-hoc-Modul lebenslanges Lernen fortsetzt und 2004 ihren Abschlussbericht vorlegt (European Commission/Eurostat 2005). 2006 wird als das Referenzjahr der Umfrage vorgeschlagen, ein Jahr Abweichung nach vorne und hinten wird eingeräumt, damit die Länder ausreichend Zeit haben, die Erhebung als Einthemenbefragung zu planen oder Kernstücke des AES als Module in bestehende Erhebungen zu integrieren. Die Pretests zum Fragebogen des AES wurde 2004 parallel mit den Entwicklungstest der Liste zur Classification of Learning Activities (CLA) durchgeführt. Die Pretests, zusammen mit der Erfahrung aus Piloterhebungen im Vereinigten Königreich und Schweden bilden die Ausgangsbasis für die fertigen Fragebögen, die in Form eines englischsprachigen Manuals an die teilnehmenden Staaten gegeben werden (Europe-

---

[59] Mitglieder dieser Task Force, wie auch schon der TFMLL waren übrigens auch Vertreter aus internationalen Organisationen (UNESCO, OECD) sowie Vertreter aus Nicht-EU-Staaten (Kanada, Schweiz) (vgl. European Commission/Eurostat 2005: Annex 1, 2f.).

an Commission/Eurostat 2007). Der AES wird mehrheitlich als Einthemenbefragung in den Ländern durchgeführt, teilweise aber auch in bestehende Erhebungen (Arbeitskräfteerhebung) integriert und nur zwei Länder haben ihre nationalen Erhebungen zur Weiterbildung an den AES adaptiert (vgl. CEDEFOP 2008: 55). Das erste Erhebungsjahr des AES ist von keinerlei rechtlichen Regelungen begleitet und beruht auf einem *gentlemen's agreement* der teilnehmenden Staaten (vgl. Ioannidou 2006: 25), eine Integration in die verpflichtenden Regelungen zur europäischen Statistik ist jedoch geplant (vgl. Rosenbladt 2008).

Auch wenn die Durchführung des AES in absehbarer Zeit unter die europäische Statisikgesetzgebung fällt, wird in Deutschland unter der Berücksichtigung der besonderen Berichtstradition des BSW die erste AES-Erhebung nicht von Statistischen Ämtern durchgeführt. Ein Projektverbund ist für die Durchführung des AES und die Gestaltung des Übergangs vom BSW zum AES verantwortlich (vgl. Rosenbladt 2008/Infratest: 15). Die Erhebung der AES findet 2007 parallel zu der des BSW statt. In diesem Kontext findet in Deutschland eine reflexive Auseinandersetzung mit der Konzeption traditioneller Berichterstattung zur Weiterbildung und den Implikationen einer europäischen Ausrichtung der Weiterbildungsstatistik statt (vgl. Gnahs/Kuwan/Seidel 2008 und Rosenbladt/Bilger 2008a).

*AES – Erhebungsmerkmale*
Auf eine Synopse der Methoden- und Ergebnisbeschreibung aus den einzelnen Ländern kann zu diesem Zeitpunkt noch nicht zurückgegriffen werden. Ergebnisberichte aus einzelnen Ländern liegen ebenfalls nur punktuell vor. Aus diesem Grund wird an dieser Stelle nur auf die Merkmale der deutschen Erhebung eingegangen. Anzumerken ist, dass das Manual der Arbeitsgruppe lediglich die Kernelemente des Fragebogens vorschreibt und für alle anderen Bereiche (bspw. Stichprobengröße) lediglich Vorgaben mit Empfehlungscharakter ausspricht oder aber methodische Aspekte gar nicht erst anspricht (bspw. Datenerhebung).

Die Methodenbeschreibungen[60] zu BSW und AES unterscheiden sich lediglich hinsichtlich ihres Stichprobenumfangs (BSW=7.346; AES=6.407[61]) (vgl. Rosenbladt/Bilger 2008a: 243) und schließen sich in den sonstigen Erhebungsmerkmalen der Tradition der früheren BSW-Erhebungen[62] an. Mit der Durchführung ist Infratest Sozialforschung München vom BMBF beauftragt worden. Durch CAPI unterstützte persönliche standardisierte Interviews werden die Daten erhoben. Die Grundgesamtheit sind alle in Privathaushalten lebenden Perso-

---

[60] Zu Erhebungsmerkmalen von Umfragen vgl. *Kapitel 4*.
[61] Unter http://epp.eurostat.ec.europa.eu/cache/ITY_SDDS/DE/trng_aes_sm1.htm#scope können ausgewählte Metadaten zur Methodik des AES eingesehen werden.
[62] Zur Studienbeschreibung des BSW vgl. *Kapitel 4.2.5* sowie *Tabelle 4*.

nen, die zwischen 19 und 64 Jahren alt sind. Die Stichprobenziehung erfolgt durch eine mehrfach geschichtete, dreistufige[63] Zufallsstichprobe im ADM-Design, dabei sind die neuen Bundesländer proportional auch hier höher vertreten (vgl. ebd.: 239ff.). Der Erhebungszeitraum erstreckt sich von Anfang März 2007 bis Anfang Juli 2007. Der Fragebogen der AES-Erhebung wird vor der Erhebung in einem Pretest erprobt und noch einmal überarbeitet. Die Ergebnisse des Pretests sind nicht bekannt. Die Angaben zu Brutto- und Nettowerten der Stichprobe beziehen sich auf beide Studien und zusätzlich auf eine dritte, die in diesem Projektzusammenhang ebenfalls durchgeführt wurde und liegen nicht gesondert vor. Die Bruttostichprobe über alle drei Studien hinweg beträgt 17.738 Personen. Insgesamt wurden 9.047 Interviews durchgeführt, was zu einer bereinigten Ausschöpfungsquote von 55 Prozent führt (vgl. ebd.: 241f.). Die Gewichtung der Stichproben erfolgt in einem vierstufigen Verfahren durch Designgewichtung und Redressment an der amtlichen Statistik (vgl. ebd.: 244ff.). Eine Neuerung ist dabei die Möglichkeit durch einen Hochrechnungsfaktor, absolute Zahlen in der Stichprobe auf die Zahlen in der Gesamtbevölkerung hochzurechnen. Dies war im BSW bisher nur für prozentuale Verteilungen möglich.

*AES – Internationalität und Vergleichbarkeit*
Es sind vor allem zwei Aspekte, die die Vergleichbarkeit von Ergebnissen aus internationalen Studien beeinflussen.

Der erste Aspekt ist in diesem Sinne nicht nur im Kontext international vergleichender Studien von Belang. Wie in den folgenden Kapiteln noch gezeigt werden wird, haben verschiedene Erhebungsmerkmale (wie z.B. Ein- oder Mehrthemenbefragung, Datenerhebung, Ausschöpfungsquote etc.) Einfluss auf die Qualität der Daten und damit auf die Ergebnisse von Studien. Da es noch keinen abschießenden und zusammenfassenden Methodenbericht über den AES gibt, müssen diese Ergebnisse abgewartet werden, um zu beobachten, welche methodische Gestalt für die Umsetzung des AES letztendlich gewählt wurde und wie sich diese Modi gegenüberstehen. Unterschiede werden in dieser Gegenüberstellung zu finden sein, das bringen die relativ unverbindlichen Gestaltungsvorschläge der AES Manuals mit sich. Inwieweit dies aber die Vergleichbarkeit der Daten beeinflusst, ist nur schwer festzustellen, auch diese Thematik wird in den nächsten Kapiteln aufgenommen.

Der zweite Aspekt begründet sich aus der Tatsache, dass internationale Studien in der Regel auch in unterschiedlichen kulturellen Räumen (Ländern) stattfinden, die in spezifischen kulturellen Merkmalen mehr oder weniger voneinan-

---

[63] 1. Stuf e= Schichtung der Gemeinden nach regionalen Kriterien zur Bildung von Sample-Points; 2. Stufe = Random-Route-Verfahren von zufällig ausgewählten Adressen pro Sample-Point; 3. Stufe = systematischer Auswahlschlüssel für die Auswahl des Interviewees im jeweiligen Haushalt.

der abweichen. Einige dieser kulturellen Unterschiede kann man leicht in das Erhebungskonzept mit aufnehmen. Ob beispielsweise die monetären Aufwendungen eines Teilnehmers für einen Volkshochschulkurs in Euro oder in Franken angegeben werden, ist letztlich eine Frage der Währungsumrechnung und eventuell höchstens bezüglich der aktuellen Wechselkurse problematisch. Geld ist in jedem Land Geld. Eine Volkshochschule ist jedoch nicht in jedem Land eine Volkshochschule. Zumindest nicht, wenn man die wörtlichen Übersetzungen in einigen Sprachen gegenüberstellt (vgl. Jütte 1999: 266). Diese Tatsache betrifft vor allem die Übersetzung des Fragebogens, spielt aber auch schon bei dessen Konstruktion eine wichtige Rolle. In der Konstruktion des Fragebogens[64] des AES geht es darum, die komplexe Realität von Weiterbildung durch das Verhalten von Individuen zu erfassen. Die Komplexität von Weiterbildung ist dann besonders hoch, wenn sie in Hinblick auf philosophische, organisationale und institutionelle Aspekte betrachtet wird. Die Begrifflichkeit von Weiterbildung hat sich hier in kulturell spezifischen, historischen Prozessen innerhalb von einzelnen Staaten entwickelt. Die so entstandenen Begrifflichkeiten haben in anderen Landessprachen oft kein Äquivalent und können nur durch zusätzliche kontextuelle Informationen verstanden werden[65] (vgl. Jütte 1999: 265f.). Die europäische Fragebogenkonstruktion des AES ist somit vor die Herausforderung gestellt, die länderspezifischen Konzeptionen von Weiterbildung, die sich in jeweils verschiedenen Begrifflichkeiten niederschlagen, so zu operationalisieren, dass nationale Spezifika integrierbar sind – oder im Perspektivwechsel: Die jeweiligen Länder müssen ihre Konzeptionen und Begrifflichkeiten von Weiterbildung in die europäische Operationalisierung von Weiterbildung ein- bzw. unterordnen können. Da nicht selten selbst innerhalb der Länder der Diskurs zur Weiterbildung nicht gerade durch einen terminologischen Konsens geprägt ist, gestaltet sich diese Aufgabe als sehr anspruchsvoll. Dieser Sachverhalt wird im nächsten Abschnitt anhand des Vergleichs von BSW und AES an einem konkreten Beispiel erläutert.

Die Fragebogenvorlage des AES gibt im AES-Manual die einzelnen Fragen zum Weiterbildungsverhalten in relative abstrakter Form wieder. Kommentierungen erläutern die Zielsetzungen der Frage, Beispiele zeigen Möglichkeiten der Umsetzung in nationalen Fragebögen (European Commission/Eurostat 2007: 5-49). Während die konzeptionelle Gestaltung des Fragebogens durch ein kulturübergreifendes, europäisches Verständnis von Weiterbildung geprägt ist, ha-

---

[64] Vgl. für diesen und für den nächsten Abschnitt *Kapitel 4.1.3* sowie *4.3*
[65] Jütte verdeutlicht dies am Beispiel des Begriffs *politische Bildung*: Die oft herangezogene englische bzw. französische begriffliche Entsprechung *citizenship education* bzw. *education civique* kann in ihrer Äquivalenz angezweifelt werden, da die „deutsche" politische Bildung auf ein weiter fassendes Konzept von Bildungsaktivitäten über den zivilen Bereich hinaus greift (vgl. ebd.).

ben die teilnehmenden Länder innerhalb der konkreten Formulierung der Fragen und der Gestaltung der Antwortmöglichkeiten einen gewissen Spielraum[66], in dem kulturspezifische Weiterbildungselemente berücksichtigt werden können. Diese Option ist notwendig, um Weiterbildung in unterschiedlichen Ländern adäquat zu erfassen, ist aber gleichzeitig ein Fallstrick für die international vergleichende Forschung. Theoretisch müssten in einem Ländervergleich sämtliche nationale Fragenprogramme noch einmal gegenübergestellt werden und auf die funktionale Äquivalenz ihrer Wortwahl und Formulierung untersucht werden, um Aussagen über die Vergleichbarkeit der einzelnen Variablen machen zu können. Für dieses Unternehmen wäre eine gewaltige Fremdsprachenkompetenz, linguistische Expertise und Wissen über die jeweiligen länderspezifischen Kontexte von Weiterbildung notwendig.

Diese Problematik international vergleichender Forschung ist natürlich nicht nur für den Weiterbildungsbereich relevant. Generell ist die kulturübergreifende Erforschung von Verhaltens- und Einstellungsdimension immer vor die Aufgabe gestellt, ihre Erhebungsinstrumente auf Effekte zu überprüfen, die durch Übersetzungen oder kulturspezifische Dimensionen von Fragen entstehen können und die Validität der Befragung beeinträchtigen können (vgl. Braun 2006).

*AES – Operationalisierung von Weiterbildung*
Die europäische Terminologie zur Weiterbildung, wie sie im AES eingesetzt wird, ist mit der deutschen Begrifflichkeit, wie sie dem BSW entnommen werden kann, nur bedingt kompatibel. Auf der einen Seite wird mit der Begriffstrias *formal education, non-formal education und informal learning* operiert, auf der anderen Seite steht das deutsche begriffliche Gegensatzpaar *allgemeine und berufliche Weiterbildung*. Beide Begriffsgruppen kategorisieren Weiterbildung. Erstere mit einem Vokabular, dass man seit einigen Jahre im europäischen Diskurs antreffen kann (vgl. Gnahs 2008: 30), letztere mit einer Systemperspektive auf Weiterbildung nach vorrangig normativen und ordnungspolitischen Gesichtspunkten, die in Hinsicht auf die Operationalisierung von Weiterbildungsbeteiligung in empirischen Studien Probleme der Trennschärfe und der Zuordnung nach sich zieht (vgl. Kuper 2008a: 37f.; ebenso *Kapitel 4.3.2*). Im Folgenden wird die europäische Systematisierungslogik innerhalb des AES der im BSW gegenübergestellt um aufzuzeigen, welche Konsequenzen damit für die Abbildung von Weiterbildungsbeteiligung verbunden sind. Dafür wird die Frage zur

---

[66] Für einzelne Fragen wird die Empfehlung ausgesprochen, die Formulierung aufzunehmen und das Item ohne Änderungen an den Kategorien oder in der Fragenreihenfolge entsprechend in die Landessprache zu übersetzen. Für andere Items ist die jeweilige Umsetzung für die Präferenz der Länder offen (vgl. ebd.: 5).

Teilnahme an der jeweiligen Kategorie von Weiterbildung zuerst in der Version des AES-Manuals herangezogen. Die Version des deutschen AES-Fragenprogrammes gibt Aufschluss über dessen konkrete Umsetzung und lässt den Vergleich mit dem BSW-Fragenprogramm zu. Der Bereich des informellen Lernens (*informal learning*) wird dabei ausgelassen, da dieser Aspekt einen sehr umfassenden Themenkomplex darstellt, der wiederum neue theoretische, methodische und begriffliche Voraussetzungen und Überlegungen mit sich bringt (vgl. hierfür Kuper 2008a: 39ff.).

Die AES-Arbeitsgruppe definiert ihre Bildungskategorien auf der Grundlage der ISCED, dem Bericht der TFMLLL und eines UNESCO-Manuals zur non-formalen Bildung (vgl. European Commission/Eurostat 2005: 22f.):

*Formal education* wird von Institutionen wie Schulen und Hochschulen angeboten und ist üblicherweise auf eine Zielgruppe im Alter von ca. fünf bis siebenundzwanzig Jahren gerichtet. Diese nehmen Vollzeit an Bildungsmaßnahmen teil. Bildungsmaßnahmen in dieser Kategorie sind Teil eines kontinuierlich aufeinander aufbauenden Stufensystems. Auf den höheren Stufen dieses Systems gibt es in einigen Ländern eine Kombination aus Beschäftigung und der Teilnahme an Bildung, was oft mit „Dualem System" oder äquivalenten Begriffen bezeichnet wird.

Bildungsmaßnahmen der *non-formal education* sind jegliche Form von organisierten und nachhaltigen Bildungsaktivitäten, die sich nicht der formalen Bildung zuordnen lassen. Sie finden sowohl innerhalb als auch außerhalb der klassischen Bildungsinstitutionen statt und sprechen alle Altersgruppen an. Sie lassen sich unter Umständen nur bedingt in das gestufte formale Bildungssystem einordnen und bieten eine breite Themenpalette, die sowohl aus lebensweltlichen als auch arbeitsweltlichen Inhalten besteht. Die Dauer dieser Bildungsmaßnahmen kann variieren. In diese Kategorie fällt auch die Teilnahme an organisierter Weiterbildung.

*Informal learning* hingegen ist zwar ebenfalls eine bewusste, aber durch einen geringeren Organisations- und Strukturierungsgrad gekennzeichnete Bildungsaktivität. Innerhalb von selbstbezogenen oder familiär und sozial ausgerichteten Kontexten finden Lernereignisse in der alltäglichen Lebenswelt der Lernenden statt.

Das Eröffnungs-Item im AES-Manual zum Fragekomplex zur Teilnahme an formaler Bildung lautet (vgl. Commission/Eurostat 2007: 15):

„During the past 12 months, (…), have you been a student or apprentice in formal education (full time/part time)?"

In der Kommentierung wird empfohlen, die Formulierung der Frage an den Qualifikationsstrukturen des jeweiligen Bildungssystems auszurichten. Ein mögliches Beispiel wird angegeben:

„During the last 12 months; (...), have you been studying towards a qualification?"

Es wird alternativ vorgeschlagen, Antwortlisten vorzulegen, die Institutionen oder Programme der formalen Bildung aufführen. Im deutschen AES-Fragebogen wird die Teilnahme an schulischen Bildungsgängen und Ausbildungsgängen mit Hilfe von Antwortvorgaben, die sich an den Institutionen der formalen Bildungslandschaft orientieren, erfragt. Die Erhebung von Zusatzinformationen erlaubt es, Aussagen darüber zu machen, ob die Maßnahmen in den letzten 12 Monaten abgeschlossen bzw. abgebrochen wurden oder aktuell immer noch besucht werden (vgl. Rosenbladt/Bilger/Wich 2008: 13). Im Fragenprogramm des BSW wird die Frage nach der Teilnahme an formaler Bildung nicht explizit gestellt. Die Antwortmöglichkeiten zu den erreichten Bildungsabschlüssen geben lediglich Auskunft darüber, wenn noch kein Schulabschluss erreicht wurde und der Befragte noch die Schule besucht (vgl. Rosenbladt/Bilger/Wich 2008a: 3f. Fragenprogramm). Weiterbildung schließt also im AES auch die Teilnahme Erwachsener (25-64-Jähriger) an formaler Bildung mit ein, während das BSW Weiterbildung in Abgrenzung zur Erstausbildung definiert und die Teilnahme Erwachsener an formaler Bildung nicht differenziert abbildet. Die weiteren Fragen zur formalen Bildung im AES-Fragebogen erlauben es aber durchaus, Teilnahmen, die im Sinne des BSW zu einer Erstausbildung gezählt werden würden, zu identifizieren und diese Teilnahmefälle bei einer Analyse entsprechend zu berücksichtigen.

Zur Teilnahme an non-formaler Bildung schlägt das AES-Manual folgende Eröffnungsfrage vor:

„During the last 12 months have you participated in any of the following activities with the intention to improve your knowledge or skills in any area (including hobbies)?

1. Private lessons or courses (classroom instruction, lecture or a theoretical and practical course)
2. Courses conducting through open and distance education
3. Seminars or workshops
4. Guided on the job training."

Die Kommentierung weist darauf hin, dass die Bezeichnungen der Kategorien wie „workshop" oder „seminars" in manchen Ländern im Sprachgebrauch kaum trennscharf von der Kategorie „courses" unterschieden werden können. Die Kategorien haben in erster Linie die wichtige Funktion, den Befragten an Bildungsaktivitäten zu erinnern, an denen er teilgenommen haben könnte. Bei der Erstellung der nationalen Fragebögen sollte die Formulierung unter Berücksichtigung dieser Erinnerungsfunktion erfolgen (vgl. Commission/Eurostat 2007: 20). Die Fragestellung im deutschen AES wird mit einer Liste unterstützt. Die Frage lautet:

"Uns interessiert, ob Sie in den letzten 12 Monaten (...) an solchen Bildungs- oder Weiterbildungsveranstaltungen teilgenommen haben, sei es für berufliche Ziele oder aus persönlichem Interesse (....)"

Die Liste führt verschiedene Beispiele für berufliche und private Weiterbildungsveranstaltungen auf, die in fünf Veranstaltungskategorien eingeordnet sind (vgl. Rosenbladt/Bilger/Wich 2008: 44f.):

1. Kurse, Lehrgänge, Seminare und Schulungen (Dauer länger als ein Tag)
2. Kurzzeitige Bildungsveranstaltungen: Vorträge, Seminare, Schulungen (Dauer: ein Tag oder kürzer)
3. Einzelunterricht/Training am Arbeitsplatz durch Vorgesetzte, Kollegen, Trainer oder Medien-Lernprogramme
4. Einzelunterricht in der Freizeit/Privatunterricht
5. Fernunterricht in herkömmlicher Form oder als E-Learning (tutor-unterstützt)

Hinsichtlich der Veranstaltungsform erfasst der AES die Teilnahme an Weiterbildung zwar in verschiedenen Kategorien, diese beziehen sich aber auf organisationelle Parameter des Lernsettings. Was ex ante nicht erfasst wird – und hier kristallisiert sich ein entscheidender Unterschied zwischen AES und BSW – ist eine thematische Zuordnung der Weiterbildungsveranstaltung zu der Kategorie der allgemeinen oder der beruflichen Weiterbildung. Im BSW gibt es keine allgemeine Teilnahmefrage. Weiterbildungsbeteiligung wird hier in thematischen Komplexen, und somit jeweils gesondert für berufliche und allgemeine Weiterbildung erfasst (*Zwei-Säulen-Modell*) (vgl. ebd. 2008a, sowie Rosenbladt/Bilger 2008: 42). Im AES wird diese Zuordnung jedoch nicht unterschlagen – eine Folgefrage (*Zwei-Stufen-Modell*) hat hier die Funktion, Weiterbildungsveranstaltungen der allgemeinen oder der beruflichen Weiterbildung zuordnen zu können. Nachdem bis zu 20 Veranstaltungen inklusive deren Thema oder Gebiet erfasst werden, wird den Umfrageteilnehmern zu jeder dieser angegebenen Veranstaltungen die Frage gestellt (vgl. ebd. 2008: 51):

"Haben Sie an der Weiterbildung (...) hauptsächlich aus beruflichen Gründen oder mehr aus privatem Interesse teilgenommen?"[67]

Auf den ersten Blick unterscheiden sich die beiden Verfahren der Zuordnung nicht grundlegend voneinander. Sowohl im AES als auch im BSW ist letztendlich das Urteil des Befragten dafür entscheidend, ob eine Weiterbildung dem allgemeinen oder dem beruflichen Bereich zugeordnet wird. Das Fragenprogramm des BSW ist in dieser Hinsicht radikaler und geht in seiner Zuordnungslogik von einer "selbstverständlichen empirischen Relevanz" (Dollhausen 2008:18) der

---

[67] Antwortmöglichkeiten: hauptsächlich aus beruflichen Gründen / mehr aus privatem Interesse / Keine Angaben

beiden Kategorien berufliche Weiterbildung und allgemeine Weiterbildung aus. Im deutschen AES erfolgt die Zuordnung über die Anlässe für die Teilnahme an Weiterbildungsveranstaltungen. Durch die Verwendung der Modaladverbien „hauptsächlich" und „mehr"[68] werden hier Zugeständnisse an eine mangelnde Trennschärfe der beiden Kategorien gemacht – das Ergebnis der Frage bleibt dennoch eine starre Zuordnung.

Ein Blick auf die Ergebnisse der beiden Erhebungen zeigt, dass sich die unterschiedlichen Zuordnungsregelungen auch in den Zahlen zur Weiterbildungsbeteiligung abbilden. Die Ergebnisse von AES und BSW liegen, was die Gesamtbeteiligung betrifft, auffällig nah beieinander. Die Quote zur Weiterbildung für die Teilnahme im Jahr 2007 liegt im BSW bei 43 Prozent und im AES bei 44 Prozent (vgl. Rosenbladt/Bilger 2008: 20). Vor dieser Symmetrie werden die Ergebnisse der differenzierten Auswertung nach der Teilnahme an allgemeiner und beruflicher Weiterbildung umso augenfälliger. Im BSW sind die Teilnahmequoten für beide Bereiche fast gleich hoch (berufliche Weiterbildung: 27 Prozent; allgemeine Weiterbildung: 26 Prozent). Die differenzierten Teilnahmequoten im AES hingegen zeigen ein deutliches Ungleichgewicht (berufliche Weiterbildung: 38 Prozent; allgemeine Weiterbildung: 11 Prozent). Durch eine entsprechende Frage im BSW lässt sich für die allgemeine Weiterbildung ermitteln, ob die Teilnahme aus privaten oder beruflichen Gründen stattgefunden hat. Werden die Befragten, die angegeben haben, aus beruflichen Gründen an allgemeiner Weiterbildung teilgenommen zu haben, aus dieser Kategorie herausgenommen und der beruflichen Weiterbildung angerechnet, schlägt sich das im BSW in folgenden Zahlen nieder: berufliche Weiterbildung: 40 Prozent; allgemeine Weiterbildung: 13 Prozent (vgl. ebd. 24ff.). Damit wird die Ausgangsdifferenz aufgelöst.

Allerdings lautet die Frage im BSW: „Haben Sie an der Veranstaltung aus beruflichen Gründen teilgenommen oder aus privatem Interesse?". Antwortmöglichkeiten: 1) Berufliche Gründe, 2) Teils, teils, 3) Privates Interesse (vgl. Rosenbladt/Bilger/Wich 2008:22). Die Antwort „Teils, teils" wird in der Umrechnung oben mit zu der beruflich veranlassten Teilnahme an allgemeiner Weiterbildung gezählt. Diese Kategorien sind zu denen im deutschen AES nicht äquivalent. Hier muss sich der Befragte klar zwischen zwei Optionen entscheiden – hauptsächlich beruflicher oder mehr privater Anlass, im Sinne einer absoluten Mehrheit. Die „Teils, teils"-Kategorie im BSW ist in diesem Kontext nicht interpretierbar und überhaupt als Antwortphrase in der Fragebogenkonstruktion in Frage zu stellen. Entweder ist das Verhältnis 50 zu 50, oder aber ein Teil des „teils" ist größer, der andere folglich kleiner. Wie sich dieses Verhältnis genau gestaltet

---

[68] Im AES-Manual lautet die Frage: „What was the main reason for participating (…)? ". Antwortmöglichkeiten: 1) Mainly Job related, 2) Mainly Personal/Non-job related reasons" (Commission /Eurostat 2007: 23).

kann nicht nachvollzogen werden. Fast ein Viertel der Befragten gibt an, teils aus beruflichen Gründen, teils aus privatem Interesse an allgemeiner Weiterbildung teilgenommen zu haben.

Dollhausen stellt diesen Wechsel von einer personen- zu einer systembezogenen Perspektive auf Weiterbildung generell in Frage, da hier subjektive Einschätzungen der Befragten anhand von Zuordnungskonventionen erhoben werden, die Teil eines statistisch selektiven Prozesses der Wirklichkeitsbeobachtung sind. Der Übergang vom BSW zum AES kann als ein „Realexperiment" gesehen werden, da die neuen Kategorisierungen des AES Anlass geben, die traditionellen Begrifflichkeiten und Beobachtungsmuster in Deutschland zu reflektieren und weiter zu entwickeln (ebd. 2008: 19, 23). Diese Sichtweise nimmt auch Gnahs ein, der die deutsche Begriffswelt zur Weiterbildung durch die provozierende Einfachheit des AES weitgehend in Frage gestellt sieht und dazu auffordert, diesen Bruch zu einer „Neubestimmung und Neubesinnung des Weiterbildungsbegriffs zu nutzen" (ebd. 2008: 33).

Dies ist in Anfängen schon geschehen, das verdeutlichen unter anderem die Beiträge in dem Herausgeberband (Gnahs/Kuwan/Seidel 2008). Wie diese ersten Reflexionen weiter verfolgt werden und welche Integrations- oder auch Assimilationskraft die Begrifflichkeiten des AES auf das deutsche Weiterbildungsberichtssystem haben, werden kommende Erhebungen und die Verarbeitung ihrer Ergebnisse zeigen.

# 4 Empirische Studien zur Weiterbildungsbeteiligung

Ziel dieses Kapitels ist es, die der Bildungsberichterstattung zur Verfügung stehenden Individualbefragungen zur Weiterbildung als potentielle Datenquellen unter methodischen und inhaltlichen Gesichtspunkten gegenüber zu stellen. Dazu werden zunächst einmal Merkmale von empirischen Studien erläutert. Diese sollen eine anschließende Einordnung und Analyse der empirischen Studien zur Weiterbildungsbeteiligung ermöglichen, mit dem Ziel, Faktoren aufzuzeigen, die Einfluss auf die Qualität der Studien und deren Ergebnisse haben können.

## 4.1 Empirische Studien aus Sicht der Umfrageforschung

In diesem Abschnitt wird anhand der Merkmale Grundgesamtheit und Stichprobe, Erhebungsinstrumente und Analyse der Daten ein theoretischer Hintergrund für das Analyseraster von Studien zur Weiterbildungsbeteiligung im nächsten *Kapitel Übersicht und Systematisierung vorhandener Studien (4.2)* erarbeitet.

### 4.1.1 Grundlegendes zu empirischen Studien der Umfrageforschung

Sämtliche Studien, die als Grundlage für ein Bildungsmonitoring im Sinne der Weiterbildungsbeteiligung herangezogen werden, können in den Bereich der Umfrageforschung als Teilbereich der empirischen Sozialforschung eingeordnet werden. Somit wird an dieser Stelle explizit auf Studien als Untersuchungsmethode der Umfrageforschung eingegangen.

Allgemein können diese Umfragestudien als die „Erhebung von Informationen über Bevölkerungen auf der Basis von Stichproben mit Hilfe von standardisierten Befragungsinstrumenten (Fragebogen)" definiert werden (Kaase 1999: 11; vgl. auch De Vaus 2002a: IV). Das soziale Verhalten und Handeln von Personen, ihre Haltungen, Meinungen und Einstellungen sollen erfasst und somit letztendlich soziale Realität beschrieben werden (vgl. Karmasin/Karmasin 1977: 11). Darüber hinaus können diese empirischen Studien aber auch innerhalb einer für sie geltenden Logik der Datensammlung gesehen werden, deren Erkenntnisinteresse es ist, Schlüsse über die soziale Welt zu ziehen (vgl. De Vaus 2002a: IV). Diesem Verständnis, das empirische Studien in einen größeren Forschungszusammenhang stellt und mit Blick auf den gesamten Forschungsprozess nicht auf die reine Produktion und Sammlung von Daten beschränkt, will auch diese Arbeit folgen.

Charakteristisch für alle Studien ist ein strukturierter Datensatz, in dem den Untersuchungseinheiten (Fällen) Variablen zugeordnet werden. Das bedeutet, dass für alle Fälle Informationen zu den gleichen Variablen vorhanden sind. Die Untersuchungseinheiten müssen dabei nicht zwangsläufig Personen sein, auch zu Unternehmen, Staaten oder Zeitintervallen können Informationen erhoben werden. Die Erhebung der Informationen per Fragebogen ist mit Abstand die häufigste und in der Regel auf die größte Akzeptanz stoßende Erhebungsmethode (vgl. Kromrey 1995: 267; Porst 2000: 16) und wird deswegen auch in die Beschreibung von Merkmalen solcher Studien von Anfang an mit einbezogen. Denkbar ist aber auch, Informationen über andere Methoden zu erheben, wie zum Beispiel über die Methode der Beobachtung. Entscheidend ist der typische Fall-Variablen-Datensatz, der durch die Erhebungen erstellt werden kann und Ausgangsbasis für die verschiedenen Analysemöglichkeiten ist (vgl. De Vaus 2002b: 5).

In der Praxis werden groß angelegte Studien in der Regel in Zusammenarbeit mit Markt- und Meinungsforschungsinstituten durchgeführt, die vor allem mit der Datenerhebung beauftragt werden, aber auch in anderen Phasen des Forschungsprozesses mitarbeiten können. In diesem Kontext sei auch auf den ökonomischen Faktor in der Umfrageforschung hingewiesen. Umfragen, die hohen Qualitätsstandards genügen wollen, haben ihren Preis - bestimmt durch Angebot und Nachfrage. Die Einsparstrategien im privatwirtschaftlichen sowie im öffentlichen Bereich sind auch auf dem Markt für Umfragen zu spüren, so dass für geringere Kosten eventuelle Verluste in der Qualität in Kauf genommen werden (vgl. Kaase 1999: 98f.).

*4.1.2 Grundgesamtheit und Stichprobe*

Aus organisatorischen und finanziellen Gründen ist eine Befragung der Grundgesamtheit bei sozialwissenschaftlichen Studien normalerweise nicht möglich. Aussagen über Grundgesamtheiten sind aber in der Regel das Ziel der meisten dieser Vorhaben. Statistisch-theoretische Modell ermöglichen es, auch von einer kleineren Auswahl von Befragten, einer Stichprobe also, auf die Grundgesamtheit zu schließen (Repräsentationsschluss)[69] (vgl. Porst 2000: 75). Voraussetzung dafür ist eine gewisse Kenntnis der Grundgesamtheit. Die Grundgesamtheit kann als die Summe aller Untersuchungseinheiten bezeichnet werden, auf die sich die Beobachtungen der Studie beziehen sollen. In den Sozialwissenschaften hat man es dabei in der Regel mit geschlossenen Gesamtheiten zu tun (vgl. Karmasin/ Karmasin 1977: 224). Im Falle der Studien zur Weiterbildungsbeteiligung interessiert meist die Weiterbildungsbeteiligung innerhalb der deutschen Bevölkerung, die Grundgesamtheit wäre also die Bevölkerung der Bundesrepublik Deutschland (BRD). Diese Grundgesamtheit kann zum Beispiel durch Altersangaben weiter eingeschränkt werden. Hier berühren sich Studiendesign und die Operationalisierung von Weiterbildungsbeteiligung (*Kapitel 4.3*). Definiert man Weiterbildung als Bildungsprozesse nach einer ersten (schulischen) Bildungsphase, so hat dies Konsequenzen für die Definition der Grundgesamtheit, indem je nach Auslegung Personen unter 14 bis 16 Jahre, die in der Regel noch keine schulische Ausbildung abgeschlossen haben, ausgeschlossen werden.

Ist die Grundgesamtheit also benannt, kann auf dieser Basis nach mathematisch-statistischen Verfahren eine Stichprobenziehung erfolgen. Eine ideale Stichprobe ist ein Miniaturbild der Grundgesamtheit. In der Praxis erweist sich diese Vorstellung aber als genauso ideal wie utopisch – auch wenn gute Annäherungswerte erzielt werden können, ist immer mit zufällig oder systematisch auftretenden Fehlern zu rechnen (vgl. Kaase 1999: 16f.).

Für die Stichprobenziehung muss der Grundgesamtheit eine sogenannte Erhebungsgesamtheit gegenüber gestellt werden, aus der die eigentliche Stichprobenziehung erfolgt. Diese Erhebungsgesamtheit muss mit der Grundgesamtheit so weit wie möglich identisch sein, da es sonst zu systematischen Ausfällen von Untersuchungseinheiten kommen kann, die die Verteilung von Merkmalen in der Stichprobe gegenüber der Verteilung in der Grundgesamtheit verzerren. Würde beispielsweise als Erhebungsgesamtheit für die Grundgesamtheit der Bevölkerung der BRD sämtliche Telefonbucheinträge des entsprechenden Jahres bestimmt werden, führt dies dazu, dass Personen, die keinen Telefonanschluss oder keinen Telefonbucheintrag haben, bei der Stichprobenziehung nicht berücksichtigt werden. Unter Umständen unterscheiden sich diese Personen aus verschiedenen Gründen systematisch von Personen mit einem Telefonbucheintrag, was zu einer systematischen Verzerrung der Stichprobe führt (vgl. Weisberg am Bsp. USA 2005: 206f.).

Bei der Ziehung von Stichproben werden zwei Verfahren unterschieden (vgl. Löffler 1999: 17-22):

---

[69] Zur Repräsentativität siehe weiter unten in diesem Abschnitt.

1. **Nichtzufällige Stichproben-Verfahren**
   Unter den nichtzufälligen Stichproben-Verfahren sei hier lediglich das Quotenverfahren erwähnt, da dieses am gebräuchlichsten ist. In diesem Verfahren werden über Sekundäranalyse aus anderen Statistiken gewonnene Informationen über Verteilungen in der Grundgesamtheit auf die Stichprobe übertragen und dort über die Vorgabe von Quoten nachgebildet.[70] Quotenstichproben können unter pragmatischen Gesichtspunkten als Auswahlverfahren gerechtfertigt werden, Vorzug sollte aber immer die zufällige Auswahl haben (vgl. Kaase 1999: 100), da nur hier die Schätzung von Stichprobenfehlern möglich ist (vgl. Porst 2000: 77).

2. **Zufällige Stichproben-Verfahren (Random-Stichproben)**
   Hier wird die Auswahl von Elementen in verschiedenen Ausprägungen dem mathematischen Zufall überlassen. Das bedeutet, dass die Wahrscheinlichkeit dafür, in die Stichprobe gezogen zu werden, für jedes Element der Grundgesamtheit berechnet werden kann. Auch hier gibt es wiederum unterschiedliche Auswahlverfahren, wobei die geschichtete Zufallsauswahl, die Klumpenauswahl und mehrstufige (und mehrstufig-geschichtete) Auswahlverfahren als klassische Vertreter gelten. Die beiden letztgenannten Verfahren ermöglichen es, auch ohne vorhandene Adressenlisten o. ä., Elemente aus der Grundgesamtheit zu wählen. Dies geschieht dann in der Regel über die Einteilung der Auswahleinheiten in flächenmäßig definierte Gebiete, wie zum Beispiel Gemeinden, wobei die Befragungspersonen in den Haushalten durch ein Random-Route-Verfahren ermittelt werden. Das bekannteste und am häufigsten verwendete Stichprobenverfahren ist das mehrstufig-geschichtete Auswahlverfahren des Arbeitskreises Deutscher Marktforschungsinstitute (ADM e.V.) und wird allgemein als ADM -Design bezeichnet (vgl. Rothe/Wiedenbeck 1994: 46ff.).

Ein entscheidendes Gütekriterium für die Beurteilung von Studien ist die Stichprobenausschöpfung. Um diese anzugeben, geht man von den durch die Stichprobenziehung ermittelten Auswahleinheiten als Bruttostichprobe aus. Die Summe der erfolgreich durchgeführten Interviews mit diesen Auswahleinheiten bildet dann die Nettostichprobe. Die Differenz zwischen Brutto- und Nettostichprobe zeigt also an, wie viele der per Zufall ausgewählten Einheiten nicht erreicht werden konnten.[71] Diese Angabe ist ein wichtiges Qualitätskriterium, da sich unter Umständen die Personen, die nicht erfolgreich erreicht wurden (*nonresponse*), von den interviewten Personen strukturell unterscheiden und somit eine systematische Selektivität unterstellt werden kann (*nonresponse error*) (vgl. Kaase 1999: 104; Brehm 1960: 16f.). Auch wenn die Ausfallquote nur sehr gering ausfällt ist dies keine Garantie dafür, dass die Stichprobe die Grundgesamt-

---

[70] Ausführlich zum Quotenverfahren vgl. Quatember 1996.
[71] Die Definition und die Berechnung der Ausschöpfungsrate von Stichproben sind in der wissenschaftlichen Diskussion und Praxis keineswegs einheitlich, sondern bieten vielmehr Anlass zu Auseinandersetzungen (vgl. Porst 1996; Diekmann 2006a: 25f.).

heit ohne Fehler widerspiegelt, da die Auswahl der Stichprobe auf Grund der Erhebungsgesamtheit einen ersten selektiven Eingriff darstellt.

Abschließend noch einmal zur Repräsentativität von Studien, beziehungsweise deren Stichproben. „Repräsentativität wird (...) zumeist gleichgesetzt mit Qualität und Wahrheitsgehalt von Umfragedaten." (Porst 2000: 106). Die Annahme, in einer Stichprobe, ob Zufalls- oder Quotenstichprobe, alle möglichen in der Bevölkerung zu beobachtenden Merkmalsverteilungen widerspiegeln zu können, ist jedoch falsch und somit der Begriff „repräsentative Stichprobe" kein wissenschaftlicher Fachterminus. Für das Testen von Hypothesen ist eine Repräsentativität nicht zwingend notwendig, wohingegen die Schätzung von Anteilen (wie zum Beispiel dem Anteil der deutschen Bevölkerung mit Weiterbildungsbeteiligung) auf eine Stichprobe mit einem relativ hohem Grad an Repräsentativität angewiesen ist (vgl. Diekmann 2006b: 430ff.).

Diese Annäherung an eine möglichst hohe Repräsentativität kann durch Gewichtungen teilweise unterstützt werden. Gewichtung bedeutet vereinfacht, dass man die Relationen der Befragten verändert und so zum Beispiel Personen, von denen man annimmt oder weiß, dass sie in der Nettostichprobe seltener vorkommen als in der Grundgesamtheit, einen höheren Faktor als Eins zuordnet, so dass die Daten der jeweiligen Personen entsprechend mehr Gewicht haben (Gabler/Hoffmeyer-Zlotnik 1994:1). Dies kann vorweg durch eine in das Stichprobendesign integrierte sogenannte Design-Gewichtung erreicht werden (vgl. Diekmann 2006a: 14). Ein weiterer Orientierungspunkt für Gewichtungsfaktoren kann der Vergleich mit Daten aus Referenzstatistiken, oder so weit wie möglich die strukturelle Analyse der Ausfälle sein (vgl. Kaase 1999: 104). Somit werden im Nachhinein die durch Selektivitätseffekte entstandenen ungleichen Auswahlwahrscheinlichkeiten nivelliert, was wiederum durch eine spezifische Gewichtung der einzelnen Fälle geschieht (*Redressment*) (vgl. Rothe/Wiedenbeck 1994: 46ff.). Die Art und Weise der Gewichtung wird so zu einem wichtigen Gütekriterium für Studien, wobei die Ergebnisse und der Nutzen dieser Gewichtung in der Umfrageforschung durchaus kontrovers diskutiert werden. Gewichtung wird dabei unter Umständen gänzlich in Frage gestellt (vgl. Alt/Bien 1994) oder ihr wird bei umsichtiger Anwendung eine „vielversprechende Zukunft" konstatiert (Gabler 2006:128).[72]

---

[72] Alt/Bien (1994: 138) ziehen das Fazit, dass „*Schlechte Daten [...] durch Gewichtung noch schlechter und gute Daten [...] durch Gewichtung nicht verbessert werden [können].*" So dient eine Gewichtung unter Umständen eventuell allein dazu, qualitativ mangelhafte Stichproben aufzuwerten und hat bei unbekannten Verteilungen in der Grundgesamtheit möglicherweise einen zusätzlich verzerrenden Effekt (vgl. ebd.: 139).

## 4.1.3 Erhebungsinstrument – Fragebogen und Interview

Zur Erhebung von Daten für empirische Sozialstudien stehen die klassischen Verfahren der Datenerhebung zur Verfügung: Inhaltsanalyse, Beobachtung und Befragung. Die mit Abstand am häufigsten verwendete und auch den hier behandelten Studien zur Weiterbildungsbeteiligung zugrunde liegende Methode ist aber die der Befragung (vgl. u.a. Diekmann 2006b: 434), weshalb nachfolgend auch ausschließlich auf diese eingegangen werden soll. Befragung bedeutet, dass zur Datenerhebung entweder ein persönliches Interview stattfand, die Fragen per Telefon beantwortet wurden, die Befragten einen Fragebogen auf dem Postweg erhalten und selbstständig ausgefüllt haben (vgl. ebd.: 437) oder die Befragung mit Hilfe des Internets durch Online-Fragebogen durchgeführt wurde. Letztere Form findet insbesondere durch die Ausbreitung des WorldWideWeb immer häufiger Anwendung (vgl. Weisberg 2005: 38ff.). Oft bedienen sich Umfragen auch verschiedener Modi der Datenerhebung (*mixed-mode-survey*).

Um verallgemeinerbare und valide Daten zu erhalten, muss die Erhebung in einer streng standardisierten Form erfolgen (vgl. Schnell/Hill/Esser 1999: 298). Dies wird mit Hilfe eines standardisierten Fragebogens erreicht, der in der Mehrzahl der Fälle während der Feldarbeit durch einen Interviewer zusammen mit den Befragten ausgefüllt wird (Kromrey 1995: 267). Bei *Computer Assisted Personal Interviews* (CAPI) wird die Beantwortung der Fragen durch einen entsprechend programmierten Fragebogen unterstützt und die Daten direkt in den Laptop eingegeben. Dieses Verfahren erleichtert die Interviewführung und gewährleistet in der Regel durch integrierte Konsistenzprüfungen einen Datenoutput, der mit weniger Fehlern belastet ist. Außerdem entfällt die aufwendige Eingabe der Daten von ausgefüllten Fragebögen. Diese Technik findet aufgrund ihrer Effizienz eine immer größere Verbreitung in der Umfragepraxis (vgl. Diekmann 2006b: 509)

Dieser Abschnitt behandelt das Erhebungsinstrument Fragebogen als eine Sammlung von kognitiven Aufgaben für den Befragten und darüber hinaus die Situation, in der der Fragebogen zum Einsatz kommt – das Interview als eine soziale Begegnung (mindestens) zweier Personen: Interviewer und Befragter.[73]

### 1) Fragebogen
Der Fragebogen ist das Medium des Forschungsinteresses. Sein Inhalt, seine Konstruktion und Formulierung haben großen Einfluss auf Güte und Ertrag der

---

[73] Zwar kommen in den hier angeführten Studien zur Weiterbildungsbeteiligung auch die oben bereits erwähnten anderen Modi der Befragung zum Einsatz, der Schwerpunkt liegt aber eindeutig auf dem persönlichen Interview, weshalb an dieser Stelle auch ausschließlich darauf eingegangen wird. Die anderen Modi der Befragung bringen wiederum weitere Implikationen mit sich, die es bei der Erhebung und Auswertung der Daten zu berücksichtigen gilt.

gesamten Erhebung. Auch wenn die Berücksichtigung des Fragebogens als Einflussfaktor auf Umfrageergebnisse in der öffentlichen und wissenschaftlichen Diskussion eher eine Vernachlässigung erfährt (vgl. Kaase 1999: 20f.), ist sein Einfluss vergleichbar mit dem von technischen Aspekten wie Entscheidungen zum Stichprobenverfahren oder etwa der Berücksichtigung von Ausschöpfungsquoten. Der fertige Fragebogen sollte zum einen die theoretischen Vorüberlegungen zum Forschungsthema widerspiegeln und zum anderen die Daten in einer Form abfragen, die für die später angedachte Analyse adäquat ist (vgl. De Vaus 1990: 80). Dazu müssen die Forschungsfragen (Programmfragen) in Testfragen übersetzt werden, so dass sie von den Befragten so fehlerfrei wie möglich beantwortet werden können. Diese Übersetzung ist in der Regel notwendig, da zum Beispiel die Frage 'Wie hoch war 2000 Ihre Beteiligung an informeller betrieblicher Weiterbildung?' zu abstrakt ist, als dass damit valide Daten erhoben werden können. Die Formulierung der Testfrage hat in diesem Fall vornehmlich die Aufgabe, den Abstraktionsgrad der informellen betrieblichen Weiterbildung zu senken und den Gegenstand durch Beispiele greifbarer zu machen. Diese gestützten Fragetechniken arbeiten dabei oft mit einer Auflistung relevanter Antwortmöglichkeiten[74] (vgl. auch zu weiteren Gründen, die eine Übersetzung erforderlich machen Noelle-Neumann/Petersen 2005: 95ff.).

Inzwischen gibt es eine Reihe von Ergebnissen aus Forschungsbereichen verschiedener Disziplinen, vor allem der Kognitionspsychologie, die zeigen, welche Auswirkungen zum Beispiel Frageformulierung, die Positionseffekte der einzelnen Items oder die Länge des Fragebogens auf das Antwortverhalten der Befragten haben. So können eventuell zwei Fragen, die denselben Inhalt mit unterschiedlichen Formulierung abfragen, zu äußerst unterschiedlichen Ergebnissen führen (z.B. Noelle-Neumann/Petersen 2005: 192-198, 270f.). Auch die Auswahl der Reihenfolge von Antwortvorgaben hat einen ebenfalls signifikanten Einfluss auf die Beantwortung der Fragen ( z.B. Moore 2002; Bishop/Smith 2001).[75]

Das Weiterbildungsverhalten von Befragten wird oft über einen größeren Zeitraum in der Vergangenheit abgefragt.[76] An dieser Stelle ist es von Bedeu-

---

[74] So lautet zum Beispiel die Frage im BSW VIII: „Haben Sie im letzten Jahr, also 2000, (...) eine oder mehrere der folgenden Formen des berufsbezogenen Lernens oder des Lernens am Arbeitsplatz ausgeführt? Weiterbildung in Form von LEHRGÄNGEN oder KURSEN ist hier NICHT gemeint!" (Fragenprogramm BSW VIII, S. 6, F09_1; Anhang E) Zur Unterstützung wird den Befragten eine Liste vorgelegt, die verschieden Möglichkeiten nennt, zum Beispiel: „Unterweisung oder Anlernen am Arbeitsplatz durch Kollegen, Vorgesetzte oder außerbetriebliche Personen (z.B. Schulung durch Herstellerfirma)" (ebd. S. 7).
[75] Ausführlich zu kognitiven Kontexteffekten in der empirischen Sozialforschung vgl. Schwarz /Sudman 1992.
[76] Im SOEP 2000 über die Teilnahme an beruflicher Weiterbildung innerhalb der letzten drei Jahre; im BSW VIII über die Teilnahme teilweise sogar innerhalb der letzten sechs Jahre (vgl. Anhang D und E).

tung, welche Qualität diese retrospektiv erhobenen Daten haben und wie mögliche Erinnerungsfehler der Befragten mit Hilfe des Fragebogens minimiert (Belli /Shay/Stafford et al. 2001) oder in der folgenden Analyse mit einbezogen werden können (Schwarz/Sudman 1994).

Eine wichtige Rolle spielt natürlich auch der Inhalt der Frage selbst. So kann man grob zwischen eher unbedenklichen Fragen, wie zum Beispiel der Frage nach dem letzten Urlaubsort unterscheiden und eher sensiblen Fragen zu Themen, die zum Beispiel die Intimsphäre der Befragten berühren, stark mit dem Phänomen sozialer Erwünschtheit geladen sind oder Themen ansprechen, bei deren Beantwortung unter Umständen mit bewusst oder unbewusst falschen Antworten zu rechnen ist (Sudman/Bradburn 1982: 54-86, vgl. auch Kalton/ Schuman 1982).

Als *good practice* in der Umfrageforschung hat sich die so genannte Fragebogenkonferenz erwiesen, in der Fachleute aus verschiedenen Bereichen (Statistik, Interviewer, Experten aus dem thematischen Forschungsbereich etc.) zusammenarbeiten, um so die verschiedenen Bedarfe an den Output des Fragebogens und die gesammelte Erfahrung in der Arbeit mit und der Konstruktion von Fragebögen einfließen zu lassen (vgl. Noelle-Neumann/Petersen 2005: 110ff.).

Der Pretest des Fragebogens ist die erste empirische Überprüfung des Fragebogens. Eventuelle oben bereits in Auszügen erwähnte Einflussfaktoren, die Auswirkungen auf die Ergebnisse des Fragebogens haben, können so nachvollzogen und gegebenenfalls modifiziert werden, falls die Kriterien der Reliabilität und Validität nicht hinlänglich erfüllt werden (vgl. Schnell/Hill/Esser 1999: 342ff.). Trotz allgemeiner Anerkennung der Notwendigkeit ist die Forschungslage zum Einsatz von Pretests momentan allerdings alles andere als ausreichend, sondern

> „ ... has been honored more in the breach than in the practice, and not a great deal is known about many aspects of pretesting, including the extent to which pretests serve their intended purpose and lead to improved questionnaires." (Presser/Couper 2004: 1).

Nicht zuletzt deswegen sollten die Ergebnisse der Pretest-Phase in angemessener Form dokumentiert werden, damit Aussagen über die Qualität der Umfrage gemacht werden können (vgl. Kaase 1999: 49).

Diese intensive und reflektierte Arbeit bei der Erstellung des Fragebogens ist für ein qualitativ hochwertiges Forschungsergebnis unabdingbar – handelt es sich doch hier sozusagen um einen point of no return. Ein einmal ins Feld entsendeter Fragebogen kann nicht mehr revidiert werden und alle späteren Analysen sind von der Qualität der damit erhobenen Daten abhängig.

## 2) Interview

„Der Vorgang des [mündlichen (S.W)] Interviews ist die wichtigste und zugleich (...) die am schwersten zu kontrollierende Phase einer Umfrage." (Noelle-Neumann/Petersen 2005: 64) Durch den standardisierten Fragebogen treffen Interviewer und Befragte in einer stark strukturierten Interviewsituation aufeinander. Dennoch ist diese Situation eine soziale, in der Interaktionen stattfinden, bei der trotz Standardisierung unterschiedliche Faktoren Einfluss nehmen können (vgl. Schnell/Hill/Esser 1999: 300ff.). In den vergangenen Jahren hat es zu diesen Interaktionen zwischen Interviewer und Befragten viele Forschungsarbeiten gegeben. Dabei gibt es zwei Schwerpunkte: 1) Die Interaktionen bei der Kontaktaufnahme mit potentiellen Umfrageteilnehmern und 2) die Interaktionen während des eigentlichen Interviews. Neuere Forschungen beschäftigen sich damit, diese beiden Vorgänge in ihrer Verbindung und Bedeutung füreinander zu sehen (Couper 1997).

Wenn man von Interviewereffekten spricht, geht man davon aus, dass bestimmte Merkmale (Kleidung, Geschlecht, Rasse etc.) und Eigenschaften (Betonung, Sprechgeschwindigkeit, Erfahrung etc.) des Interviewers, immer in Bezug zu bestimmten Fragekontexten, das Antwortverhalten der Befragten beeinflussen können. Eine andere Möglichkeit ist die bewusste Fälschung von Interviews, indem Teile oder auch der gesamten Fragebogen von den Interviewern in Eigenregie ausgefüllt werden. Um solche Effekte möglichst gering zu halten, ist eine gut finanzierte Feldorganisation nötig. Auf der einen Seite verringert eine angemessene Bezahlung der Interviewer, den Anreiz, Fälschungen zu produzieren. Auf der anderen Seite kann durch eine sorgfältige Auswahl und Schulung der Interviewer ein möglichst professioneller Rahmen für die Feldarbeit geschaffen werden (vgl. Diekmann 2006b: 466ff.). Interviewereffekte können in einem gewissen Maß durch Interviewerkontrolle nachvollzogen werden. Eine kleinere Anzahl von Interviews pro Interviewer und damit eine größere Anzahl von Interviewern insgesamt erhöht wiederum die Varianz der Effekte und kann korrelierte Interviewereffekte verhindern. Diese Maßnahme ist aber statistisch so effizient, wie sie ökonomisch aufwendig ist und wird daher in der Praxis kaum herangezogen (vgl. Weisberg 2005: 53ff.).

Auch der zweite Akteur in der Interviewsituation, der Befragte selber, kann durch sein Verhalten die Ergebnisse der Befragung verzerren. Dies geschieht zum einem durch die schon im obigen Abschnitt *Fragebogen* angesprochenen kognitiven Prozesse, die in engem Zusammenhang mit der Frageformulierung und Fragebogenkonstruktion stehen. Zum anderen spielt aber auch die individuelle Motivation eine große Rolle bei der Übermittlung von persönlichen Informationen. Eine viel weiter vorne gelagerte Einflussmöglichkeit ist bereits die Entscheidung über Teilnahme und Nicht-Teilnahme (*nonresponse*) am Interview.

Hier können verschieden Motive eine Rolle spielen – so werden in der Literatur zum Beispiel Anreiz-Systeme in Form von Belohnungen (*incentives*) für die Teilnahme an Interviews diskutiert (vgl. Kaase 1999: 38-39), oder aber die Einstellungen zu den Auftraggebern der Studie oder beispielsweise auch das Interesse am Thema der Umfrage selbst als motivationaler Faktor bei der Entscheidung über eine Teilnahme gehandelt (Groves/Presser/Dipko 2004). Auch wenn der Befragte sich bereit erklärt, an der Umfrage teilzunehmen, muss das nicht für alle Antworten gelten (*item-nonresponse*). Dies ist zum Beispiel häufig bei Fragen zum Einkommen der Fall. Die Beantwortung der Fragen ist aus verschiedenen Gründen nicht immer wahrheitsgemäß (Effekte sozialer Erwünschtheit, stillschweigende Zustimmung). Manchmal beantworten Befragte viele oder alle Fragen nach einem bestimmten Schemata (*response-set*), sei es aus Meinungslosigkeit, sozio-kulturellen Zusammenhängen oder wegen anderer Gründe. Diese Möglichkeiten der Verzerrung zeigen deutlich, dass das Bild eines 'idealen Befragten' ein sehr idealistisches ist, und nicht aus Böswilligkeit, sondern aus wissenschaftlichen Erfahrungswerten heraus sollte das Antwortverhalten immer auf Risse in diesem Bild überprüft werden (vgl. ausführlich zum Befragtenverhalten Esser 1975; Diekmann 2006b: 446ff., Weisberg 2005: 72ff.).

*3) Analyse*
Vor der statistischen Analyse der Daten steht immer der Transfer der Rohdaten in ein sogenanntes Datenfile. Hierbei werden die Daten kodiert, auf fehlerhafte Werte überprüft (*wild codes*, *outlier* und inkonsistente Werte), gegebenenfalls korrigiert, imputiert oder als missing values gekennzeichnet (vgl. Diekmann 2006b: 660ff.). Die Dokumentation dieser Datenaufbereitung ist insbesondere für Sekundäranalysen äußerst wichtig. Jedem mit dem aufbereiteten Datenfile arbeitenden Forscher sollten so viele Informationen zur Verfügung stehen, dass er die einzelnen Schritte der Datenaufbereitung nachvollziehen kann und bei der Nachahmung dieser Schritte im Idealfall zu denselben Ergebnissen kommt (Replizierbarkeit). Dies gilt natürlich nicht nur für die Aufbereitung der Daten sondern für alle Phasen des Forschungsprozesses (vgl. Weisberg 2005: 263).

Sekundäranalysen sind nur dann möglich, wenn der Zugang zu den archivierten Daten (als sogenanntes *scientific-usefile*) und der Forschungsdokumentation auch dritten Forschern gegeben ist. Dafür gibt es verschiedene infrastrukturelle Forschungseinrichtungen, die Daten und Forschungsdokumentationen bereit stellen, sofern dies dem Interesse der Auftraggeber entspricht, was zumindest bei öffentlich finanzierten Forschungsprojekten in der Regel der Fall ist. In Deutschland geschieht dies zum Beispiel über das Zentralarchiv für Empirische Sozialforschung (ZA) (vgl. Kaase 1999: 66f..; Karmasin/Karmasin 1977: 74ff.).

Bei der Arbeit mit diesen Datenfiles handelt es sich immer um eine sekundäranalytische Nutzung von Daten. Vorteilhaft ist daran, dass einzelne Forschende auf einen Datensatz zugreifen können, den sie alleine niemals hätten produzieren können. Einschränkend ist anzumerken, dass sich das Forschungsvorhaben den Möglichkeiten des jeweiligen Datensatzes anpassen muss. Das jeweilige Forschungsdesign muss mit dem Fragenkatalog und der Datenstruktur des Forschungsprojekts kompatibel sein. Der Arbeitsaufwand, der für das Verständnis der unter Umständen sehr großen und komplexen Datensammlungen und deren Struktur nötig ist, sollte dabei nicht unterschätzt werden.

Ist dieser Überblick gegeben, kann die eigentliche Arbeit mit den Daten beginnen. Je nachdem, welcher Forschungsfrage man dabei nachgehen möchte, stehen den Forschenden, unterstützt durch entsprechende Statistik-Software, eine Vielzahl von Möglichkeiten zur Verfügung. Ziel der Informationsverwertung sollte aber immer die Ordnung und Verdichtung von Informationen sein (vgl. Kromrey 1992: 2). Dies geschieht letztendlich durch die statistische Analyse von Verteilungen und Zusammenhängen auf uni-, bi- und multivariater Ebene (vgl. Diekmann 2006b: 660ff.). Stellt man an dieser Stelle Datenerhebungstechnik und Datenanalysetechnik gegenüber, so zeigt sich oft ein deutliches qualitatives Gefälle. Im Vergleich zu den sich ständig weiterentwickelnden statistischen Modellen, so kritisiert Kromrey, komme den Techniken der Datenerhebung nur eine „stiefmütterliche[n] Behandlung" zu (1992: 17). Dabei sind Datenerhebung und Datenanalyse in einem nichtrekursiven linearen Prozess untrennbar aufeinander bezogen, weshalb vor jedweder Analyse genau geprüft werden sollte, ob die Daten zum einem den statistisch-mathematischen Anforderungen qua Modell genügen und zum anderen überhaupt ausreichend inhaltliche Gültigkeit für die zur prüfenden Hypothesen haben (vgl. ebd. 1992: 16f.).[77]

Querschnittsdaten können auf Verteilungen und Zusammenhänge untersucht werden. Interessiert aber die Analyse von Veränderungen und sozialem Wandel über die Zeit, benötigt man Zeitreihendaten. Diese können aus wiederholten Querschnitterhebungen bei jeweils verschiedenen Stichproben bestehen, die in möglichst regelmäßigen Abständen mit einem möglichst identischen Fragenprogramm wiederholt werden. Längsschnittdaten bieten die Möglichkeit, Untersuchungseinheiten im Zeitverlauf zu beobachten. Hier wird anhand einer Stichprobe in möglichst regelmäßigen Abständen mit einem möglichst identischen Fragenprogramm die Datenerhebung vorgenommen oder aber die Daten

---

[77] Krämer (2006) geht sogar so weit, zu sagen, dass der Nutzenzuwachs für die Sozialwissenschaften durch aufwendige statistische Analysemodelle nur ein sehr geringer ist und oftmals sogar zu falschen Erkenntnissen führt „Falsch verstandene klassische Inferenzstatistik ist schlechter als gar keine Inferenzstatistik." (Krämer 2006: 59) Er fordert ebenso vermehrte Anstrengungen bei der Erhebung der Daten und im Zuge dessen Analysemethoden, die wieder mehr an den Daten orientiert sind.

werden einmalig retrospektiv erhoben. Während der wiederholte Querschnitt Aussagen über bestimmte Trendverläufe zulässt, können beim Längsschnitt durch Ereignisdatenanalysen individuelle Verläufe und gesellschaftliche Entwicklungen beobachtet werden (vgl. Kuper 2008a). Beide Erhebungsformen stehen in einem Spannungsfeld zwischen Kontinuität und Wandel. Der Vergleich der verschiedenen Erhebungen über die Zeit ist auf ein unverändertes Fragenprogramm angewiesen, die Beobachtung von Veränderungen und Wandel hingegen kann mitunter nur durch die Erweiterung oder auch teilweise Veränderung des Fragenprogramms und der Stichproben erfasst werden (vgl. Weick 1997).

Da in den hier angeführten Studien zur Weiterbildungsbeteiligung erst einmal die Randverteilungen zur Weiterbildungsbeteiligung interessieren, soll an dieser Stelle zunächst nur auf die Auswertung einfacher Häufigkeitsverteilungen im uni- und bivariaten Kontext deskriptiver Statistik eingegangen werden. Eine Randauszählung ist die Berechnung der absoluten, relativen und prozentualen Häufigkeiten von Kategorien und von Variablen in zwei- und mehrdimensionalen Tabellen (vgl. Diekmann 2006: 671). Dabei hat die Angabe in Prozent die Funktion, die Verteilung oder Proportion zweier verschiedener Merkmale (z.B. Weiterbildungsbeteiligung nach Geschlecht: Frauen und Männer) aufzuzeigen, ohne dabei die absoluten Häufigkeiten beachten zu müssen. Einfach ausgedrückt: Prozentzahlen sind eine vereinfachende Darstellung des Verhältnisses von zwei oder mehr Zahlen zueinander (vgl. Noelle-Neumann/Petersen 2005: 398ff.). Die Analyse der Häufigkeitsverteilungen von zwei Variablen kann unter zwei Fragestellungen vorgenommen werden: 1) Wie unterscheiden sich die Verteilungen (z.B. hinsichtlich der Anteilswerte an einem Merkmal)? 2) Wie hängen die beiden Variablen zusammen? Und als Erweiterung dieser Fragestellung: Besteht eine kausale Wirkung zwischen den beiden Variablen, so dass ein Merkmal der einen, das der anderen Variable beeinflusst (vgl. Klemm 2002: 238)?

## 4.2 Übersicht und Systematisierung vorhandener Studien

Im folgenden Kapitel werden die vier am häufigsten angeführten Befragungen, die Informationen zur Weiterbildungsbeteiligung der deutschen Bevölkerung auf Personenebene bereitstellen, skizziert und anschließend in tabellarischer Form gegenüber gestellt. Die Studien konzentrieren sich mitunter nicht ausschließlich auf die Erhebung von personen- und themenrelevanten Informationen. Auf diese wird hier nicht eingegangen. Um Komplexität zu reduzieren und Vergleichbarkeit zu schaffen, beschränken sich die Angaben in der Regel auf die jeweilige dem Referenzjahr 2000 am nächsten liegende Erhebung. Dabei geht es in erster Linie um den Vergleich der Studien bezogen auf ihr Studiendesign und bestimmter Kennzahlen. Wie Weiterbildung in diesen Erhebungen verstanden und erfasst wird, wird hier kurz angeschnitten, um die Zahlen zur Weiterbildungsbeteiligung nicht im leeren Raum stehen zu lassen – die eigentliche Auseinandersetzungen damit findet im folgenden *Kapitel 4.3 Operationalisierung von Weiterbildungsbeteiligung* statt.

### 4.2.1 Mikrozensus

Der Mikrozensus („kleine Volkszählung") wird auf der rechtlichen Grundlage des Mikrozensusgesetzes jährlich bei etwa einem Prozent der Gesamtbevölkerung bundesweit erhoben. Für die Durchführung sind die jeweiligen Statistischen Landesämter zuständig. Ziel ist es, Informationen über die Struktur der Bevölkerung, deren wirtschaftliche und soziale Lage und weitere Aspekte, worunter auch Daten zur Aus- und Weiterbildung fallen, zu sammeln. Befragt werden Personen mit Haupt- und Nebenwohnsitz in Deutschland. Interviews werden mit allen Personen ab 15 Jahren geführt. Für einen Großteil des Fragenprogramms des Mikrozensus wie auch für die Fragen zur Weiterbildung besteht eine Auskunftspflicht. Dementsprechend ist die *unit-nonresponse-rate* mit durchschnittlich sechs Prozent äußerst gering. Im Mikrozensus werden auch Proxy-Interviews zugelassen, was bedeutet, dass ein erwachsenes Haushaltsmitglied stellvertretend für andere Haushaltsmitglieder antworten kann. 25 bis 30 Prozent der zu Personen vorliegenden Informationen beruhen auf diesen Fremdauskünften, davon sind auch die Fragen zur Weiterbildungsbeteiligung betroffen (vgl. Bellmann 2003: 43). Die Interviews finden in der großen Mehrzahl persönlich mittels CAPI statt oder aber die Befragten wählen die Möglichkeit, den Fragebogen schriftlich selbst auszufüllen.

Die Schichtung der Mikrozensus-Stichprobe beruht auf den Daten der Volkszählung von 1987 und des Zentralen Einwohnerregisters der ehemaligen DDR. Aufgrund von Wohnungs- und Haushaltsgröße werden verschiedene Auswahlbezirksgrößen erstellt, die durch Meldungen der Bautätigkeitsstatistik jährlich aktualisiert wird. Zusätzlich wird eine regionale Schichtung nach Einwohneranzahl vorgenommen. Die Hochrechnungsfaktoren berechnen sich aus einer Analyse der Ausfälle, also der Haushalte, die nicht an der Befragung teilgenommen haben, aus dem *redressment* an Kennzahlen der Bevölkerungsfortschreibung und dem Ausländerzentralregister. Durch ein partielles Rotationsprinzip erfolgt jährlich ein Austausch von 25 Prozent der Stichprobe durch ein neues Viertel. Da die Befragungen quartalsweise stattfinden, erstreckt sich der

Erhebungszeitraum über das gesamte Jahr (vgl. Statistisches Bundesamt 2006). Nachdem das Fragenprogramm zur Weiterbildung in den vorherigen Erhebungen weitreichende Veränderungen erfahren hat (vgl. Kuwan/Thebis/Gnahs et al. 2003: 44ff.), werden im Mikrozensus 2000 0,5% der Bevölkerung in einem Zusatzfragenprogramm über ihre Beteiligung an beruflicher und nichtberuflicher Weiterbildung befragt. Nach den Ergebnissen des Mikrozensus besuchten 2000 8,3 Prozent[78] der Befragten eine Veranstaltung der beruflichen Weiterbildung. Die Quote für die Teilnahme an nichtberuflicher Weiterbildung, die in dieser Erhebung für den Zeitraum der letzten vier Wochen abgefragt wird, beträgt 39,3 Prozent[79] (vgl. ebd. 2003: 37).

### 4.2.2 IW

Die von Autor Reinhold Weiß erstellte Studie des Instituts der Deutschen Wirtschaft (IW) ist in einem engeren Sinne für ein Bildungsmonitoring nicht geeignet, da sie als eine einmalige Erhebung konzipiert war und somit nicht zu einer kontinuierlichen Berichterstattung beitragen kann. Auf Grund der zeitlichen Nähe zu dem Referenzjahr dieser Vergleichsarbeit und der Möglichkeit, damit eine breitere Vergleichsbasis zu schaffen, wird sie in dieser Systematisierung dennoch aufgenommen. Ziel der Studie war es, Informationen über die individuelle Finanzierung von Weiterbildung zu erhalten und so grundlegende Strukturmerkmale des privaten Weiterbildungsengagements zu erfassen. Zu diesem Zweck wurden Anfang 2000 durch das Institut Marktforschung Rheinland telefonische Umfragen durchgeführt. Dabei wurden insgesamt 1003 Erwerbspersonen zu ihrem zeitlichen und finanziellem Aufwand für Weiterbildung befragt (vgl. Bellmann 2003: 49). Bezugsjahr war das Jahr 1999. Zur Art der Stichprobe fehlen wichtige Angaben, jedoch spiegelt diese nach Angaben des Autors „die Struktur der Grundgesamtheit hinreichend wider", auch wenn durch die Methode der telefonischen Befragung bedingte Verzerrungen eingetreten sind (Weiß 2002: 10). Die Interviews wurden nicht standardisiert sondern als Leitfadengespräch geführt. Zwischen Formen beruflicher und nichtberuflicher Weiterbildung wurde hier nicht unterschieden. Eine Hochrechnung erfolgte in dieser Studie lediglich in Bezug auf die finanziellen Aufwendungen der Erwerbspersonen unter den Befragten für Weiterbildung. Die Ergebnisse zur Teilnahme an Weiterbil-

---

[78] Eigene Berechnungen anhand der absoluten Häufigkeiten der Tabellen des Statistischen Bundesamtes.
[79] Die Ergebnisse zur nichtberuflichen Weiterbildung werden bisher nicht in den Publikationen des Statistischen Bundesamts veröffentlicht und wurden für das Berichtssystem Weiterbildung 2000 extra ausgezählt.

dung wurden nicht gewichtet (vgl. ebd.: 37). Der IW-Studie zufolge haben 1999 21,8 Prozent der Erwerbspersonen an Weiterbildung teilgenommen (vgl. ebd.: 11).

### 4.2.3 BIBB/IAB-Erhebung

Die Studie des Bundesinstituts für Berufliche Bildung (BIBB) und des Instituts für Arbeitsmarkt- und Berufsforschung (IAB) ist eine im Anspruch repräsentative Umfrage unter Erwerbstätigen in Deutschland. Ziel ist die Erhebung von qualifikationsbezogenen und bildungsbiographischen Informationen zu Erwerbstätigen sowie Informationen zu deren Arbeitsplatz und dessen Rahmenbedingungen in organisatorischer, technologischer und qualifikatorischer Hinsicht. Als Erwerbstätige gelten in diesem Fall alle Personen, die mindestens 15 Jahre alt sind und einer regelmäßigen und bezahlten Beschäftigung von mindestens zehn Stunden in der Woche nachgehen. Das Stichprobenverfahren berücksichtigt neben Privathaushalten auch Haushalte in Arbeitnehmerwohnheimen, jedoch keine kasernierten Befragungspersonen. Während mit einer Qualifizierung verbundene Beschäftigungsverhältnisse wie zum Beispiel Lehrämter, Praktikanten oder Ärzte in der Facharztausbildung berücksichtigt werden, sind Lehrlinge, Schüler oder Personen in einer Beamtenausbildung von der Befragung ausgeschlossen. Des Weiteren müssen die Befragungspersonen über ausreichende Deutschkenntnisse verfügen, um an der Befragung teilnehmen zu können (vgl. Dostal/Jansen/Parmentier 2000: 1ff.).

Die Stichprobenziehung und die Ermittlung der Haushalte erfolgt durch das ADM-Auswahlverfahren, wobei die Befragten von Interviewern mittels Random-Route Verfahren zu Hause aufgesucht werden. Pro Haushalt wird jeweils nur eine systematisch ausgewählte erwerbstätige Person befragt, um Klumpungen zu vermeiden. Dieses Vorgehen führt zu einer Verzerrung der Stichprobe, da die Auswahlwahrscheinlichkeit der Personen durch die Haushaltsgröße beeinflusst wird, was mit Hilfe einer Designgewichtung wieder ausgeglichen wird. Ein zweites Gewichtungsverfahren gleicht die Randverteilungen an die des Mikrozensus als Referenzstatistik an (Redressment). Dies geschieht anhand der Variablen Bundesland, Gemeindegrößenklasse, Geschlecht, Alter und Stellung im Beruf. Da es zu Ausländern mit ausreichenden Deutschkenntnissen keine entsprechenden bekannten Referenzstatistiken gibt, ist diese Gruppe aus dem zweiten Gewichtungsverfahren ausgeschlossen (vgl. Hartmann/Bielenski/Rosenbladt 1999: 5f.). Die Stichprobengröße beinhaltet insgesamt 34.343 Personen, davon sind 1.447 Ausländer (vgl. BIBB ohne Jahr). Die Erhebung wurde durch den

Einsatz von Interviewern mittels (CAPI) durchgeführt (vgl. Dostal/Jansen/ Parmentier 2000: 3).

Die Erhebung hat jedes Mal ein festes Programm an Kernfragen und zusätzlich einen weiteren Themenschwerpunkt. 1998/99 war dieser Schwerpunkt „der strukturelle Wandel der Arbeitswelt und seine Auswirkungen auf die Arbeitsbedingungen, die Arbeitsbelastung und auf das individuelle Mobilitätsverhalten" (ebd.: 5) mit dem Ziel, neue Beschäftigungsfelder aufzuzeigen und bildungspolitische Handlungsbedarfe zu orten (vgl. ebd.: 6).

Die Fragen zur Weiterbildungsbeteiligung beziehen sich auf den Besuch von Veranstaltungen innerhalb der letzten fünf Jahre vor dem Befragungszeitpunkt; das Jahr der am kürzesten zurück liegenden Veranstaltung wird gesondert erfragt. Die Frage zur informellen Weiterbildung bezieht sich auf die letzten zwei Jahre vor dem Befragungszeitpunkt und beinhaltet den Erwerb von Kenntnissen außerhalb von Seminaren, Kursen und Lehrgängen (vgl. Infratest Burke Sozialforschung/Infas 1998: 74/F503).

Nach den Ergebnissen der BIBB/IAB-Befragung 1998/99 haben ca. 14 Millionen Erwerbstätige in den fünf Jahren zuvor an mindestens einer Veranstaltung der beruflichen Weiterbildung teilgenommen – das sind 28 Prozent der Erwerbstätigen. Die Teilnahmequote an Aktivitäten der informellen Weiterbildung in den letzten zwei Jahren vor dem Erhebungszeitpunkt beträgt 63 Prozent (vgl. Ulrich 2000: 26).

### 4.2.4 SOEP

Das Sozio-Oekonomische-Panel (SOEP) ist eine Längsschnittstudie, deren Ziel es ist, Lebens- und Arbeitsbedingungen der Bevölkerung der Bundesrepublik Deutschland und deren Veränderungen auf Personen- und Haushaltsebene nachzuvollziehen (vgl. DIW 2006: 7). Die Durchführung und Entwicklung der Studie erfolgt heute in Form einer Serviceeinrichtung für die Forschung im Rahmen der Wissenschaftsgemeinschaft Gottfried Leibniz (WGL), angesiedelt am Deutschen Institut für Wirtschaftsforschung (DIW) Berlin. Mit der Feldarbeit und der Rohdatenverarbeitung ist das private Marktforschungsinstitut TNS Infratest Sozialforschung in München beauftragt (vgl. Wagner/Frick/Schupp. 2007: 9f.).

Das SOEP als Studie ist durch einen hohen Grad an Komplexität gekennzeichnet. Dies wird alleine an der Beschreibung der Stichprobe deutlich. Diese besteht zum Befragungsjahr (Welle) 2000 aus sechs verschiedenen Substichproben mit jeweils unterschiedlichen Merkmalen bezüglich Population und Stichprobenverfahren. Stichprobeneinheiten sind dabei in der überwiegenden Zahl die Haushalte und nicht die Personen. Die beiden ersten Stichproben existieren seit

Beginn der Erhebung 1984. Im Laufe der Zeit kommen durch interne designtechnische Erwägungen oder externe Ereignisse sukzessive neue Stichproben hinzu. Studienimmanente Faktoren wie die Panelmortalität bedingen eine Auffrischung der alten Stichproben, um einen gewissen Stichprobenumfang zu halten. Exogene Ereignisse wie die Wiedervereinigung können nur durch die Ziehung völlig neuer Stichproben erfasst werden. Zu erwähnen ist die außergewöhnlich hohe Repräsentation von Ausländern. Alle Stichproben[80] sind in einer mehrfach geschichteten Zufallsauswahl gezogen worden, wobei die Unterschiede in einer jeweils anders gestalteten Schichtung liegen (vgl. Frick 2006: 11). Dementsprechend komplex gestaltet sich auch die Hochrechnung und Gewichtung der Befragten innerhalb der Gesamtstichprobe, die – sehr vereinfacht beschrieben – als eine Kombination aus studiendesign-technischen Elementen wie der Bleibewahrscheinlichkeit bestimmter Haushaltsgruppen über den Längsschnitt, erhebungsdesign-technischen Bedingungen wie der Berücksichtigung des Einsatzes verschiedener Arten von Stichprobenziehung und schließlich der Anpassungen an amtliche Referenzstatistiken nach bis zu 316 Merkmalen dargestellt werden kann (vgl. ausführlich Pischner 2007).

Befragt werden alle ausgewählten Haushalte und deren Mitglieder, sofern sie 16 Jahre und älter sind. Die Befragung findet jährlich im Frühjahr statt und beinhaltet ein sich wiederholendes Fragenprogramm sowie regelmäßig wechselnde Schwerpunktbefragungen zu bestimmten Themen, darunter auch Weiterbildung. Das Fragenprogramm zum Thema Weiterbildung ist relativ konstant, wobei die Fragen zur nichtberuflichen Weiterbildung nur in den Erhebungsjahren 1989 und 2000 erhoben wurden, die berufliche Weiterbildung aber kontinuierlich über alle Erhebungsjahre der Schwerpunktbefragungen hinweg abgefragt wird. Die Fragen zur beruflichen Weiterbildung werden dabei nur von Personen beantwortet, die zum Befragungszeitpunkt unter 65 Jahre alt sind (vgl. Bellmann 2003: 46). Nach eigener Berechnung[81] beträgt die Teilnahmequote an formaler beruflicher Weiterbildung in den Jahren 1997 bis 1999 23,9 Prozent und die Beteiligung an formaler nichtberuflicher Weiterbildung für das Jahr 1999 24 Prozent.

---

[80] Mit Ausnahme der Zuwanderer-Stichprobe D, deren Ziehung teilweisen auf dem Schneeball-System beruht (vgl. Pischner 2007: 9).
[81] Eine Beschreibung der Stichprobe und der verwendeten Daten erfolgt in *Kapitel 6.1*.

## 4.2.5 BSW

Das Berichtssystem Weiterbildung[82] ist die einzige regelmäßig erhobene Studie, die die Weiterbildungsbeteiligung der Bevölkerung sowie Hinweise auf Ausmaß und Richtung der Weiterbildungsnachfrage als alleinigen Fokus hat. Im Abstand von drei Jahren werden Personen zwischen 19 und 64 Jahren zu ihrem Weiterbildungsverhalten interviewt. Befragt werden dabei potentiell alle in Privathaushalten lebenden Personen, die ausreichend Deutsch sprechen können. Die Zufallsstichprobe ist nach den Kriterien der Gemeindetypen, Regierungsbezirk, Bundesland und weiter durch die Auswahl von Sample Points sowie der anschließenden Ermittlung der Zielperson im Haushalt mehrfach geschichtet. Durch entsprechende Gewichtungen wurde die Haushaltsstichprobe auf eine Personenstichprobe umgerechnet. Zusätzlich wurden Länder, Regionaltypen, Alter und Geschlecht in die Gewichtung der Befragten unter Bezug auf die Randverteilungen des Mikrozensus miteinbezogen. Um auch für die neuen Bundesländer aussagekräftige Analysen zu ermöglichen, sind in Ostdeutschland lebende Befragte überrepräsentiert. So setzt sich der Stichprobenumfang von 7.043 aus 5.612 Interviews in den alten und 1.431 in den neuen Bundesländern zusammen. Auch wenn die Autoren der Studie angeben, dass ein „globaler Vergleich" zwischen Ausländern und Deutschen durchaus vorgenommen werden kann (vgl. Kuwan/Thebis/Gnahs et al. 2003: 9, 13f.), ist der Stichprobenumfang für differenzierte Analysen der befragten Ausländer mit ausreichenden Deutschkenntnissen nicht groß genug. Die Ausschöpfung der Stichprobe beträgt 58,1 Prozent. 17,2 Prozent der Ausfälle sind dabei qualitätsneutral, das heißt nicht systematisch. Unter diese qualitätsneutralen Ausfälle werden auch die Interviews gezählt, die aufgrund von Sprachschwierigkeiten nicht realisiert werden konnten. Davon waren 1,1 Prozent der Kontaktversuche betroffen (vgl. TNS Infratest Sozialforschung 2004: 7).

Mit der Durchführung der Studie ist das Marktforschungsinstitut TNS Infratest Sozialforschung München beauftragt Alle Interviews sind standardisierte *face-to-face*-Interviews, die mittels CAPI geführt werden. Hauptinteresse ist es, die Teilnahmequoten, die Teilnahmefälle und den Zeitaufwand für Weiterbildung zu ermitteln. Dies geschieht mit einem über die Jahre hinweg relativ stabilen Fragenprogramm. Hinzu kommen bei jeder Befragung thematische Schwerpunkte. Für das Jahr 2000 wurde der Themenschwerpunkt der letzten Erhebung Weiterbildungsqualität noch einmal aufgegriffen und ein weiterer Themenkomplex Selbstgesteuertes Lernen neu aufgenommen (vgl. ebd.: 8f.). Nach den Er-

---

[82] An dieser Stelle wird nur auf die Studie eingegangen, nicht aber auf den integrierten Gesamtbericht, der seit 1988 zusätzlich zu den Ergebnissen der Befragung auch Ergebnisse aus anderen Datenquellen veröffentlicht.

gebnissen der Erhebung für das Jahr 2000 haben 29 Prozent der Bevölkerung Deutschlands im Alter von 19 bis 64 Jahren an beruflicher Weiterbildung teilgenommen. Die entsprechende Teilnahmequote an nichtberuflicher Weiterbildung beträgt 26 Prozent (vgl. ebd.: 24).

### 4.2.6 Tabellarische Übersicht

Tabelle 4: Gegenüberstellung der empirischen Studien zur Weiterbildungsbeteiligung anhand ausgewählter Kriterien und Kennzahlen (Referenzjahr 2000)

| **BIBB/IAB**[83] | **Mikrozensus**[84] | **IW**[85] | **SOEP**[86] | **BSW**[87] |
|---|---|---|---|---|
| **Auftraggeber** | | | | |
| Bundesinstitut für Berufliche Bildung (BIBB), Institut für Arbeitsmarkt- und Berufsforschung (IAB) | Rechtliche Grundlage ist das zeitlich befristete Mikrozensusgesetz | Institut der deutschen Wirtschaft | Serviceeinrichtung der WGL, angesiedelt am DIW, finanziert durch das BMBF (2/3) und die Bundesländer (1/3) | Bundesministerium für Bildung und Forschung (BMBF) |
| **Durchführung** | | | | |
| Infratest Burke, München Infas, Bonn | Statistisches Bundesamt und die Statistischen Landesämter | Marktforschung Rheinland | TNS Infratest Sozialforschung, München | TNS Infratest Sozialforschung, München; Kooperation mit IES Hannover und Helmut Kuwan |

---

[83] Quellen: siehe vor allem Dostal/Jansen/Parmentier 2000 sowie Ulrich 2000
[84] Quellen: siehe vor allem Statistisches Bundesamt 2006 sowie Lehnert/Weiss/Kohlmann 2003
[85] Quellen: siehe vor allem Weiß 2002
[86] Quellen: siehe vor allem Wagner/Frick/Schupp. 2007 sowie Rosenbladt 2001
[87] Quellen: siehe vor allem Kuwan/Thebis/Gnahs et al. 2003

| BIBB/IAB | Mikrozensus | IW | SOEP | BSW |
|---|---|---|---|---|
| **Themen und Erhebungsziel** | | | | |
| Struktureller Wandel der Arbeitswelt und seine Auswirkungen auf die Arbeitsbedingungen, die Arbeitsbelastungen und auf das individuelle Mobilitätsverhalten von Erwerbstätigen | Erhebung von Strukturdaten und Daten zur wirtschaftlichen und sozialen Lage der Bevölkerung | Strukturdaten zum individuellen und privaten Weiterbildungsengagement | Beobachtung und Analyse von Lebensverläufen und Lebensqualität mittels objektiver und subjektiver Mikrodaten | Daten zur Weiterbildungsbeteiligung und zu Ausmaß und Richtung der Weiterbildungsnachfrage |
| **Erhebungsjahre/Periodizität** | | | | |
| 1979 1985/1986 1991/1992 1998/1999 | seit 1957 jährlich | 2000 | jährlich seit 1984 Schwerpunkterhebungen zur WB; Berufliche Weiterbildung: 1989, 1993, 2000, 2004 Nichtberufliche Weiterbildung: 1989, 2000 | seit 1979 im Dreijahresturnus |
| **Erhebungseinheit** | | | | |
| Personen | Haushalte /Personen | Erwerbspersonen | Haushalte /Personen | Personen |
| **Grundgesamtheit** | | | | |
| Erwerbspersonen in Deutschland (über 14 Jahre und regelmäßige, bezahlte Beschäftigung von mind. 10 h/Woche | Bevölkerung in Deutschland | Erwerbspersonen zwischen 20 und 60 Jahren | Privathaushalte der Bundesrepublik Deutschland (+ kleine Anzahl von Personen in Anstaltshaushalten) | In Privathaushalten lebende deutschsprechende Personen zwischen 19 und 64 Jahren |

Übersicht und Systematisierung vorhandener Studien 97

| BIBB/IAB | Mikrozensus | IW | SOEP | BSW |
|---|---|---|---|---|
| **Erhebungsgesamtheit** | | | | |
| Privathaushalte (Random-Route-Verfahren) | Wohnbevölkerung | keine Angabe | unterschiedliche Stichprobenverfahren | Privathaushalte (Random-Route-Verfahren) |
| **Erhebungszeitraum** | | | | |
| Oktober 1998 bis März 1999 | April 1999 bis Mai 1999 | 4 Wochen Anfang 2000 | mehrheitlich Januar bis Mai 2000 | April bis Juli 2001 |
| **Bezugszeitraum** | | | | |
| 5, bzw. 2 Jahre vor Befragungszeitpunkt | 1 Jahr vor Befragungszeitpunkt | 1999 | 3 Jahre / 1 Jahr vor Befragungszeitpunkt | 2000, 1997-2000 |
| **Stichprobenziehung** | | | | |
| ADM-Design | mehrfach geschichtete Zufallsstichprobe | keine Angabe | verschiedene Designs, mehrfach geschichtete Zufallsstichproben | mehrfach geschichtete Zufallsstichprobe |
| **Stichprobengröße** | | | | |
| 34.343 | 1% der Bev.; ca. 700.000 | 1003 | 24.586 | 7.043 |
| **Datenformat** | | | | |
| Querschnitt | Querschnitt/ 4jähriges Panel | Querschnitt | Längsschnitt | Querschnitt |
| **Ausschöpfungsquote** | | | | |
| 58% | ca. 94% | ca. 14% | Haushalte: 90,9% Personen: 95,6% | ca. 50% |

| BIBB/IAB | Mikrozensus | IW | SOEP | BSW |
|---|---|---|---|---|
| **Gewichtung** | | | | |
| Designgewichtung und Redressment mit der Referenzstatistik Mikrozensus | Designgewichtung und Redressment | keine Angabe | komplexe Designgewichtung und Redressment | Designgewichtung und Redressment mit der Referenzstatistik Mikrozensus |
| **Datenerhebung** | | | | |
| persönliches Interview, CAPI, standardisiert | persönliches Interview, schriftlich – standardisiert | telefonisches Leitfaden-Interview, halb-standardisiert | postalisch, telefonisch, persönliches Interview, CAPI, standardisiert | persönliches Interview, CAPI, standardisiert |
| **Datenbereitstellung** | | | | |
| scientific-usefile | scientific-usefile | keine Angabe | scientific-usefile | scientific-usefile |
| **Beteiligung an formaler beruflicher Weiterbildung** | | | | |
| *Anteil der Erwerbstätigen ab 15, die in den 5 Jahren vor dem Erhebungszeitpunkt mindestens eine WB-Lehrveranstaltung besucht haben* | *Anteil der Personen ab 15, die im vergangenen Jahr eine Veranstaltung im Bereich der beruflichen Aus-, Fortbildung oder Umschulung gemacht haben* | *Erwerbspersonen im Alter von 20 bis 60, die an einer Veranstaltung der beruflichen oder nichtberuflichen Weiterbildung teilgenommen haben* | *Anteil der Befragten im Alter von 16-64, die mindestens eine WB-Lehrveranstaltung besucht haben* | *Anteil der Befragten im Alter von 19-64, die 2000 mindestens eine WB-Lehrveranstaltung besucht haben* |
| *1993/94-1998/99 :* **28%** | *1999/04-2000:/04* **8,3%** | *1999:* **21,8%** | *1997-1999:* **23,9%** | *2000:* **38,7%** |

Übersicht und Systematisierung vorhandener Studien 99

| BIBB/IAB | Mikrozensus | IW | SOEP | BSW |
|---|---|---|---|---|
| **Beteiligung an informeller beruflicher Weiterbildung** | | | | |
| Anteil der Erwerbstätigen, die in den 2 Jahren vor dem Erhebungszeitpunkt Aktivitäten der informellen Weiterbildung wahrgenommen haben | | Anteil der Befragten, die angeben, mit Fachliteratur / mit computerunterstützten Programmen zu lernen | Anteil der Befragten im Alter von 16-64, die angeben, Aktivitäten der informellen beruflichen WB ausgeführt zu haben | Anteil der erwerbstätigen Befragten von 19-64 Jahre, die angeben, Aktivitäten der informellen beruflichen WB ausgeführt zu haben |
| 1996/97-1998/99 : **61%** | - 0 - | 1999: **54,6% / 22.7%** | 1997-1999: **42,5%** | 1998-2000: **60,8%** |
| **Beteiligung an formaler nichtberuflicher Weiterbildung** | | | | |
| | Anteil der Befragten, die angeben, innerhalb des letzten Jahres an einer Maßnahme der nichtberuflichen WB teilgenommen zu haben | | Anteil der Befragten, die angeben, innerhalb des letzten Jahres mindestens eine WB-Lehrveranstaltung zu Themen der nichtberuflichen WB besucht zu haben | Anteil der Befragten, die angeben, innerhalb des letzten Jahres mindestens eine WB-Lehrveranstaltung zu Themen der nichtberuflichen WB besucht zu haben |
| - 0 - | 2000: **39,3%** | - 0 - | 1999: **24%** | 2000: **26,4%** |

## 4.3 Operationalisierung von Weiterbildungsbeteiligung

Dieses Kapitel widmet sich dem Begriff Weiterbildungsbeteiligung und dessen Operationalisierung innerhalb der Referenzstudien. Vorangestellt wird dazu, wie schon dem vorherigen Kapitel, eine kurze theoretische Einführung, die als Basis für die nachfolgenden Überlegungen zur Operationalisierung von Weiterbildungsbeteiligung dient. Abschließend werden die Operationalisierungen von Weiterbildungsbeteiligung innerhalb der jeweiligen Studien gegenüber gestellt. Schon die Darstellung der inhaltlichen Dimension der Operationalisierung über die Studien hinweg gestaltet sich relativ ausufernd. Aus diesem Grund werden methodische Aspekte der Operationalisierung – und damit sind hier die konkreten Messanweisungen und deren Umsetzung in den Fragebögen gemeint – in der Regel nicht erörtert. Diese Thematik wird aber bezogen auf das SOEP und das BSW im empirischen Teil dieser Arbeit teilweise angesprochen. Die IW-Erhebung wird in diese Gegenüberstellung nicht mit aufgenommen, da die Daten lediglich durch einen unbekannten halbstandardisierten Leitfaden erhoben wurden und so die Operationalisierung nicht nachvollzogen werden kann.

### 4.3.1 Theorie der Operationalisierung

Die Funktion der Operationalisierung im Prozess der empirischen Sozialforschung ist es, Regeln aufzustellen, um theoretische Begriffe beobachtbar zu machen.

„Die Operationalisierung eines Begriffes besteht in der Angabe einer Anweisung, wie Sachverhalte, die der Begriff bezeichnet, gemessen werden können." (Schnell/Hill/Esser 1999: 121).

Eine notwendige (wenn auch nicht hinreichende) Bedingung für eine erfolgreiche Operationalisierung ist damit zunächst einmal eine begriffliche Präzisierung der zu operationalisierenden Begriffe.

„Der erste Schritt des Soziologen muß also darin bestehen, die Dinge, die er behandelt, zu definieren, damit man weiß, und genau weiß, um welches Problem es sich handelt." (Durkheim 1961: 131)

Diese Definition von empirischen Begriffen wird in der Forschung anhand von Nominaldefinitionen vollzogen, die sich aus dem zu definierendem Begriff (*Definiendum*) und den definierenden Begriffsinhalten (*Definiens*) zusammen setzen. Nicht selten bedürfen aber die Definiens ebenfalls einer Präzisierung, so dass ein definitorischer Regress eingeleitet wird, der das Definiendum an den Anfang einer langen Kette von Definitionen setzt, die sich theoretisch unendlich lange fortsetzten kann. Schon aus forschungsökonomischen Überlegungen heraus muss diese Kette an einer vertretbaren Stelle unterbrochen werden, um einen infiniten Regress zu vermeiden. Die empirische Begriffsbestimmung ist somit zum einen durch eine rekursive Definitionskette gekennzeichnet. Zum anderen wird aber auch ein gewisser Konsens über den Inhalt von Begriffen in einer Sprachgemeinschaft unterstellt (vgl. Schnell/Hill/Esser 1999: 48f.).

Die Definition eines Begriffes muss für empirische Erhebungen vor allem in seiner *intensionalen Bedeutung* möglichst exakt sein. Die intensionale Bedeutung eines Begriffes ist seine inhaltliche Reichweite. In ihr sind alle Merkmalsbeschreibungen enthalten, die ein Objekt erfüllen muss, um mit diesem Begriff bezeichnet werden zu können. Die *extensionale Bedeutung* eines Begriffs beinhaltet damit alle Objekte, die den Merkmalsbeschreibungen der Intension entsprechen, auf die der Begriff also angewendet werden kann (vgl. ebd.: 50).

In vielen Fällen, vor allem immer dann, wenn die zu operationalisierenden Begriffe unterschiedliche theoretische Bezüge in ihrem Gegenstandsbereich ansprechen und nicht direkt in Messanweisungen übersetzt werden können, wird die begriffliche Definition von einer Konzeptspezifikation begleitet. In dieser Konzeptspezifikation wird dargelegt, auf welche theoretischen Dimensionen sich der Begriff bezieht (vgl. am Beispiel des Umweltbewusstseins Diekmann 2006b: 209ff.).

Erst nach Abschluss der begrifflichen Definition und der Konzeptspezifikation können Anweisungen gegeben werden, wie Objekten, deren Merkmale der intensionalen Bedeutung des Begriffs entsprechen, beobachtbare Sachverhalte zugeordnet werden können. Dies geschieht durch die Angabe von Korrespondenzregeln. Beobachtbare Sachverhalte werden dabei in (manifesten) Variablen erfasst. Eine oder mehrere Variablen, die einen Sachverhalt beschreiben sollen, werden als Indikatoren bezeichnet. Korrespondenzregeln legitimieren bei der Operationalisierung die Zuordnung von Indikatoren zu entsprechenden theoretischen Begriffen. In der empirischen Sozialforschung werden verschiedene Ansätze der Zuordnung unterschieden, die jeweils verschiedene wissenschaftstheoretische Implikationen mit sich bringen. Der operationalistische Ansatz[88] umgeht das Problem der Zuordnung, indem der Indikator synonym zu seinem theoretischen Begriff verwendet wird. Somit wird der theoretische Begriff also erst durch seine Messanweisung definiert. Indikatoren sind somit Elemente der Definition des Begriffes (vgl. Schnell/Hill/Esser 1999: 125). Dieser Ansatz ist vor

---

[88] Daneben stehen der typologisch-induktive Ansatz, der die Zusammenhänge verschiedener Indikatoren durch latente Variablen herausstellt und der kausal-analytische Ansatz, der Indikatoren als beobachtbare Folgen der latenten Variable auffasst (vgl. Schnell/Hill/Esser 1999: 126f.).

allem in deskriptiven Arbeiten verbreitet, in denen diesbezüglich – so die Autoren – „ein relativ unreflektierter „Operationalismus" vorherrscht" (ebd.: 127).

### 4.3.2 Überlegungen zur Operationalisierung von Weiterbildungsbeteiligung

Die Operationalisierung von Weiterbildungsbeteiligung in den verschiedenen Studien folgt weitestgehend diesem operationalistischen Ansatz,[89] auch wenn dessen Reputation in der empirischen Sozialforschung inzwischen geschmälert ist. Man kann an dieser Stelle argumentieren, dass die Beteiligung an Weiterbildung kein so abstraktes Konstrukt darstellt, wie beispielsweise das der 'kulturellen Identität', welches ungemein schwieriger zu beobachten und zu messen ist, als die Teilnahme an Weiterbildung. Anstelle eines unreflektierten Operationalismus geht es hier wohl eher um einen pragmatischen Empirismus, was gerade in Bezug auf den primär deskriptiven Verwendungskontext der Studien eine nahe liegende Erklärung sein kann. Dies gilt insbesondere dann, wenn Weiterbildungsbeteiligung an und für sich außerhalb eines sozialwissenschaftlichen Konzepts operationalisiert wird. Sobald Weiterbildungsbeteiligung als Element eines übergeordneten theoretischen Konzeptes analysiert wird, ist die Definition und somit auch Operationalisierung hinsichtlich der dort relevanten theoretischen Annahmen und Fragestellungen zu überdenken (vgl. Wilkens/Leber 2003: 330).

Die Operationalisierung von Weiterbildungsbeteiligung wird in diesem Kapitel unter sekundäranalytischen Aspekten betrachtet. Dies bringt gewisse Einschränkung für die Operationalisierung von Begriffen mit sich. Gewissermaßen ist in diesem Fall die Reihenfolge des Forschungsprozesses durcheinander gebracht. Anders als in der Primärforschung erklären sich die theoretischen Begriffe und Operationalisierungen oft nicht theorie- sondern datengestützt. Die Definition der theoretischen Begriffe und ihre Operationalisierung müssen dabei

> „an die Bezeichnungsleistungen anschließen [...], die durch die administrativen Beobachtungspraktiken lokal, regional, historisch und kulturell vorgegeben sind." (Brosziewski 2007: 141f.)

Gemessen werden kann in diesem Feld nur, was sich mit den Datenerhebungen der amtlichen und halbamtlichen[90] Statistik verknüpfen lässt. Dasselbe gilt im

---

[89] Dies ist eine Einschätzung der Verfasserin, da über die jeweiligen Konzeptspezifikationen der Studien keine Informationen veröffentlicht wurden.
[90] Eine einheitliche Verwendung der Begriffe amtliche und halbamtliche Statistik ist nicht immer gegeben. In dieser Arbeit bezeichnet amtliche Statistik prozedurale Daten, die direkt sozusagen als Nebenprodukt der administrativen Verwaltung anfallen, wie zum Beispiel die Statistiken zu den Bildungsurlaubgesetzen der Länder. Halbamtliche Statistiken dagegen, wie der Mikrozensus oder auch das SOEP stehen durch ihre institutionelle Einbindung oder auch Finanzierung amtlichen Stellen sehr

Prinzip auch für die Sekundäranalyse von Daten, die in Forschungskontexten generiert wurden. Auch wenn deren Kategorien und Bezeichnungen in der Regel eine größere Nähe zu den jeweiligen Fragestellungen der Sekundäranalyse haben, als dies bei den prozedural erfassten Verwaltungsdaten der Fall ist.

Übersetzt auf die theoretischen Ausführungen des vorangestellten Kapitels bedeutet dies, dass die Nominaldefinition des Definiendum Weiterbildungsbeteiligung nur durch die zur Verfügung stehende Definiens der jeweiligen Studien definiert werden kann. Die intensionale Bedeutung ist also schon mehr oder weniger festgelegt.

Im Sinne der Nominaldefinition und der begrifflichen Präzisierung ist den nachfolgenden Ausführungen eine semantische Trennung von Weiterbildungsbeteiligung in 'Weiterbildung' und 'Beteiligung' vorangestellt. Für den Umgang mit den Operationalisierungen von Weiterbildung im Kontext von Sekundäranalysen kommt neben dieser inhaltlichen Beschränkung eine weitere und folgenreiche Einschränkung hinzu: Der Konsens einer Sprachgemeinschaft, der wie oben ausgeführt Bestandteil einer Nominaldefinition von theoretischen Begriffen ist, ist im Falle der Weiterbildung kein sehr breiter, und kann eher als Dissens beschrieben werden. Nicht nur innerhalb der Fachwissenschaft spiegelt sich dieser terminologische Dissens in einer „chaotischen Begrifflichkeit" (Münch 1993: 64) wider, der vor allem durch die scheinbar beliebige Zuordnung und Abgrenzung von Elementen und Erscheinungsformen des Oberbegriffs Weiterbildung gekennzeichnet ist. Die „babylonische Sprachverwirrung" beruht vor allem auf der „Multifunktionalität des Weiterbildungsbegriffes". Dies betrifft zunächst den Begriff Weiterbildung selbst und wird in der terminologischen Differenzierung der einzelnen Weiterbildungsbereiche noch verstärkt (vgl. Klemm et al. 1990: 190f.).

Beschreibungsversuche des Weiterbildungsbereiches gehen nach unterschiedlichen Ordnungsgesichtspunkten vor. Das gängige Zweigespann von nichtberuflicher und beruflicher Weiterbildung kann so durch den Bezug auf verschiedene Zuordnungsmuster gebildet werden. Nichtberufliche Weiterbildung steht als Oberbegriff für allgemeine, politische und kulturelle Bildung, berufliche Weiterbildung umfasst Fortbildungen, Umschulungen und Lernen am Arbeitsplatz. Diese Abgrenzung wird somit durch funktionelle Zuordnungen begründet (vgl. Bellmann 2003: 11).

Ein weiterer Ansatz systematisiert die Struktur des Weiterbildungsbereiches institutionell anhand der verschiedenen Träger von Weiterbildung. Zum einen gibt es das öffentlich geförderte Angebot von Trägern wie den Volkshochschulen oder den Gewerkschaften, zum anderen das von privaten Trägern und Unter-

---

nahe, haben aber einen mehr oder weniger ausgeprägten intentionalen Charakter, der sich außerhalb rein administrativer Interessen bewegt.

nehmen. Auch die Finanzierung der Weiterbildung wird als strukturgebendes Element verwendet. Weiterbildung wird dabei entweder dem AFG (Arbeitsförderungsgesetz)/SGB III (Sozialgesetzbuch)-Bereich, der betrieblichen Weiterbildung oder der individuellen Weiterbildung zugeordnet, je nach dem, in welchen Bereich der höchste Finanzierungsanteil fällt. Zusätzlich gibt es auch Systematisierungsversuche, die die verschiedenen Gründe für eine Teilnahme an Weiterbildung als Ordnungsgesichtspunkt wählen (vgl. Bellmann 2003: 12f.; ähnlich für die berufliche Weiterbildung Wilkens/Leber 2003: 330).

Zuordnungs- und Abgrenzungsprobleme ergeben sich dann, wenn die Merkmale der jeweiligen Differenzierungsansätze nicht trennscharf angewendet werden können. So ist der Besuch eines Sprachkurses an einer Volkshochschule, der funktional und institutionell eher der nichtberuflichen Weiterbildung zugeordnet wird, eventuell seitens des Teilnehmers durchaus beruflich motiviert (vgl. Klemm 1990: 191). Und auch wenn ein Betrieb für den größten Anteil der Finanzierung von einer Weiterbildungsveranstaltung aufkommt, kann der Restbetrag für den Teilnehmenden immer noch eine einflussreiche Größe sein. Auch die Systematisierung nach Teilnahmeveranlassung gestaltet sich schwierig, da die Motive für eine Teilnahme nicht zwingend auf einen Anlass zurück zu führen sind. Wittpoth greift diese Zuordnungsproblematik in seiner Beschreibung des Weiterbildungssektors auf, indem er vorsichtiger zwischen 'primär' beruflich orientierter Weiterbildung und 'primär' allgemein[91] orientierter Weiterbildung differenziert (Wittpoth 1997).

Ein weiterer Aspekt bei der Beschreibung von Weiterbildung ist die Form oder die Art des Lernens. Bildungsprozesse können formal oder informell[92] vollzogen werden, erstere in Form von Kursen und Lehrgängen, die in der Regel einen institutionell-organisationalen Hintergrund haben, letztere zeichnen sich dadurch aus, dass Lernen eben nicht in formalen Settings, sondern in nicht formalisierten Strukturen des Alltags oder des Arbeitslebens stattfindet (vgl. Bellmann 2003: 11f.).

Die Schwierigkeiten einer Systematisierung und damit auch der Definition von Weiterbildung sind auf die Multifunktionalität des Weiterbildungsbegriffes zurückzuführen, der durch die bisher entwickelte Weiterbildungstheorie anscheinend nicht umfassend aufgefangen werden kann. Die Abbildung von Weiterbildung in den verschiedenen Statistiken ist auch aus diesen Gründen folglich weniger (bildungs-)theoretisch geleitet, sondern an vielen Stellen ein eher pragmati-

---

[91] Im Sinne von nichtberuflicher Weiterbildung.
[92] Diesbezüglich wird auch öfter die Dreiteilung formal, nicht-formal und informell verwendet, die in vielen Fällen zu differenzierteren Bezeichnungsleistungen fähig ist (vgl. Wohn 2006: 2f.). Vgl. auch *Kapitel 3.3.4*

scher Ausdruck (ordnungs-)politischer Strukturen und Interessenlagen (vgl. Klemm 1990: 1991).

Bezeichnend dafür ist auch, dass die Definition, die (in Ausschnitten) mit Abstand am häufigsten zur Beschreibung von Weiterbildung heran gezogen wird, keinen primär bildungstheoretischen, sondern einen bildungspolitischen Hintergrund hat. Der Deutsche Bildungsrat bezeichnet Weiterbildung in seinem Strukturplan als die

> „Fortsetzung oder Wiederaufnahme organisierten Lernens nach Abschluss einer unterschiedlich ausgedehnten ersten Bildungsphase. [...] Das Ende der ersten Bildungsphase und damit der Beginn möglicher Weiterbildung ist in der Regel durch den Eintritt in die volle Erwerbstätigkeit gekennzeichnet." (Deutscher Bildungsrat 1970: 197)

Der Erfolg dieser Definition ist wohl zu einem großen Teil seiner sehr global gehaltenen Formulierung zuzuschreiben. Für eine begriffliche Präzisierung hinsichtlich einer Nominaldefinition als Ausgangsvoraussetzung für eine Operationalisierung von Weiterbildung ist sie aber nicht ausreichend und kann somit höchstens als eine aufbaufähige Basis herangezogen werden. Hinzu kommt, dass informelle Weiterbildung von dieser Definition nicht berücksichtigt wird, was angesichts der wachsenden Bedeutung, die informellen Lernprozessen zugeschrieben wird, dazu führt, dass diese Definition mit einem offenerem Lernbegriff weiter geführt wird (vgl. Wohn 2006: 8).

Während die Operationalisierung und damit auch die statistische Erfassung von Weiterbildung durch einen begrifflichen Pluralismus geprägt ist, scheint – zumindest in Hinblick auf formale Weiterbildung – die Operationalisierung des Begriffes 'Beteiligung' sehr viel klarer zu sein. Beteiligung kann durch die Indikatoren Reichweite (Anzahl der Teilnehmer/Teilnehmerquote), Teilnahmefälle (Anzahl der Belegungen) sowie Teilnahmedauer abgebildet werden (vgl. Kuwan/ Thebis/Gnahs et al 2003: 11). Aus diesen Indikatoren kann dann wiederum das Weiterbildungsvolumen errechnet werden, welches die nachgefragte Gesamtstundenzahl eines Jahres abbildet (vgl. ebd. 59).

Die Beteiligung an informeller Weiterbildung hingegen ist sehr viel schwieriger zu operationalisieren und zu erfassen, was neben Problemen der Messung wiederum durch die Schwierigkeiten der Operationalisierung informeller Lernformen an sich erklärt werden kann (vgl. Bellmann 2003: 12).

*4.3.3 Gegenüberstellung der Operationalisierung innerhalb der Studien*

Die Beschreibung der Operationalisierung des empirischen Begriffes Weiterbildungsbeteiligung in den Referenzstudien soll möglichst extensiv vorgenommen werden, kann aber keinesfalls erschöpfend sein. Die oben angeführten Ansätze zur Beschreibung und Systematisierung von Weiterbildung werden dazu – sozusagen als Schablone – über die Fragebögen der Studien gelegt und die unterschiedlichen Variablen und Indikatoren wenn möglich zugeordnet. Eine gewisse Willkür lässt sich dabei an manchen Stellen nicht vermeiden. Um die Zuordnung so transparent wie möglich zu gestalten, werden, wann immer dies technisch machbar ist, die exakten Begriffe aus den Fragebögen wiedergegeben, die (teilweisen in Auszügen) im Anhang zu finden sind. Ziel dieser Darstellungsform ist es, einen plastischen Eindruck davon zu vermitteln, welche inhaltlichen Strukturen die verschiedenen Operationalisierungen von Weiterbildung und Beteiligung vor dem Hintergrund der jeweiligen Differenzierungsmuster annehmen. Die Formen der Weiterbildung können demnach in folgenden Kategorien belegt werden (*Abb. 1*):

*Abbildung 1:* Schablone zur Erfassung der Operationalisierung von Weiterbildung

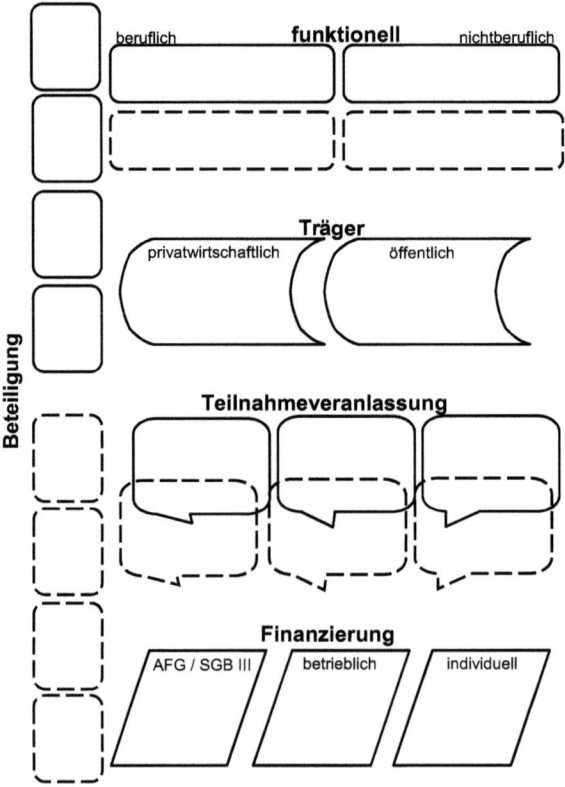

Am linken Rand wird erfasst, in welcher Form und in welchen (zeitlichen) Differenzierungen Informationen über die Beteiligung erhoben werden. Der rechte Teil der Abbildung wird durch die einzelnen Systematisierungsansätze strukturiert. Indikatoren, die sich in das Schema nicht einordnen lassen, werden in einer Spalte 'Sonstiges' aufgenommen. Die Formen mit durchgezogenen Linien sammeln die Informationen zur formalen Weiterbildung, die Formen mit unterbrochenen Linien fassen die Informationen zur informellen Weiterbildung. Ergänzende Angaben sind im Text zu finden.

*Mikrozensus (Abb. 2)*
Informationen zum Weiterbildungsverhalten werden im Mikrozensus 2000 anhand von zwölf Fragen erhoben. Die Teilnahme an beruflicher und nichtberuflicher Weiterbildung wird einmal für den Zeitraum des vergangenen Jahres und einmal für die letzten vier Wochen abgefragt, wobei für die Angaben zur Teilnahme an nichtberuflicher Weiterbildung in den letzten vier Wochen und für die ergänzenden Angaben dazu keine Auskunftspflicht besteht. Die Themenbereiche zur nichtberuflichen Weiterbildung finden die Befragten in den Erläuterungen am Ende des Fragebogens. Die Frage zielt also lediglich auf die Teilnahme in mindestens einem dieser Themenbereiche, ohne das Thema der nichtberuflichen Veranstaltung zu erfassen. Auffallend ist, dass keine Teilnahmefälle erhoben werden. Die tiefer gehenden Fragen zu den Maßnahmen nichtberuflicher und beruflicher Weiterbildung werden jeweils nur für eine Veranstaltung erhoben. Kriterien, welcher Kurs dabei auszuwählen ist, wenn ein Befragter mehrere Kurse besucht hat, werden nicht genannt (Statistisches Bundesamt 2000: 22-24, siehe Anhang B)

*BIBB/IAB-Erhebung (Abb. 3)*
Die Operationalisierung von Weiterbildung ist durch die Fragestellung der Studie eng an den betrieblichen Kontext gebunden. Die BIBB/IAB-Erhebung ist die einzige Studie, die Informationen zu den Weiterbildungsbedarfen von Beschäftigten erhebt. Interessanterweise wurde das Fragenprogramm zur beruflichen Weiterbildung mit dem Verweis auf die zu diesem Thema im BSW zur Verfügung stehenden Daten deutlich eingeschränkt (Dostal/Jansen/Parmentier 2000: 5). Die Teilnahme an Weiterbildung wird in zwei Zeitdimensionen erfasst. Einmal wird die Teilnahme an Kursen innerhalb der letzten fünf Jahre erfragt und zusätzlich das Jahr, in dem in diesem Zeitraum der letzte Kurs stattgefunden hat. Der Bezugszeitraum für die Angaben zu Teilnahme an Formen der beruflichen Weiterbildung beschränkt sich auf die letzten zwei Jahre. Teilnahmefälle werden auch hier nicht erhoben (Infratest/ Infas 1998, siehe Anhang C).

*SOEP (Abb. 4)*
Die Teilnahme an nichtberuflicher Weiterbildung wird im SOEP 2000 für das vergangene Jahr jeweils für die einzelnen Themenbereiche getrennt erhoben. Dabei werden jedoch keine Teilnahmefälle erfragt. Die Angabe der Teilnahmefälle sowie das vertiefende Fragenprogramm für die berufliche Weiterbildung beziehen sich auf die vergangenen drei Jahre. Detaillierte Informationen werden jeweils für die drei zuletzt besuchten Kurse erhoben. Dabei können auch Kurse erfasst werden, die vor dem Zeitraum von drei Jahren begonnen haben und innerhalb der drei Jahre geendet haben oder die über Zeitraum hinaus weiter laufen. Hervorzuheben ist hier die Erfassung von Gründen, die gegen eine Teilnahme an Weiterbildung sprechen oder aber auch hypothetisch dafür. Somit werden auch Einstellungen zur Weiterbildung von Nicht-Teilnehmern erfasst (Infratest 2000: 26-29, siehe Anhang D).

*BSW (Abb. 5)*
Das Fragenprogramm des BSW als einzige Einthemenbefragung zur Weiterbildung ist konsequenterweise mit Abstand das umfangreichste. Die vereinfachende Darstellung ist an dieser Stelle somit vielfach sehr verkürzend. Es wurde dennoch versucht, die wesentlichen Fragen, die auch zum Standard-Fragenprogramm gehören, möglichst vollständig aufzunehmen. Auch im BSW werden Gründe erhoben, die gegen eine Teilnahme an Weiterbildung sprechen. In vielen Fragen werden Informationen zur Weiterbildungssituation in den arbeitgebenden Betrieben gestellt. Auch die Anforderungen des jeweiligen Arbeitsplatzes werden erfasst. Die Schwerpunktbefragungen zu den Themen selbstgesteuertes Lernen und Qualität von Weiterbildung sind in dieser Tiefe und diesem Umfang in keiner anderen Erhebung zu finden.

Die Angabe zur Teilnahme an den Kursen beruflicher Weiterbildung werden in drei Zeitdimensionen erhoben: Für die letzten drei Jahre, für die Teilnahme an bereits länger zurückliegenden Kursen und für das vergangene Jahr. Zu diesen Kursen aus dem Vorjahr werden auch die weiteren Informationen erhoben. Für davor liegende Kurse wird lediglich die Teilnahme erfasst. Die Teilnahme an nichtberuflicher Weiterbildung wird für die vergangenen drei Jahre erfasst, die genaueren Angaben zu den Kursen ebenfalls für das vergangene Jahr. Genauere Angaben werden jeweils für bis zu vier Kurse erhoben (Infratest 2001, siehe für beispielhafte Ausschnitte aus dem Fragebogen Anhang E).

Operationalisierung von Weiterbildungsbeteiligung

*Abbildung 2:* Die Operationalisierung von Weiterbildung im **Mikrozensus 2000**

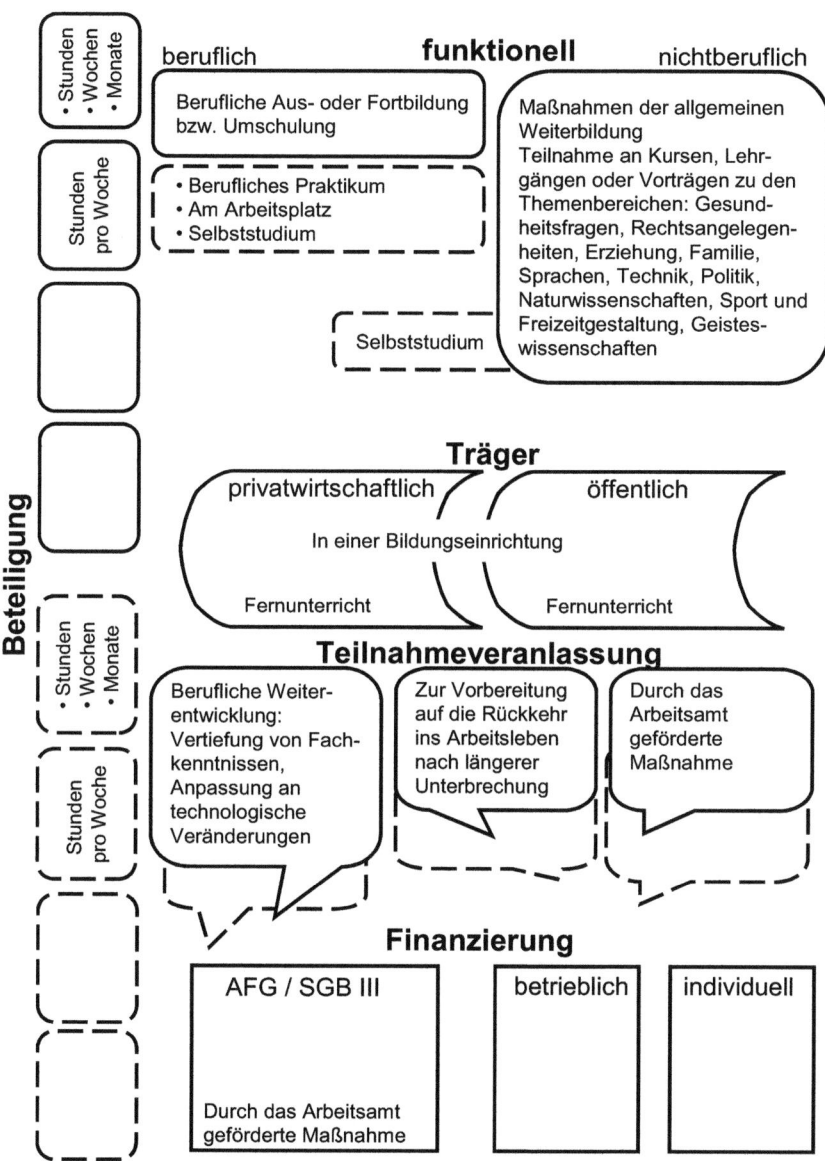

*Abbildung 3:* Die Operationalisierung von Weiterbildung in der **BIBB/IAB-Erhebung 1998/99**

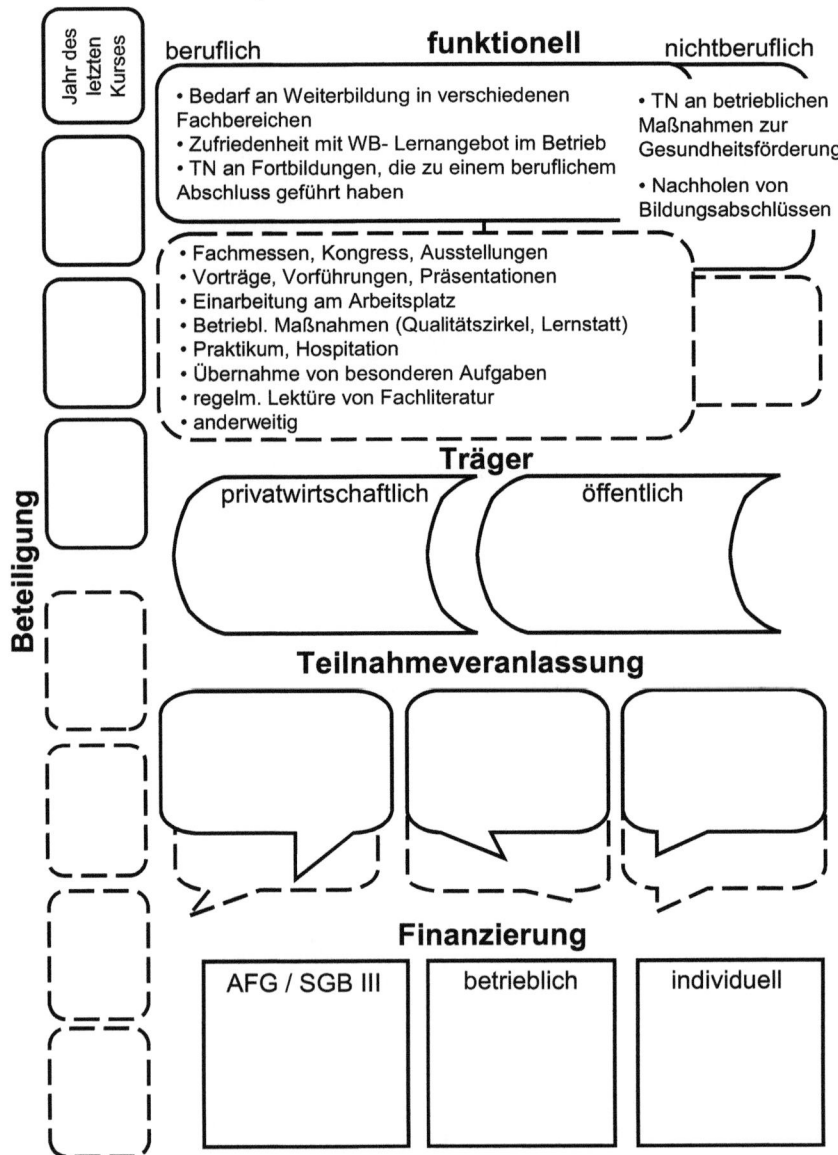

Operationalisierung von Weiterbildungsbeteiligung 111

*Abbildung 4:* Die Operationalisierung von Weiterbildungsbeteiligung im **SOEP 2000**

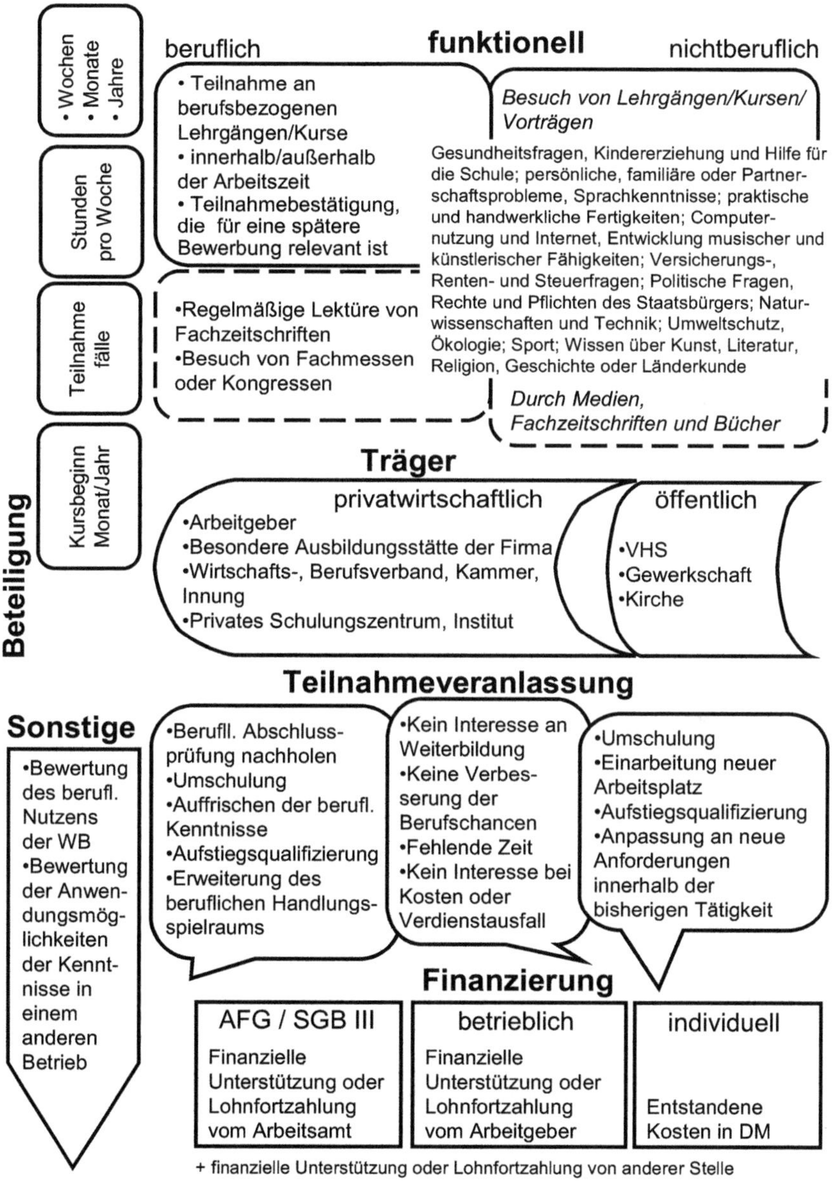

## Beteiligung

- Wochen
- Monate
- Jahre

Stunden pro Woche

Teilnahmefälle

Kursbeginn Monat/Jahr

### beruflich

- Teilnahme an berufsbezogenen Lehrgängen/Kurse
- innerhalb/außerhalb der Arbeitszeit
- Teilnahmebestätigung, die für eine spätere Bewerbung relevant ist

- Regelmäßige Lektüre von Fachzeitschriften
- Besuch von Fachmessen oder Kongressen

### **funktionell**

*Besuch von Lehrgängen/Kursen/ Vorträgen*

Gesundheitsfragen, Kindererziehung und Hilfe für die Schule; persönliche, familiäre oder Partnerschaftsprobleme, Sprachkenntnisse; praktische und handwerkliche Fertigkeiten; Computernutzung und Internet, Entwicklung musischer und künstlerischer Fähigkeiten; Versicherungs-, Renten- und Steuerfragen; Politische Fragen, Rechte und Pflichten des Staatsbürgers; Naturwissenschaften und Technik; Umweltschutz, Ökologie; Sport; Wissen über Kunst, Literatur, Religion, Geschichte oder Länderkunde

*Durch Medien, Fachzeitschriften und Bücher*

### nichtberuflich

### Träger

**privatwirtschaftlich**
- Arbeitgeber
- Besondere Ausbildungsstätte der Firma
- Wirtschafts-, Berufsverband, Kammer, Innung
- Privates Schulungszentrum, Institut

**öffentlich**
- VHS
- Gewerkschaft
- Kirche

### Teilnahmeveranlassung

**Sonstige**
- Bewertung des berufl. Nutzens der WB
- Bewertung der Anwendungsmöglichkeiten der Kenntnisse in einem anderen Betrieb

- Berufl. Abschlussprüfung nachholen
- Umschulung
- Auffrischen der berufl. Kenntnisse
- Aufstiegsqualifizierung
- Erweiterung des beruflichen Handlungsspielraums

- Kein Interesse an Weiterbildung
- Keine Verbesserung der Berufschancen
- Fehlende Zeit
- Kein Interesse bei Kosten oder Verdienstausfall

- Umschulung
- Einarbeitung neuer Arbeitsplatz
- Aufstiegsqualifizierung
- Anpassung an neue Anforderungen innerhalb der bisherigen Tätigkeit

### Finanzierung

| AFG / SGB III | betrieblich | individuell |
|---|---|---|
| Finanzielle Unterstützung oder Lohnfortzahlung vom Arbeitsamt | Finanzielle Unterstützung oder Lohnfortzahlung vom Arbeitgeber | Entstandene Kosten in DM |

+ finanzielle Unterstützung oder Lohnfortzahlung von anderer Stelle

*Abbildung 5:* Die Operationalisierung von Weiterbildungsbeteiligung im **BSW 2000**

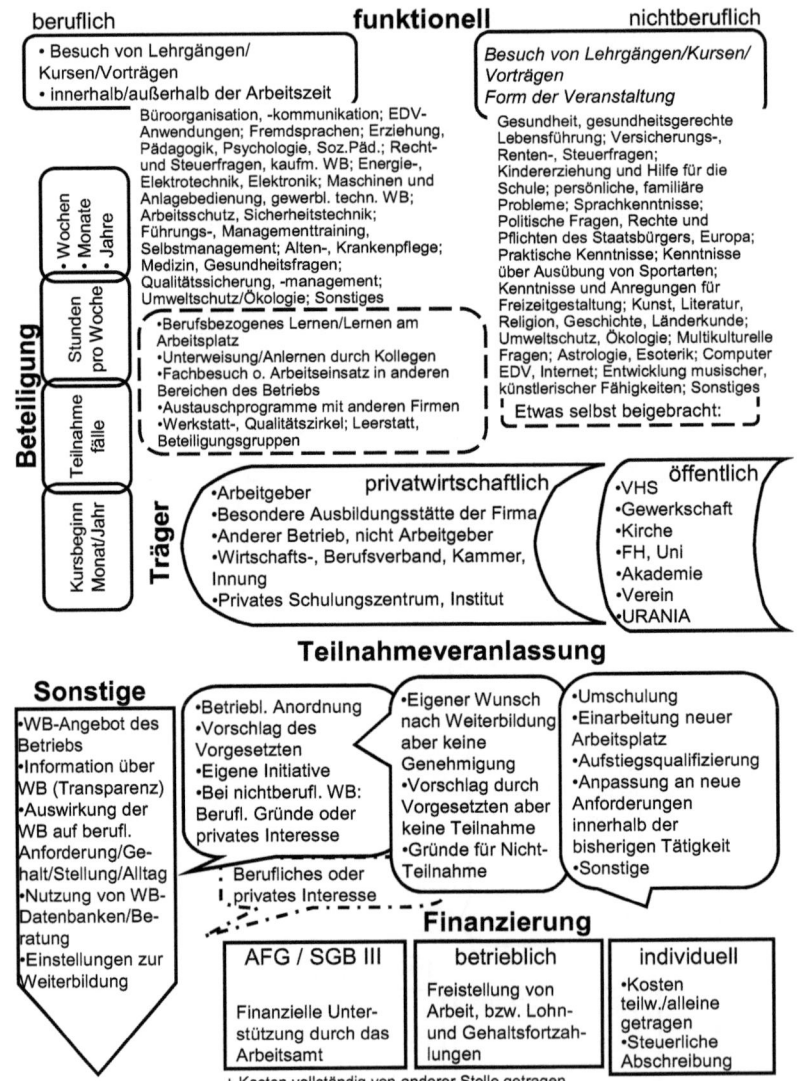

Die Gegenüberstellung macht deutlich, wie unterschiedlich Weiterbildung in den verschiedenen Studien operationalisiert wird. Diese Unterschiede zeigen sich sowohl in der Quantität als auch in der Qualität der Operationalisierungen. Die Variationen sind dabei so groß, dass es lohnender scheint – auch in Hinblick auf die Vergleichbarkeit der Ergebnisse – zunächst die Gemeinsamkeiten herauszustellen. Um diese weiter einzuengen, wird hier nur auf die berufliche Weiterbildung eingegangen.

Alle Studien operationalisieren die Teilnahme an formaler beruflicher Weiterbildung für einen bestimmten Bezugszeitraum, mindestens für das vorangegangene Jahr. An dieser Stelle muss aber schon differenziert werden. Gerade die Mehrthemenbefragungen Mikrozensus und die BIBB/IAB-Erhebung bieten nur sehr wenige bis gar keine Hintergrundinformationen zu den besuchten Maßnahmen an. Während in der BIBB/IAB-Studie lediglich erhoben wurde, ob und in welchem Jahr eine Veranstaltung besucht wurde, liegen im BSW beispielsweise für die letzten vier Veranstaltungen detaillierte Angaben unter anderem zu Beginn, Ende, Kursdauer, Kosten, Ziel und Anlass sowie eine subjektive Bewertung zu der Qualität der Veranstaltung vor. Auch informelle berufliche Weiterbildung ist – je nach Auslegung und dazu in sehr unterschiedlichen Größenordnungen – Bestandteil aller vier Studien. Eine Frage der Auslegung wäre hier beispielsweise das Fragenprogramm des Mikrozensus, das zwar nach der Teilnahme an einer Maßnahme der beruflichen Weiterbildung fragt, zur näheren Beschreibung von dieser aber auch die Antwortmöglichkeit des Selbststudiums anbietet. Ob dieses dem Bereich der formalen oder informellen Weiterbildung unterzuordnen ist, ist hier zuallererst eine Entscheidung der Befragten und dann der Sekundäranalyse.

Zur Beteiligung an Weiterbildung bieten nur das SOEP und das BSW die zusätzlichen Indikatoren Teilnahmefälle und Kursdauer an. Somit kann das Weiterbildungsvolumen als Indikator für die nachgefragte Gesamtstundenzahl nur anhand dieser beiden Studien errechnet werden.

Aus dem Bezugszeitraum und dem Jahr der Erhebungen lässt sich auch ableiten, mit welcher Deckungskraft die Studien Daten bereit stellen, die somit einer kontinuierlichen Beobachtung des Bildungssystems zur Verfügung stehen. Dabei ist zum einen eine zeitliche Nähe zu den Erscheinungszyklen der Bildungsberichterstattung relevant, weitaus mehr ins Gewicht fällt aber die Kontinuität der jeweiligen Fragenkataloge. Nur wenn diese von Erhebung zu Erhebung weitestgehend übereinstimmen, können sie die Indikatoren der Bildungsberichterstattung bedienen. Da hier nur die Studien und deren Operationalisierung innerhalb eines Referenzjahres Gegenstand sind, können diese Veränderungen nicht nachvollzogen werden. *Abbildung 6* zeigt deutlich, dass diese Kontinuität bisher nur für das SOEP und das BSW gewährleistet ist.

*Abbildung 6:* Übersicht über Kontinuität und Bezugsräume der Erhebungen

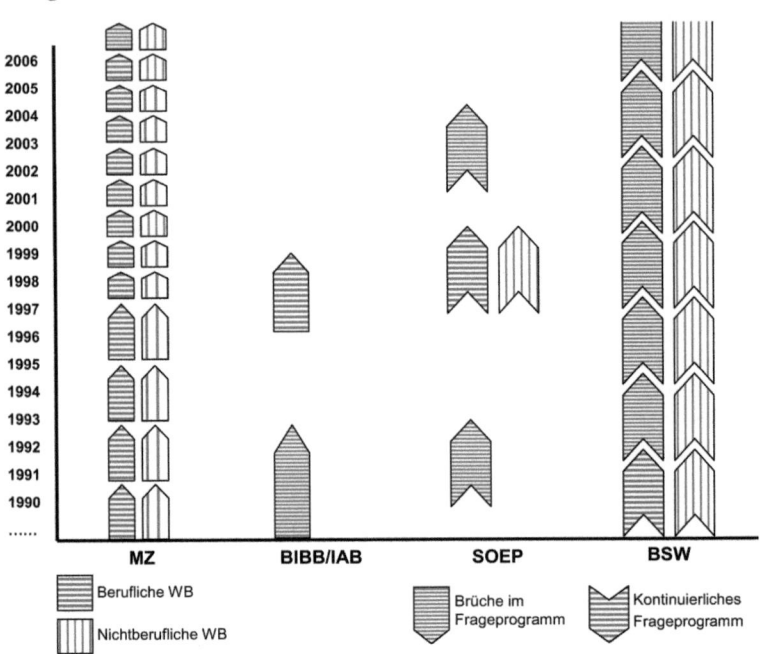

Bisher außer Acht gelassen wurden die technischen Aspekte der Operationalisierung, die in dem vorangegangenen Kapitel aus Sicht der Umfrageforschung bereits angesprochen wurden. Die Fragebogenkonstruktion und auch die Frageformulierung wurden dort als wichtige Einflussgrößen auf die Qualität von Studienergebnissen vorgestellt. Ein Blick in die Fragebögen im Anhang zeigt schnell, dass – neben einigen nahezu einheitlich verwendeten Begriffen – die wenigsten Fragen eine gleiche Formulierung haben. Auch die Konstruktion der Fragebogen gestaltet sich sehr unterschiedlich. Kathrin Wohn vergleicht in ihrer Untersuchung zur Messung von Weiterbildungsbeteiligung die Erhebung des Mikrozensus 2003 mit der des BSW IX und kommt zu dem Ergebnis, dass die Unterschiede der Erhebungsinstrumente in diesem Fall das größte Erklärungspotential für die unterschiedlichen Teilnahmequoten haben. In einem Feldexperiment[93] wurde deutlich, dass die Anwendung der gestützten Fragetechnik mittels Antwortlisten einen positiven Einfluss auf die Erinnerungsleistungen der Befrag-

---

[93] Die Ergebnisse des Feldexperiments und der kognitiven Interviews (siehe unten) stammen aus bisher unveröffentlichten Studien, die von Wohn im Zusammenhang mit ihrer Expertise durchgeführt wurden (vgl. Wohn 2006: 22f., Fußnoten 10-12).

ten hat und höhere Teilnahmequoten nach sich zieht (Wohn 2006). Zu denselben Ergebnissen kommt auch ein Pretest der im Zuge der ersten Erhebung des BSW 1979 durchgeführt wurde (vgl. Behringer 1980).

Der fachwissenschaftliche Diskurs um die Begrifflichkeit von Weiterbildung entbehrt zwar einer gewissen theoretischen Basis, gestaltet sich aber zumindest derart, dass verschiedene Interpretationen und Bedeutungszuschreibungen nachvollzogen werden können. Mit Blick auf die Personen, die auf die Fragen zur Weiterbildungsbeteiligung antworten, eröffnet sich diesbezüglich jedoch eine Grauzone. Wenn in der wissenschaftlichen Gemeinschaft schon kein Konsens über den Sprachgebrauch von Weiterbildung zu finden ist, so wird dies in der Bevölkerung ebenfalls nicht der Fall sein. Ein weiteres Ergebnis der kognitiven Interviews von Wohn bezieht sich auf das Verständnis der Befragten für den Begriff Weiterbildung. Demnach wird Weiterbildung überwiegend direkt als berufliche Weiterbildung aufgefasst. Nichtberuflicher Weiterbildung hingegen haftet ein gewisser elitärer Charakter an und steht für die Befragten teilweise für sehr anspruchsvolle oder auch teure Kurse. Um das Antwortverhalten von Befragten zum Thema Weiterbildungsbeteiligung besser einschätzen zu können und dieses Wissen in die Gestaltung der Erhebungsinstrumente mit einzubeziehen, besteht in dieser Hinsicht erheblicher Forschungsbedarf.

# 5 Zwischenstand

Vor der empirischen Analyse der Operationalisierung von Weiterbildungsbeteiligung ist es an dieser Stelle sinnvoll, die bisherigen theoretischen Ausführungen noch einmal zusammenzufassen: Wissen über Weiterbildungsbeteiligung wurde als eine Ressource der Bildungssteuerung unter dem Zeichen von Bildungsmonitoring identifiziert. Die Darstellung der Weiterbildungsbeteiligung in der Berichterstattung »Bildung in Deutschland« wurde als Beispiel herangezogen, um zu zeigen, wie das Wissen über Weiterbildungsbeteiligung in einer indikatorengestützten Berichterstattung umgesetzt wird. Weiterbildungsbeteiligung wird in der Bildungsberichterstattung als ein Populationsmerkmal wiedergegeben, dessen Entwicklung über den Zeitverlauf hinweg beobachtet wird.

Wissen über Weiterbildungsbeteiligung ist relevant, da Weiterbildung bei der Bewältigung der Anforderungen gesellschaftlicher Entwicklung eine große Bedeutung zugeschrieben wird. Es wurde aber auch gezeigt, dass die Interpretation des Populationsmerkmals Weiterbildungsbeteiligung auf einer theoretischen Ebene abhängig von den verschiedenen Zuschreibungen an die Funktionen von Weiterbildung ist und somit deren gesellschaftliche Bedeutung sehr unterschiedlich ausgelegt werden kann.

Anhand der Beschreibungen der Konzeptionsarbeiten zum nationalen Bildungsbericht wurde verdeutlicht, dass wissenschaftliche Expertise, insbesondere eine empirisch gestützte Bildungsforschung, einen essentiellen inhaltlichen und legitimatorischen Beitrag zum Bildungsmonitoring leistet.

Die Genese von Wissen im Kontext von Bildungsmonitoring ist dabei immer in Bezug auf die zur Verfügung stehende Datenquellen zu verstehen. Wie die Gegenüberstellung der Referenzstudien gezeigt hat, sind diese sowohl hinsichtlich ihrer Operationalisierung von Weiterbildungsbeteiligung als auch hinsichtlich ihres Erhebungsdesigns unterschiedlich – entsprechend variieren auch die Zählgrößen zur Weiterbildungsbeteiligung. Zählgrößen unterscheiden in diesem Fall nur noch zwischen 'Beteiligung an Weiterbildung' und 'Keine Beteiligung an Weiterbildung' und lassen keine Rückschlüsse mehr auf die zugrunde liegende Definition von Weiterbildung zu (vgl. Kuper 2008a). Die Definition des theoretischen Begriffes Weiterbildung muss anhand der verschiedenen Operationalisierungen und letztlich anhand der Fragen zur Weiterbildung in den Erhebungsinstrumenten erfolgen. Somit ist der Begriff Weiterbildung (und damit auch Weiterbildungsbeteiligung) innerhalb des Bildungsmonitorings eher ein empirischer als ein theoretischer Begriff.

Wenn das Wissen von Bildungsmonitoring in dieser eklatanten Weise an die Datenquellen und deren Erhebungsdesign und Operationalisierungsleistungen gebunden ist, sollte dies zum Anlass genommen werden, sich mit diesen vertiefend auseinander zu setzen. Dies soll im empirischen Teil dieser Arbeit partiell geschehen.

# 6 Empirische Vertiefung anhand der Daten des SOEP und des BSW

Der empirische Vergleich bezieht sich auf die Erhebungen des Berichtssystems Weiterbildung 2000[94] und des SOEP 2000[95]. Alle Angaben beruhen auf eigenen Berechnungen.

Nachdem diese Auswahl begründet und die beiden Stichproben beschrieben werden, folgt zunächst eine Exploration der beiden Datensätze. Diese geht zunächst noch einmal auf die Operationalisierung der Teilnahme an Weiterbildung in den Fragebögen und auf ausgewählte Rahmenbedingungen der Befragungen ein. Anschließend werden die beiden Stichproben auf die Verteilung von sozio-demographischen Merkmalen und deren Zusammenhänge mit Weiterbildungsbeteiligung hin abgebildet. Der Fokus auf diesen Aspekt der Weiterbildungsbeteiligung geschieht vor dem Hintergrund folgender Überlegungen: Das Wissen über gruppenspezifische Teilnahme an Weiterbildung hat zum einen eine bildungspolitische Bedeutung, wenn es um die Teilhabemöglichkeiten bestimmter Personengruppen geht. Zum anderen werden sozio-demographische Merkmale in verschiedenen Ansätzen der Analyse von Weiterbildung als Erklärungsfaktoren für die Teilnahme an Weiterbildung herangezogen (vgl. z.B. Behringer 1999: 18; Eckert 2007a). Ziel dieser Untersuchung ist es, herauszufinden, ob die unterschiedlichen Stichproben Auswirkungen auf die Abbildung von sozio-demographischen Strukturen von Weiterbildungsbeteiligung haben, und ob die sozio-demographischen Merkmale als unabhängige Variablen in den jeweiligen Stichproben in einem unterschiedlichen Zusammenhang zu der abhängigen Variable Weiterbildungsbeteiligung stehen.

---

[94] Das scientific usefile wurde über die Gesellschaft Sozialwissenschaftlicher Infrastruktureinrichtungen (GESIS) zur Verfügung gestellt. Datensatz BSW VIII, 2000
[95] Die in dieser Arbeit verwendeten Daten (SOEP, Welle Q, 2000) des Sozio-oekonomischen Panels (SOEP) wurden vom Deutschen Institut für Wirtschaftsforschung (DIW Berlin) bereitgestellt.

## 6.1 Auswahl der Stichproben und methodisches Vorgehen

Für das BSW und die Schwerpunktbefragung Weiterbildung des SOEP liegen derzeit aktuellere Datensätze vor als die, die die Basis dieser Untersuchung bilden. Im SOEP 2004 werden jedoch keine Fragen zur nichtberuflichen Weiterbildung erhoben. Da eine möglichst große Vergleichsbasis für die Fragestellung dieser Arbeit wichtiger ist als die Aktualität der Daten, werden die oben genannten Erhebungen als Referenzstudien dieser Untersuchung ausgewählt. Behringer (1999) vergleicht die Teilnahmequoten für Erwerbstätige des BSW und des SOEP bis zum Jahre 1994. Während die Quoten der beiden Erhebungen 1989 (SOEP) und 1988 (BSW) mit 22 bzw. 25 Prozent recht nahe beieinander liegen, ist dies bei den Erhebungen 1993 (SOEP) und 1994 (BSW) nicht mehr der Fall. Die Teilnahmequoten der Erwerbstätigen im SOEP sind bei 22 Prozent auf dem gleichen Niveau geblieben. Die entsprechenden Quoten im BSW sind auf 33 Prozent gestiegen (vgl.: 113f.). Auch vor diesem Hintergrund ist es naheliegend, die nächstmöglichen Untersuchungen noch einmal auf Unterschiede in den Teilnahmequoten zu vergleichen.

Die Bezeichnung SOEP 2000 bezieht sich auf das Erhebungsjahr und ist in diesem Zusammenhang irreführend. Die Interviews begannen im Januar 2000 und waren schon im April 2000 zu annähernd 50 Prozent abgeschlossen. Die Frage nach der Beteiligung an beruflicher Weiterbildung bezieht sich auf die Teilnahme in den letzten drei Jahren einschließlich laufender Kurse. Der Zeitanker für den Bezugszeitraum der Weiterbildungsbeteiligung ist somit abhängig von dem Zeitpunkt des Interviews. Eine Befragungsperson, die im März 2000 nach ihrer Teilnahme an berufsbezogenen Kursen in den letzten drei Jahren gefragt wird, referiert damit bei ihrer Antwort theoretisch auf den Zeitraum März 1997 bis März 2000. Für das Jahr 2000 sind die Angaben zur Weiterbildungsbeteiligung aufgrund der frühen Erhebungsphase für einen Querschnitt nicht aussagekräftig genug. Daher werden in dieser Untersuchung nur die Angaben zur Weiterbildungsbeteiligung vor dem Jahr 2000 herangezogen. Im BSW wird ebenfalls der Bezugszeitraum der letzten drei Jahre, respektive des letzten Jahres einschließlich noch laufender Kurse genannt, jedoch durch die Angabe Anfang 1998 bis Ende 2000 spezifiziert. Die Jahre, auf die sich die Angaben zur Weiterbildungsbeteiligung beziehen, sind in dieser Untersuchung nicht deckungsgleich. Vergleiche für das letzte Jahr beziehen sich für das SOEP auf 1999 und entsprechend für das BSW auf 2000. Die Angaben für den Dreijahreszeitraum beziehen sich für das SOEP auf 1997-1999 und für das BSW auf 1998-2000. Jedoch ist die Entwicklung der Weiterbildungsbeteiligung seit mehreren Jahren relativ stabil,[96] so dass der Effekt auf die Differenzen nicht zu groß sein sollte, als dass die unterschiedlichen Referenzzeiträume als einziger Erklärungsfaktor herangezogen werden können.

Anders als im BSW wird in der SOEP-Befragung nach dem Weiterbildungsverhalten in den letzten drei Jahren gefragt und nicht zusätzlich nach der Beteiligung im letzten Jahr, respektive 1999. Um den Querschnitt für das Jahr 1999 zu errechnen, wurden anhand der Angaben zu Kursbeginn und Kursdauer die Kurse errechnet, die das Jahr 1999 betreffen.[97]

Das Fragenprogramm der BSW-Erhebung richtet sich ausschließlich an Personen im Alter von 19 bis 64 Jahren. Die Fragen zur nichtberuflichen Weiterbildung im SOEP haben keine Altersbeschränkung. Die Fragen zur beruflichen Weiterbildung hingegen sind ebenfalls nur an Personen unter 65 Jahre gerichtet. Nach unten gibt es jedoch keine Einschränkung. Fragen zur beruflichen Weiterbildung werden also auch von Personen im Alter von 16 bis 18 Jahren beantwortet. Um die unterschiedlichen Altersspannen der Stichproben als Erklärungsfaktoren mit einzubeziehen, wurde anhand des Geburtsjahres eine der Altersspanne der BSW entsprechende Filtervariable für das SOEP erstellt. Die Stichprobengröße der SOEP von 24.586 verringert sich unter dieser für die unter 19-jährigen um ca. drei Prozent und nach oben für die über 64-jährigen um ca. 16 Prozent auf 19.826 Personen. Wenn diese Filtervariable auf das SOEP angewendet wird, wird dies durch die Bezeichnung $SOEP^{BSW}$ ausgedrückt. Der Datensatz des BSW umfasst 7.043 Fälle. Angaben zur Grundgesamtheit können *Kapitel 4.2.4* (SOEP) und *Kapitel 4.2.6* (BSW) sowie der tabellarischen Übersicht in *Kapitel 4.2.6 (Tabelle 4)* entnommen werden. In beiden Datensätzen werden die entsprechenden Gewichtungsvariablen verwendet.

Der Vergleich der Teilnahmequoten aus den beiden Studien geschieht mittels deskriptiver Beschreibungen der Ergebnisse in Tabellen und Grafiken. Um auszuschließen, dass die Abweichungen der Verteilungen zufällig sind, wird der Chi-Quadrat-Anpassungstest angewendet. In diesem Verfahren werden die beobachteten Verteilungen der jeweiligen Merkmalsausprägungen von Variablen des $SOEP^{BSW}$ als vorgegebene theoretische Verteilung bestimmt.[98] Es wird zunächst angenommen, dass die Verteilungen des $SOEP^{BSW}$ auch denen des BSW

---

[96] Die im Abstand von drei Jahren errechneten Teilnahmequoten an beruflicher und nichtberuflicher Weiterbildung im BSW zeigen für die Jahre 1997 auf 2000 einen Rückgang der Weiterbildungsbeteiligung um fünf Prozent auf 43 Prozent. Drei Jahre später ist die Beteiligung um weitere zwei Prozentpunkte auf 41 Prozent gesunken (Kuwan/Bilger/Gnahs et al. 2006: 19).
[97] 109 Fälle konnten aufgrund inkonsistenter Angaben bei diesen Fragen nicht in den Querschnitt mit aufgenommen werden.
[98] Diese Richtung ist rein technisch bedingt, da die hohen Fallzahlen des SOEP die Kapazität des benötigten Arbeitsspeichers unter SPSS auf gängigen Rechnern weit überschreiten und bedeutet nicht, dass eine der beiden Verteilungen als die „richtigere" oder repräsentativere angesehen wird.

entsprechen. Die Ergebnisse des Chi-Quadrat-Tests zeigen, ob die Abweichungen einer empirischen Häufigkeitsverteilung (hier BSW) einer Variablen von einer theoretisch erwarteten Häufigkeitsverteilung (hier SOEP$^{BSW}$) einer Variablen in einem zufälligen oder einem statistisch signifikanten Bereich liegen (vgl. Klemm 2002: 232ff.). Dabei gilt: Je größer der Chi-Quadrat-Wert, desto unwahrscheinlicher ist es, dass die Unterschiede der Verteilungen zufällig sind. Hierbei muss bedacht werden, dass die Größe des Chi-Quadrat-Wertes von der Anzahl der beobachteten Häufigkeiten abhängig ist und hohe Fallzahlen einen hohen Chi-Quadrat-Wert mit sich bringen. Der Chi-Quadrat-Wert ist somit keine sinnvoll interpretierbare Maßeinheit.

Um zu verdeutlichen, welchen Effekt die unterschiedlichen Häufigkeitsverteilungen derselben Variablen haben, werden die Assoziationsmaße odds und odds ratio für die Verteilungen der jeweiligen Stichproben angegeben. Odds geben im Sinne von Wettchancen die Chance für den Eintritt eines Ereignisses an und werden aus der Wahrscheinlichkeit, dass ein Ereignis eintritt und dessen Gegenwahrscheinlichkeit berechnet. Odds ratios geben das Verhältnis von zwei Chancen (odds) an. Sie geben an, um wie viel besser oder schlechter die Chancen für eine bestimmte Gruppe im Verhältnis zu den Chancen einer anderen Gruppe sind, auf einer Merkmalsverteilung eine bestimmte Ausprägung einzunehmen (vgl. ebd. 273ff.).

Um diese Vorgehensweise und die Bedeutung der odds und des odds ratio greifbar zu machen, wird die Bedeutung dieser Kennzahlen anhand des ersten Beispiels der Merkmalsverteilung nach Geschlecht ausführlicher erläutert (*Kapitel 6.3.1*).

## *6.2 Ausgangspunkte*

*Tabelle 5* fasst die Zahlen zur Beteiligung an den verschiedenen Formen von Weiterbildung in den beiden Referenzstudien zusammen und weist die Differenzen aus. Die erste Differenz zeigt, wie sich die Teilnahmequoten des SOEP verändern, nachdem die SOEP-Stichprobe der Altersspanne des BSW angepasst wird (SOEP$^{BSW}$ − SOEP) Die zweite Differenz bezieht sich auf den direkten Vergleich der angepassten SOEP-Stichprobe mit der des BSW (SOEP$^{BSW}$ - BSW).

Die Teilnahmequoten der beruflichen Weiterbildung im SOEP$^{BSW}$ verändern sich durch die Stichprobeneingrenzung marginal. Mit den 16-18-Jährigen wird eine Personengruppe ausgeschlossen, die sowohl eine sehr niedrige Weiterbildungsbeteiligung in allen drei Bereichen aufweist, als auch nur einen geringen Anteil an der Gesamtstichprobe hat. Dies erklärt den leichten Anstieg der Teilnahmequoten.

Sehr viel ausgeprägter ist jedoch der Anstieg der Teilnahmequote an nichtberuflicher Weiterbildung. Auch hier weisen sich die unter 19-Jährigen durch eine sehr geringe Weiterbildungsbeteiligung aus und erklären somit einen kleinen Teil des Anstiegs. Einen viel größeren Effekt aber hat der Ausschluss der über 64-Jährigen. Diese machen ca. 20 Prozent der eigentlichen Stichprobengröße aus und haben dabei nur einen Anteil von 1,6 Prozent an der Gesamtteilnahmequote der nichtberuflichen Weiterbildung.

Gerade dieser Personengruppe wird aufgrund ihres hohen Freizeitaufkommens und durch das Ausscheiden aus dem Berufsleben eine größere Nähe zur nichtberuflichen Weiterbildung nachgesagt (vgl. Kuwan/Seidel/Gnahs et al. 2003: 37). Diese Vermutungen können mit den SOEP-Daten nicht bestätigt werden. Die Teilnahmequote zur nichtberuflichen Weiterbildung wird durch die Stichprobeneingrenzung um ca. ein Fünftel angehoben und liegt damit knapp über der des BSW. Eine mögliche Erklärung für diese in Relation zu den Teilnahmequoten an beruflicher Weiterbildung sehr hohen Zahlen kann die Reihenfolge der Fragen sein. Im BSW werden die Fragen zur nichtberuflichen Weiterbildung nach der Frageschleife zur beruflichen Weiterbildung gestellt. Die Interviewer haben die Anweisung darauf zu achten, dass in der Frageschleife zur nichtberuflichen Weiterbildung keine Kurse angegeben werden, die bereits bei der beruflichen Weiterbildung angegeben wurden. Im SOEP ist der Fragekomplex zur nichtberuflichen dem der beruflichen Weiterbildung vorgelagert. Beide Fragen zur nichtberuflichen Weiterbildung werden mit dem gleichen Satz eingeleitet: „Weiterbildung muss sich ja nicht nur auf den Beruf beziehen." Es könnte dennoch sein, dass nichtberufliche Weiterbildung im SOEP überschätzt wird, da die Befragten hier durch die Reihenfolge der Fragen noch keine Auseinandersetzung mit der beruflichen Weiterbildung hatten und ihnen die Abgrenzung der beiden Segmente schwerer fällt. Somit werden bei der nichtberuflichen Weiterbildung mitunter auch Kurse angegeben, die eigentlich unter die berufliche Weiterbildung fallen. Dies kann insbesondere in den entsprechenden berufsnahen Kategorien Sprachkenntnisse und Computernutzung und Internet der Fall sein.

*Tabelle 5:* Gegenüberstellung der Zahlen zur Weiterbildungsbeteiligung des SOEP und des BSW[99]

| Teilnahmequoten in % | SOEP | SOEP$^{BSW}$ | Differenz (SOEP$^{BSW}$ - SOEP) | BSW | Differenz (SOEP$^{BSW}$ - BSW) |
|---|---|---|---|---|---|
| *nichtberufliche Weiterbildung* | | | | | |
| Nichtberufliche formale WB im letzten Jahr | 24,0 | 28,7 | +4,7 | 26,4 | +2,3 |
| *berufliche Weiterbildung* | | | | | |
| Berufliche formale WB im letzten Jahr | 16,8 | 17,2 | +0,4 | 28,7 | -11,5 |
| Berufliche formale WB in den letzten drei Jahren | 23,9 | 24,6 | +0,7 | 38,7 | -14,1 |
| Berufliche informelle WB in den letzten drei Jahren | 42,5 | 43,2 | +0,7 | 60,8 | -17,6 |

Die Differenzen zwischen den Teilnahmequoten zur beruflichen Weiterbildung sind sehr viel ausgeprägter und liegen alle über zehn Prozent.

Die Operationalisierung der informellen Weiterbildung im SOEP beschränkt sich auf zwei Fragen zur regelmäßigen Lektüre von Fachzeitschriften und -büchern sowie zum Besuch von Fachmessen und Kongressen in den letzten drei Jahren. Informelle Weiterbildung im BSW wird – wie auch schon die Abbildung zur Operationalisierung zeigt – sehr viel differenzierter erhoben. Eine der Fragen bezieht sich ebenfalls auf den Besuch von Fachmessen in den letzten drei Jahren. Vergleicht man ausschließlich diese beiden Variablen in einer Einzelauswertung miteinander (SOEP$^{BSW}$: 17,9%; BSW 23,9%), liegen die unterschiedlichen Zahlen zur Beteiligung nur noch sechs Prozentpunkte auseinander.

---

[99] Die Gegenüberstellung der verschiedenen Teilnahmequoten ergibt sich nach dem Prinzip des größten gemeinsamen Teilers, in dem alle Angaben zur Weiterbildungsbeteiligung, die aufgrund ihres Bezugszeitraums und der Weiterbildungsform in beiden Erhebungen zumindest annähernd vergleichbar sind, in die Tabelle aufgenommen wurden, vgl. hierzu *Kapitel 4.3.3*.

Somit zeigen sich die größten Abweichungen in den Teilnahmequoten zur beruflichen formalen Weiterbildung der letzten und der drei vorhergehenden Jahre.

Eben diese Unterschiede in den Teilnahmequoten sollen hier näher untersucht werden. Aus Gründen der Kapazität wird hier nur auf die Beteiligung an formaler beruflicher Weiterbildung im Jahr 1999 beziehungsweise 2000 eingegangen.

## *6.3 Erhebungsinstrumente und Rahmenbedingungen*

Vor dem Vergleich der Ergebnisse aus den beiden Studien werden die jeweiligen Ausschnitte aus den Fragebögen gegenübergestellt, mit denen diese Daten erhoben wurden (vgl. Anhang D [SOEP] und E [BSW]). Diese gestalten sich bezüglich der Frageformulierung sehr ähnlich.

Im BSW folgt die Frageschleife zur formalen beruflichen Weiterbildung den Fragen zur informellen beruflichen Weiterbildung. Die Programmfrage nach formaler Weiterbildung wird in der Testfrage durch die Begriffe „Lehrgänge oder Kurse, die unmittelbar mit dem Beruf" zu tun haben, übersetzt. Diese werden durch Liste 18 (Anhang E) näher erläutert, die zur Unterstützung der Befragten während der Eingangsfragen zur formalen beruflichen Weiterbildung weiter vorliegt. Möglichkeiten beruflicher Weiterbildung sind demnach die Teilnahme an Kursen zwecks beruflicher Umschulung, beruflichen Aufstiegs, Einarbeitung oder Anpassung. Eine Kategorie 'Sonstiges' lässt die Möglichkeit für weitere Teilnahmegründe offen. Der Bezugszeitraum für diese Fragen betrifft zunächst die letzten drei Jahre oder die Zeit davor. Danach wird gefragt, ob die Teilnahme an Kursen, die für diesen Zeitraum genannt wurden auch in das Jahr 2000 fallen. Diese Frage eröffnet, sofern sie mit ja beantwortet wird, die Frageschleife zur formalen beruflichen Weiterbildung.

Im SOEP schließen die Fragen zu formalen beruflichen Weiterbildung an die Fragen zur nichtberuflichen Weiterbildung an. Eine Filterfrage nach dem Alter der Befragten schließt die über 64-Jährigen von diesem Fragekomplex aus. Darauf folgt die Frage danach, welche Ziele für den Befragten mit einer beruflichen Weiterbildung verbunden sein könnten. Die folgenden Antwortmöglichkeiten korrespondieren mit den Möglichkeiten auf Liste 18 des BSW. Zusätzlich gibt es eine Kategorie 'Neue Gebiete kennenlernen, um beruflich nicht so festgelegt zu sein'. Obwohl diese Gründe für eine Teilnahme an Weiterbildung nicht in Form einer Liste vorgelegt werden und auch nicht direkt in Verbindung zu der Frage nach der Teilnahme an beruflicher Weiterbildung steht, könnte die Funktion eine ähnliche sein, wie die der gestützten Fragetechnik im BSW durch Liste 18. Durch sie wird berufliche Weiterbildung konkretisiert und die Befragten erhalten durch diese Unterstützung einen handhabbareren Bezugsrahmen für ihre Antworten und den dazu notwendigen Erinnerungsleistungen. Nach der Frage zu Gründen, die für die Befragten gegen eine Teilnahme an Weiterbildung sprechen würden, folgt mit Frage 110 eine Filterfrage, die die Schleife für die Fragen zur formalen beruflichen Weiterbildung einleitet. Alle Befragten, die angeben, für ihre eigene berufliche Weiterbildung innerhalb der letzten drei Jahre an berufsbezogenen Lehrgängen oder Kursen teilgenommen zu haben, werden in diese Frageschleife aufgenommen.

Im BSW sind die Fragen zur formalen beruflichen Weiterbildung ab Frage 35 auf Seite 14 von 47 platziert. Die entsprechenden Fragen im SOEP beginnen bei Frage 110 auf Seite 27 von 36 des Personenfragebogens. Davor haben die Befragten unter Umständen bereits einen 16-seitigen Haushaltsfragebogen ausgefüllt. Das SOEP als Mehrthemenbefragung erhebt Daten zu einer großen Themenpalette. Dabei werden von den Befragten oft sehr detaillierte Antworten erwartet, wie zum Beispiel die Anzahl der angetretenen Urlaubstage des letzten Jahres oder die prozentuale oder pauschale Höhe der Selbstbeteiligung bei einer Krankenversicherung. Es ist möglich, dass die Befragten durch diese abverlangten Erinnerungsleistungen bei der Beantwortung der Fragen zur Weiterbildung schon gewisse Ermüdungserscheinungen zeigen, was die Qualität der Antworten negativ beeinflussen kann.

Während im BSW alle Interviews mittels CAPI in einem face-to-face Interview erhoben werden, füllen im SOEP 30 Prozent der Befragten den Fragebogen selbstständig aus. Dazu kommen andere Befragungsmodi wie das telefonische Interview und ebenfalls die Erhebung mittels CAPI. Wie in *Kapitel 4.1.3* erörtert, können diese unterschiedlichen Befragungsarten auch unterschiedliche Effekte auf das Antwortverhalten haben. Um diese oder die Effekte der unterschiedlichen Fragebogenkonstruktion nachzuvollziehen, müssten im Sinne von *split-ballot* Experimenten (vgl. Bishop/Smith 2001) in Substichproben verschiedene Fragebögen oder verschiedene Befragungsarten eingesetzt werden. Der Vergleich des Antwortverhaltens in den Substichproben lässt dann Rückschlüsse auf den Einfluss der Befragungsbedingungen zu. Im Nachhinein sind diese Rückschlüsse nur schwer möglich und bewegen sich meist im spekulativen Bereich, weshalb dieser Ansatz hier nicht weiter verfolgt wird.

## 6.4 Vergleich der Stichproben anhand sozio-demographischer Merkmale

Der Vergleich der Stichproben kann unter verschiedenen Perspektiven vollzogen werden. Der Fokus dieser Vergleichsarbeit liegt auf der Gegenüberstellung der Verteilung sozio-demographischer Merkmale unter drei Gesichtspunkten:

1. Wie verteilen sich sozio-demographische Merkmale innerhalb der Stichprobe SOEP$^{BSW}$ und innerhalb der Stichprobe BSW?
2. Wie verteilen sich sozio-demographische Merkmale innerhalb der Befragtengruppen mit Weiterbildungsbeteiligung der Stichprobe SOEP$^{BSW}$ und der Stichprobe BSW?
3. Welche Zusammenhänge bestehen zwischen den sozio-demographischen Merkmalen und Weiterbildungsbeteiligung und wie unterscheiden sich diese in den beiden Stichproben?

Diese Fragen werden mit Orientierung an den gängigen Differenzierungen in der Bildungsberichterstattung anhand der Variablen Geschlecht, Region (Ost- bzw. Westdeutschland), Schulbildung, höchster beruflicher Bildungsabschluss und Erwerbstätigkeit bearbeitet.

### 6.4.1 Geschlecht

Die Verteilung des Merkmals Geschlecht in den beiden Stichproben ist relativ homogen und bewegt sich für Männer und Frauen jeweils um die 50-Prozent-Marke (*Abb. 7*).

*Abbildung 7:* Anteil von Männern und Frauen in den Stichproben des SOEP$^{BSW}$ und des BSW (in%); SOEP: 19.826, BSW: N=7043

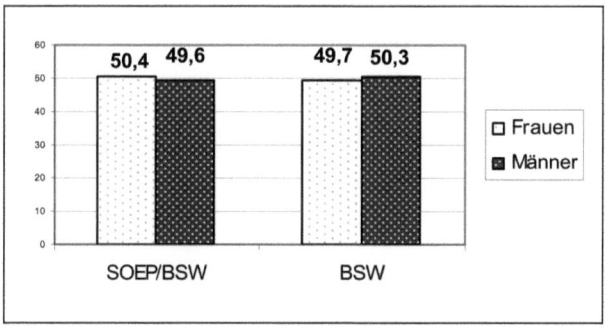

Entsprechend ist der Wert des Chi-Quadrat-Anpassungstest in Anbetracht der Stichprobengröße mit 1,347 äußerst niedrig und als einziger Wert dieser Auswertung nicht signifikant.

Trotz der gleichen Anteile von Männern und Frauen gehen die Teilnahmequoten für beide Geschlechter im Vergleich der Stichproben weit auseinander (*Abb. 8*).

*Abbildung 8:* Teilnahmequoten nach Geschlecht im BSW und SOEP$^{BSW}$ (in %); SOEP$^{BSW}$: N= 19.826, BSW: N=7043

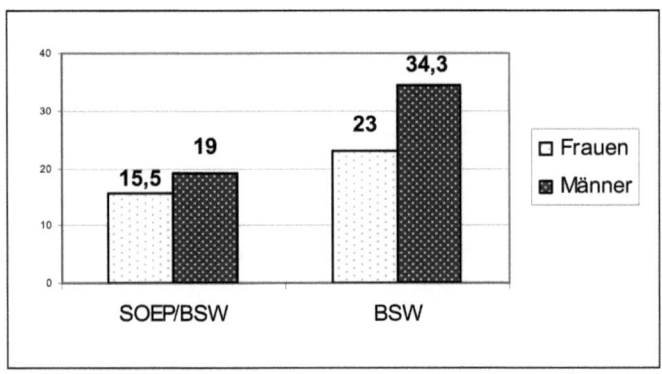

Dies betrifft zunächst einmal die Höhe der Teilnahmequoten. Die Chi-Quadrat-Anpassungstests, die die Verteilung der Weiterbildungsbeteiligung im SOEP$^{BSW}$ (15,5% Frauen; 19% Männer) über die beiden Geschlechter als theoretische Verteilung für die Ausprägungen der Weiterbildungsbeteiligung nach Geschlecht auf die Verteilungen des BSW legt, nehmen für die Teilnahmequoten der Frauen den Wert 142,904 und für die der Männer den Wert 534,086 an. Beide sind signifikant.[100]

Auch die Abstände in den Teilnahmequoten zwischen Männern und Frauen gestalten sich unterschiedlich. Im SOEP$^{BSW}$ ist die Quote der Männer um 3,5 Prozent höher als die der Frauen, im BSW ist dieser Abstand mit 11,3 Prozentpunkten mehr als doppelt so hoch. Diese ungleiche Besetzung bleibt folglich erhalten, wenn man die Verteilung von Männern und Frauen ausschließlich in den jeweiligen Gruppen mit Weiterbildungsbeteiligung betrachtet (*Abb. 9*).

---

[100] Signifikant bedeutet – sofern keine weiteren Angaben erfolgen – in dieser Auswertung immer einen Wert der asymptotischen Signifikanz von ,000.

*Abbildung 9:* Anteil von Frauen und Männern an der Personengruppe mit Weiterbildungsbeteiligung (in %); SOEP$^{BSW}$: N=3374, BSW: N=2020

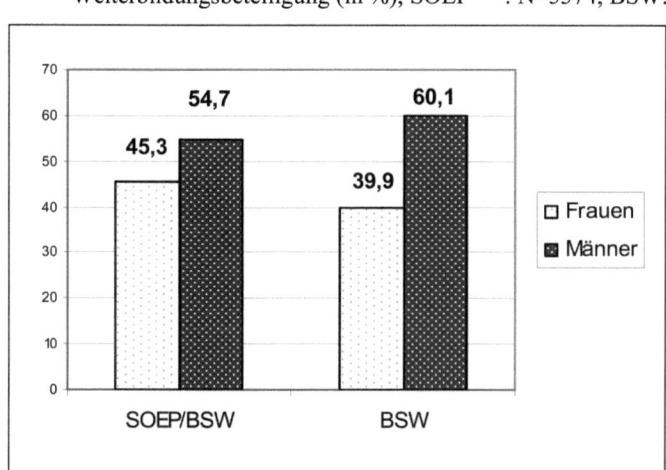

Die großen Unterschiede in der Höhe der Teilnahmequoten werden in dieser Verteilung nicht mehr aufgenommen. So erklärt sich auch ein kleinerer Chi-Quadrat-Wert von 25,402 – der allerdings ebenso signifikant ist.

Die odds und odd ratios errechnen sich aus den Kreuztabellierungen der Variablen Weiterbildungsbeteiligung und Geschlecht (*Tabelle 6*). Dies wird hier am Beispiel der BSW-Daten kurz erläutert.

*Tabelle 6:* Beteiligung an beruflicher formaler Weiterbildung nach Geschlecht, absolute Häufigkeiten

|  | Teilnahme an beruflicher Weiterbildung im BSW | | |
|---|---|---|---|
|  | ja | nein |  |
| **männlich** | 1214 | 2330 | 3544 |
| **weiblich** | 806 | 2692 | 3498 |
|  | 2020 | 5022 | N=7042 |

Nach dieser Tabelle besteht die Chance von Männern, an Weiterbildung teilzunehmen, aus dem Verhältnis von 1214 zu 2330, d.h. odds = 1214/2330 ~ 0,52. Die Chance von Frauen an Weiterbildung teilzunehmen, liegt bei 806 zu 2692, d.h. odds = 806/2692 ~ 0,3. Aus dem Verhältnis dieser beiden Chancen zueinander ergibt sich das odds ratio = 0,52/0,3 ~ 1,74. Dies bedeutet, dass die odds (also Chancen), eher an Weiterbildung teilzunehmen, als eher nicht teilzunehmen, für Männer 1,7-mal höher sind als für Frauen.

Die odds für die Teilnahme an Weiterbildung für Männer sind im SOEP$^{BSW}$ um mehr als die Hälfte geringer und liegen bei ~ 0,24. Die odds der Frauen bei ~ 0,18. Die Chancen auf die Teilnahme an Weiterbildung sind für beide Geschlechter geringer als im BSW. Das odd ratio zeigt, dass der Zusammenhang von Weiterbildungsbeteiligung und Geschlecht im SOEP weniger stark ist. Die Chance für Männer in Relation zu der Chance von Frauen, an Weiterbildung teilzunehmen ist hier mit ~1,3 immer noch deutlich höher, allerdings nicht so ausgeprägt wie im BSW.

Für die Variable Geschlecht kann zusammengefasst werden, dass die theoretische und die beobachtete Verteilung der Merkmale in den beiden Stichproben nicht signifikant voneinander abweichen. In Kombination mit Weiterbildungsbeteiligung gibt es jedoch relativ große Abweichungen, die in dieselbe Richtung weisen. In beiden Stichproben wurde ein Zusammenhang zwischen Geschlecht und Weiterbildungsbeteiligung nachgewiesen, dieser ist jedoch im SOEP$^{BSW}$ schwächer als im BSW.

### 6.4.2 Region: Ost- und Westdeutschland

*Abbildung 10:* Anteil von in Ost- und in Westdeutschland lebenden Personen (in%); SOEP$^{BSW}$: N=19.826, BSW: N=7043

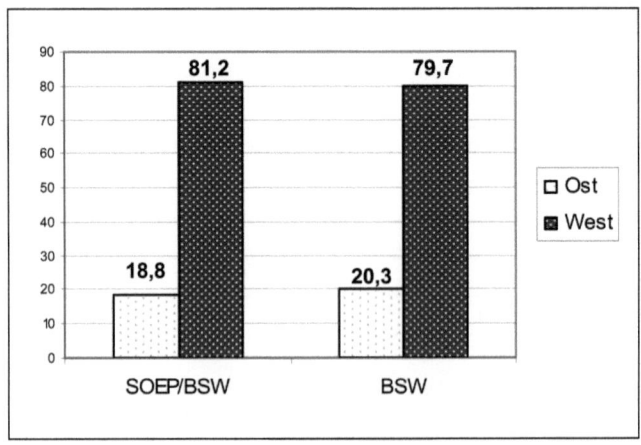

Auch wenn sich die Verteilung von Ost- und Westdeutschen der beiden Stichproben in der Abbildung (*Abb. 10*) relativ einheitlich darstellt, ist ein Chi-

Quadrat-Wert von 11,864 groß genug, um die zufällige Abweichung der Häufigkeitsverteilungen bei einer Irrtumswahrscheinlichkeit von unter einem Prozent auszuschließen. Ebenso wie bei den Teilnahmequoten nach Geschlecht setzen sich die Unterschiede in den Gesamtteilnahmequoten zur Weiterbildung innerhalb der differenzierten Teilnahmequoten fort. In beiden Stichproben bestehen hohe signifikante Chi-Quadrat-Werte, wenn die Teilnahmequoten nach Ost und West differenziert verglichen werden (Ost 159,294; West 476,403). Die Verteilung der Merkmalsausprägungen Ost- und Westdeutschland innerhalb des Bevölkerungsanteils mit Weiterbildungsbeteiligung hingegen zeigt weit weniger Abstände (*Abb. 11*).

*Abbildung 11:* Anteil von Ost- und Westdeutschen an der Personengruppe mit Weiterbildungsbeteiligung (in %); , SOEP$^{BSW}$: N=3374; BSW: N=2020

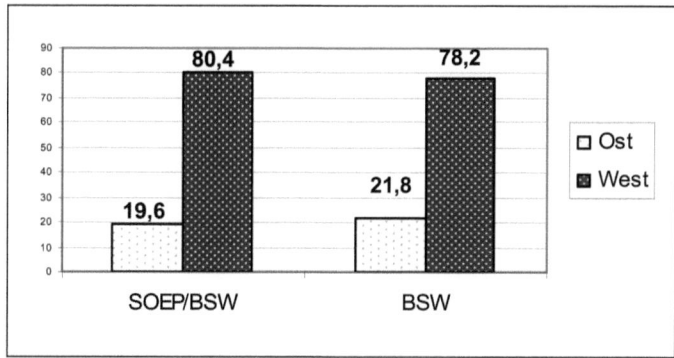

Dies führt zu einem verhältnismäßig kleinen Chi-Quadrat-Wert von 7,931, der sich jedoch bereits auf einem Signifikanzniveau von einem Prozent bewegt.

Die Zusammenhänge zwischen der Zugehörigkeit zu Ost- oder Westdeutschland und Weiterbildungsbeteiligung sind in beiden Stichproben äußerst schwach. Das odd ratio ist im BSW geringfügig höher als im SOEP$^{BSW}$. So kann man sagen, dass die Chance an Weiterbildung teilzunehmen für Personen, die in Ostdeutschland befragt wurden, im BSW um 1,14 höher ist als die Chance für Personen, die in Westdeutschland befragt wurden. Im SOEP$^{BSW}$ weicht dieses Verhältnis noch weniger von dem Wert eins ab. Somit ist der Zusammenhang hier noch schwächer ausgeprägt (*Tabelle 7*).

*Tabelle 7:* Zusammenhang zwischen Weiterbildungsbeteiligung und Region Ost- oder Westdeutschland

| Region | odds | **odd ratio** |
|---|---|---|
| **BSW** | | |
| Ost | 0,45 | |
| West | 0,4 | **1,14** |
| **SOEP**$^{BSW}$ | | |
| Ost | 0,22 | |
| West | 0,2 | **1,08** |

### 6.4.3 Schulbildung

*Abbildung 12:* Anteil der Bildungsabschlüsse in den Stichproben (in %); SOEP$^{BSW}$: N=19.667, BSW: N=7038

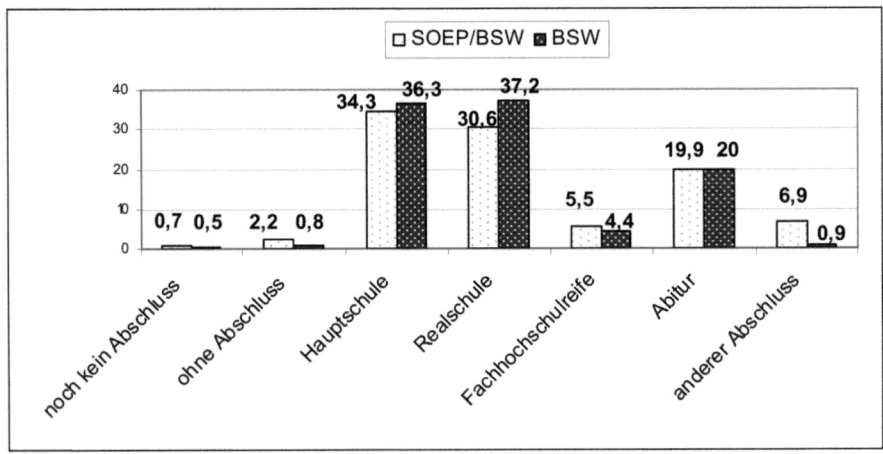

Vergleicht man die Stichproben auf die Anteile von Personen nach Bildungsabschlüssen zeigen sich die größten Differenzen beim mittleren Bildungsabschluss Realschule. Augenscheinlich ist auch, dass die Kategorie 'anderer Abschluss' im SOEP$^{BSW}$ wesentlich höher besetzt ist (*Abb. 12*). Der Chi-Quadrat-Wert des Anpassungstests von 563,235 zeigt in diesem Fall, dass die Abweichungen weit außerhalb des zufälligen Bereichs liegen. Schließt man die Kategorien 'noch keinen

Abschluss' und 'anderer Abschluss' aus der Verteilung aus, und fasst die restlichen Kategorien in Bildungsabschluss niedrig, mittel und hoch zusammen,[101] verkleinert sich der Wert auf 26,699, ist jedoch immer noch signifikant.

Die Teilnahmequoten nach Bildungsabschluss in dieser Dreiteilung sind *Abbildung 13* zu entnehmen.

*Abbildung 13:* Teilnahmequoten an formaler beruflicher Weiterbildung nach Bildungsniveau (in %); SOEP$^{BSW}$: N=18.005, BSW: N=5221

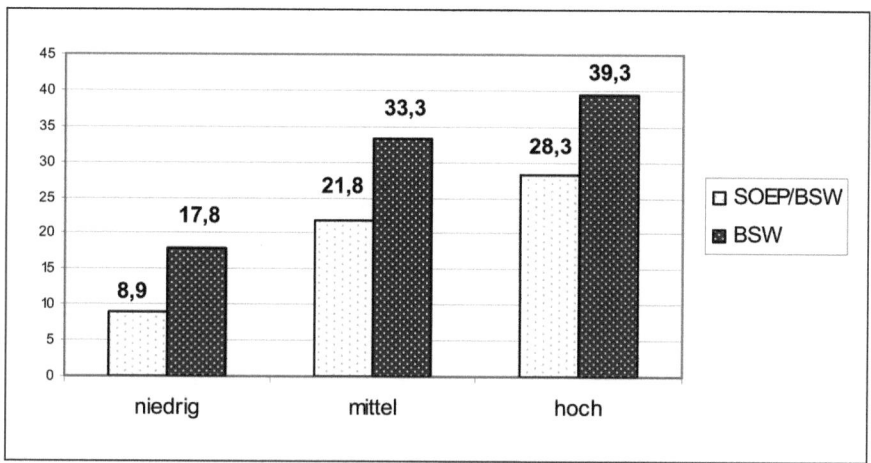

Diese sind in ihrer Höhe zwar wieder sehr unterschiedlich[102], zeigen jedoch beide die gleiche Tendenz auf: Mit steigendem Bildungsniveau erhöht sich die Weiterbildungsbeteiligung. Folglich sind die Abweichungen sehr viel geringer, wenn die Verteilungen der Personen mit Weiterbildungsbeteiligung über die Kategorien der Bildungsabschlüsse hinweg verglichen werden (*Abb. 14*).

---

[101] niedrig = kein Abschluss, Hauptschule; mittel = Realschule; hoch = Fachhochschulreife, Abitur
[102] Ab dieser Stelle wird darauf verzichtet, die Werte der Chi-Quadrat-Anpassungs-Tests für die unterschiedlichen Teilnahmequoten nach den Kategorien der sozio-demographischen Merkmalsausprägungen in den beiden Stichproben wiederzugeben. Aufgrund der hohen Ausgangsdifferenz der Gesamtteilnahmequoten sind diese durchweg signifikant.

*Abbildung 14:* Anteil nach Bildungsniveau innerhalb der Personengruppe mit Weiterbildungsbeteiligung (in %); SOEP$^{BSW}$: N=3268, BSW: N=2011

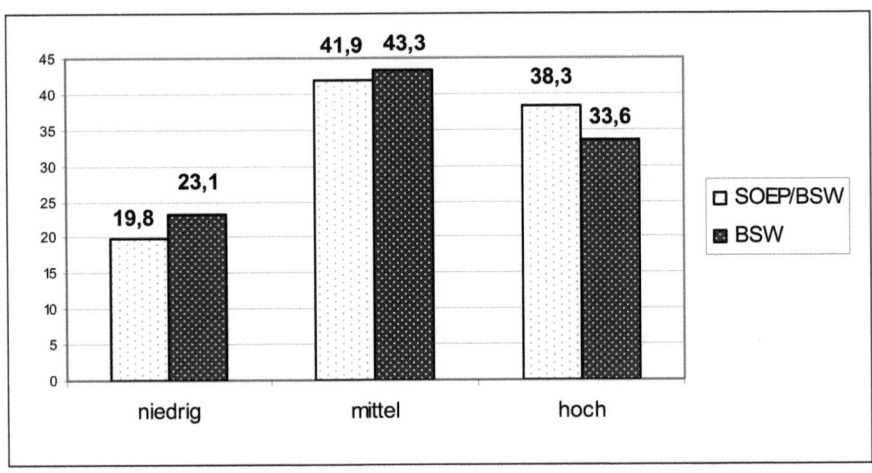

Aber auch hier sind die Unterschiede in den Verteilungen außerhalb des zufälligen Bereichs (Chi-Quadrat-Wert 22,398).

*Tabelle 8:* Zusammenhänge zwischen Bildungsniveau und Weiterbildungsbeteiligung, RK: Personen mit Weiterbildungsteilnahme und hohem Bildungsniveau

| Bildungsniveau | odds | odd ratio |
|---|---|---|
| **BSW** | | |
| **hoch** | 0,59 | |
| mittel | 0,5 | **1,19** |
| niedrig | 0,22 | **2,74** |
| **SOEP$^{BSW}$** | | |
| **hoch** | 0,39 | |
| mittel | 0,27 | **1,44** |
| niedrig | 0,1 | **3,88** |

*Tabelle 8* zeigt die odds und die odds ratios für die Beteiligung an Weiterbildung in Abhängigkeit vom Bildungsniveau an. Die Referenzkategorie für die odd ratios ist dabei das höchste Bildungsniveau. Die Chancen, an Weiterbildung teilzunehmen, steigen in beiden Stichproben mit höherem Bildungsniveau, wobei die

Chancen zwischen mittlerem und hohem Bildungsniveau einen geringeren Abstand zueinander haben, als die Chancen zwischen mittlerem und niedrigem Bildungsniveau. Während die Chancen von Befragten mit hohem Bildungsniveau gegenüber den Chancen von Befragten mit mittlerem Bildungsniveau an Weiterbildung teilzunehmen im Bereich von über eins bis 1,4 mal so hoch liegen, reicht das Verhältnis der Chancen zwischen hohem und niedrigem Bildungsniveau sehr viel weiter auseinander. Im BSW ist das odds ratio für die Teilnahme an Weiterbildung von Personen mit hohem gegenüber Personen mit niedrigem Bildungsniveau annähernd dreimal, im SOEP$^{BSW}$ fast viermal so hoch.

### 6.4.4 Höchster beruflicher Bildungsabschluss

*Abbildung 15:* Anteil der höchsten beruflichen Bildungsabschlüsse in den Stichproben (in %); SOEP$^{BSW}$: N=19.440, BSW: N=6768

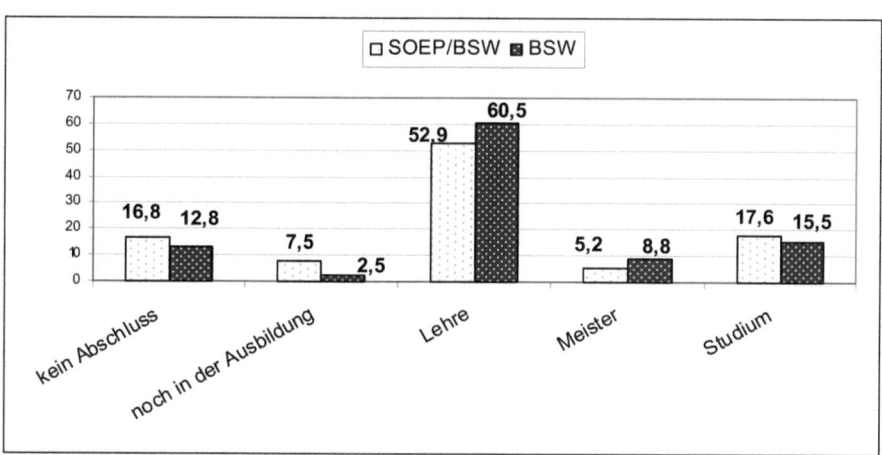

Mit einem Chi-Quadrat-Wert von 549,613 sind die Abweichungen der Häufigkeiten über die einzelnen Merkmalskategorien auch hier signifikant. Analog zu dem Vergleich der Schulabschlüsse fasst das SOEP$^{BSW}$ mehr Personen ohne beruflichen Bildungsabschluss als die Erhebung des BSW. Während das BSW mehr Befragte mit einer Lehre oder einer Meisterausbildung als höchsten beruflichen Bildungsabschluss widerspiegelt, haben im SOEP$^{BSW}$ mehr Personen ein Studium abgeschlossen (*Abb. 15*).

*Abbildung 16:* Teilnahmequoten an formaler beruflicher Bildung nach höchstem beruflichen Bildungsabschluss (in%); SOEP$^{BSW}$: N=19.440 , BSW: N=6768

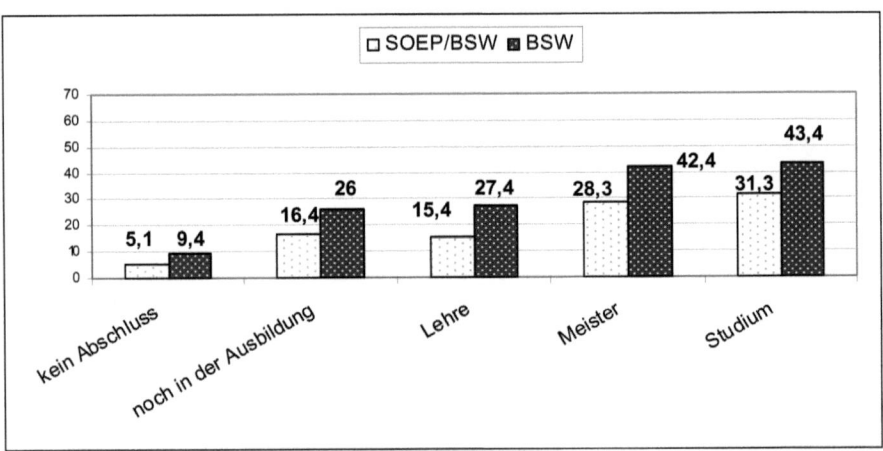

Der Vergleich der Teilnahmequoten (*Abb. 16*) zeigt auch hier wieder, dass die Beteiligung an Weiterbildung innerhalb von Personengruppen mit hohen beruflichen Bildungsabschlüssen am höchsten ist.

*Abbildung 17:* Anteil nach höchstem beruflichen Bildungsabschluss innerhalb der Personengruppe mit Weiterbildungsbeteiligung (in%); SOEP$^{BSW}$: N= 3320, BSW: N=1950

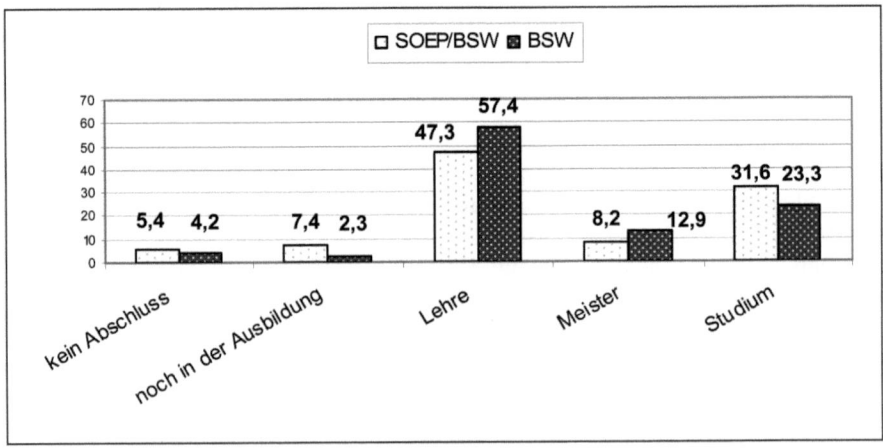

*Abbildung 17* kann im Zusammenhang mit *Abbildung 16* so interpretiert werden, dass das SOEP$^{BSW}$ deutlich mehr Personen umfasst, die keine Ausbildung abgeschlossen haben, sich noch in der Ausbildung befinden oder aber ein Studium als höchsten beruflichen Bildungsabschluss angegeben haben. Im BSW haben dagegen die Personen mit einer abgeschlossenen Lehre oder einem Meistertitel einen vergleichsweise größeren Anteil an der Stichprobe. Vor diesem Hintergrund kann argumentiert werden, dass die ungleichen Anteile von Personen mit beruflichen Bildungsabschlüssen in den beiden Stichproben, sich hier in der Verteilung der Bildungsabschlüsse über die Personen mit Weiterbildungsbeteiligung zumindest teilweise widerspiegelt. Entsprechend der Differenzen ergibt der Chi-Quadrat-Anpassungstest einen relativ hohen Wert von 214,498, auch hier signifikant.

*Tabelle 9:* Zusammenhänge zwischen beruflichem (höchsten) Bildungsabschluss und Weiterbildungsbeteiligung, RK: Personen mit Weiterbildungsbeteiligung und Studienabschluss

| Höchster Bildungsabschluss | odds | odd ratio |
|---|---|---|
| **BSW** | | |
| **Studium/FH** | 0,76 | |
| Meister | 0,74 | **1,04** |
| Lehre | 0,38 | **2,03** |
| laufende Ausbildung | 0,23 | **3,21** |
| keine Ausbildung | 0,1 | **7,37** |
| **SOEP$^{BSW}$** | | |
| **Studium/FH** | 0,45 | |
| Meister | 0,38 | **1,2** |
| Lehre | 0,18 | **2,47** |
| laufende Ausbildung | 0,21 | **2,18** |
| keine Ausbildung | 0,06 | **7,64** |

Betrachtet man die Chancen für Personen an Weiterbildung teilzunehmen in Abhängigkeit von deren höchsten beruflichen Bildungsabschlüssen (*Tabelle 9*), sind diese im BSW durchgängig höher als im SOEP$^{BSW}$. Von der niedrigsten Kategorie 'keine Ausbildung' bis zur höchsten Kategorie 'Studium' werden die odds in beiden Stichproben größer. Eine Ausnahme bildet die Kategorie 'Ausbildung noch nicht abgeschlossen' im SOEP$^{BSW}$. Personen mit einer Merkmalsausprägung in dieser Kategorie haben eine geringfügig höhere Chance, an Weiterbildung teilzunehmen als Personen, die eine Lehre als höchste Berufsausbildung angegeben haben. Im BSW liegen die Chancen für diese beiden Kategorien zumindest sehr dicht beieinander. Die odd ratios der beiden Stichproben für die Chancen auf Weiterbildungsteilnahme von Personen mit einem Meister als höchstem Bildungsabschluss im Verhältnis zu Personen mit einem abgeschlossenen Studium liegen nahe eins. Somit sind diese Merkmale in ihrer Bedeutung für Weiterbildungsteilnahme eher unabhängig voneinander. Laut beiden Stichproben liegt das Verhältnis der Chancen an Weiterbildung teilzunehmen von Personen, die sich gerade in einer Ausbildung befinden oder eine Lehre abgeschlossen haben im Verhältnis zu denen von Personen mit Studienabschluss im Bereich von 2,5 bis 3,2. Das bedeutet, dass die Chancen an Weiterbildung teilzunehmen von Personen mit Studium mehr als doppelt so hoch sind, als die von Personen in Ausbildung oder mit abgeschlossener Lehre. Im Vergleich zu den Chancen von Personen ohne beruflichen Abschluss liegen diese für Personen mit Studium sogar siebenmal so hoch.

### 6.4.5 Erwerbstätigkeit

Der Anteil von Personen nach deren Erwerbsstatus im Vergleich der beiden Stichproben gestaltet sich zunächst relativ gleichförmig.[103] Der Chi-Quadrat-Wert (254,148) weist jedoch auch hier die Abweichungen als signifikant aus (*Abb. 18*).

---

[103] Die Kategorie 'Kurzzeit' aus dem BSW ist im SOEP in dieser Form nicht verfügbar. Stattdessen wurde die Kategorie 'Geringfügig beschäftigt' herangezogen. Denkbar ist, dass sich Personen in Teilzeitbeschäftigung auch in der Kategorie 'Geringfügig beschäftigt' einordnen könnten. Da diese Kategorie im SOEP nicht sehr hoch besetzt ist, werden die möglichen Überschneidungen zugelassen.

*Abbildung 18:* Verteilung der Kategorien zum Erwerbsstatus in den Stichproben (in %); SOEP$^{BSW}$: N=19.826, BSW: N=6666

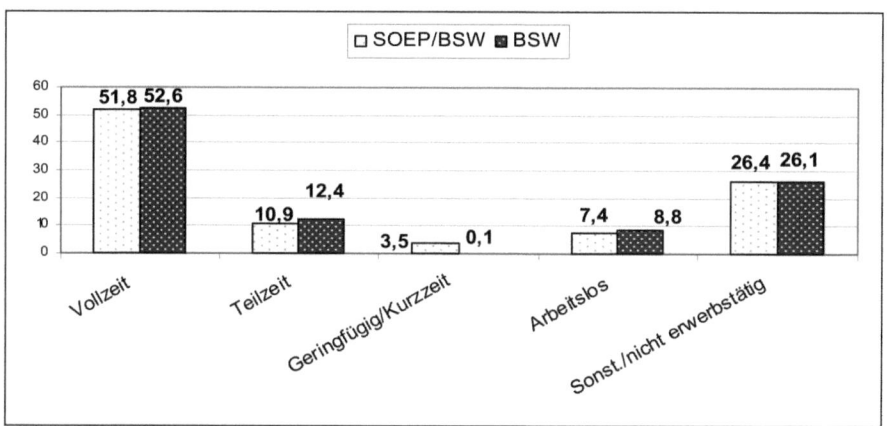

Auch die Teilnahmequoten zeichnen, abgesehen von der Differenz, bedingt durch die Größenunterschiede in den Gesamtteilnahmequoten, die gleiche Tendenz ab (*Abb. 19*).

*Abbildung 19:* Teilnahmequoten an formaler beruflicher Weiterbildung nach Erwerbsstatus (in %); SOEP$^{BSW}$: N=19.826, BSW: N=6666

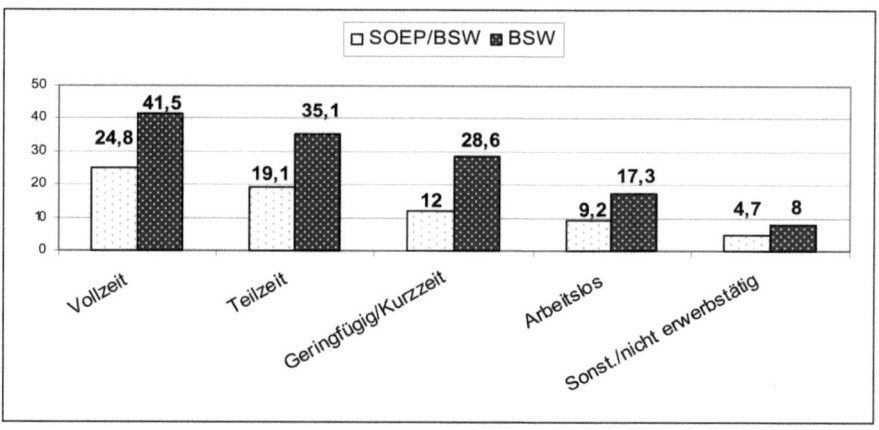

Die Teilnahmequoten sind bei Erwerbstätigen in Vollzeit am höchsten und sinken bei einer Verminderung des Erwerbsstatus kontinuierlich ab. Betrachtet man die Anteile an Weiterbildung nach Erwerbsstaus nur innerhalb der Personengruppe mit Weiterbildungsbeteiligung (*Abb. 20*), verkleinert sich der Chi-Wert auf 59,691, ist jedoch immer noch signifikant.

*Abbildung 20:* Anteil von Personen nach Erwerbsstatus innerhalb der Personengruppe mit Weiterbildungsbeteiligung (in %); SOEP$^{BSW}$: N= 19.826, BSW: N=6666

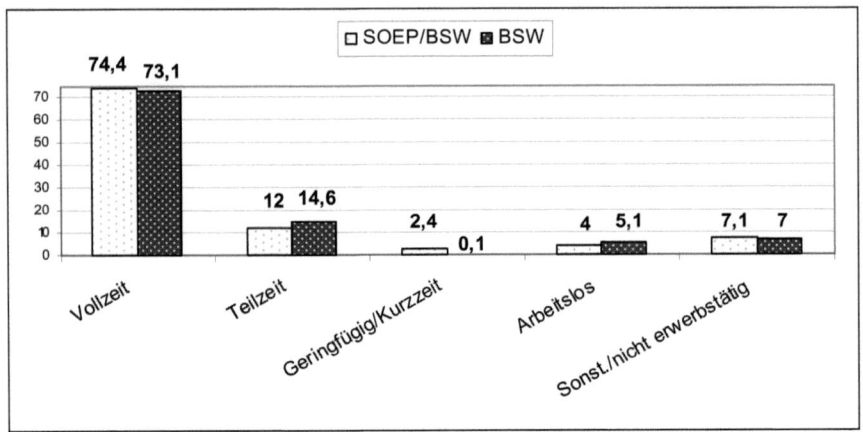

*Tabelle 10:* Zusammenhänge zwischen Erwerbsstatus und Weiterbildungsteilnahme, RK: Personen mit Weiterbildungsbeteiligung und Vollzeitbeschäftigung

| Erwerbsstatus | odds | **odd ratio** |
|---|---|---|
| ***BSW*** | | |
| **Vollzeit** | 0,71 | |
| Teilzeit | 0,54 | **1,31** |
| Kurzzeit/Geringfügig | 0,4 | **1,77** |
| Arbeitslos | 0,21 | **3,4** |
| Sonstige Erwerbslose | 0,09 | **8,13** |
| ***SOEP$^{BSW}$*** | | |
| **Vollzeit** | 0,33 | |
| Teilzeit | 0,24 | **1,4** |
| Kurzzeit/Geringfügig | 0,14 | **2,41** |
| Arbeitslos | 0,1 | **3,4** |
| Sonstige Erwerbslose | 0,05 | **6,72** |

Parallel zu den Tendenzen, die sich bereits in den Teilnahmequoten abgezeichnet haben, zeigen die odds, dass die Chancen, an Weiterbildung teilzunehmen, mit dem Abstieg der Kategorien von 'Vollzeit' nach 'Sonstige Erwerbslose' sinken. Der Zusammenhang ist dabei im BSW stärker ausgeprägt als im SOEP$^{BSW}$. In Abhängigkeit davon zeigen die odd ratios, dass die Chancen für Erwerbstätige in Vollzeit in Relation zu den Chancen der entsprechenden Personengruppen der restlichen Kategorien, an Weiterbildung teilzunehmen, mit dem absteigenden Vergleich innerhalb dieser Merkmalsausprägungen steigen. Während beispielsweise laut der Stichprobe des BSW die Chance an Weiterbildung teilzunehmen für eine Person mit dem Merkmal Vollzeitbeschäftigung in Relation zu der Chance einer Person mit dem Merkmal Teilzeitbeschäftigung 1,3-mal höher ist, ist sie im Vergleich zu den Chancen einer Person mit dem Merkmal sonstige Erwerbslosigkeit über achtmal höher (*Tabelle 10*).

## 6.5 *Zusammenfassung und Bewertung der Ergebnisse*

Bis auf die Variable Geschlecht zeigte der Vergleich der ausgewählten soziodemographischen Merkmale der beiden Stichproben, dass diese in ihrer Verteilung voneinander abweichen. Inferenzstatistisch konnte ausgeschlossen werden, dass die Abweichungen in einem zufälligen Bereich liegen.

Dasselbe gilt für den Vergleich der Teilnahmequoten an Weiterbildung nach den Kategorien der sozio-demographischen Variablen. Angesichts der hohen Ausgangsdifferenzen der Quoten zur Weiterbildungsbeteiligung in der Gesamtbevölkerung (SOEP$^{BSW}$ 17,2% vs. BSW 26,8%) ist es nur konsequent, dass sich diese in dieser Differenzierung fortsetzen.

Eine weitere Gegenüberstellung erfolgte ausschließlich zwischen den Personengruppen mit Weiterbildungsbeteiligung. Hier sind die Abstände zwischen den Ausprägungen derselben Kategorien der Variablen in den verschiedenen Stichproben deutlich kleiner, jedoch immer noch signifikant.

Bereits die deskriptive Gegenüberstellung der Verteilung der Merkmale zeigte, dass diese trotz unterschiedlicher Anteile ähnliche Tendenzen abbilden. Dies konnte durch den Vergleich der odds und der odds ratios bestätigt werden. Da die Weiterbildungsbeteiligung in keiner der Verteilungen über 50 Prozent liegt, bewegen sich alle odds unterhalb von eins. Bedingt durch den höheren Anteil von Personen mit Weiterbildungsbeteiligung im BSW, sind die Chancen an Weiterbildung teilzunehmen im Verhältnis zu den Chancen, nicht an Weiterbildung teilzunehmen (odds) im BSW in der Regel größer als im SOEP$^{BSW}$. Das

Verhältnis der odds zueinander, das odds ratio, ist durchgehend größer als eins. Der Zusammenhang zwischen den Variablen 'Geschlecht' und 'Ost-West' und Teilnahme an Weiterbildung ist im BSW stärker ausgeprägt. Der Zusammenhang zwischen den ordinalen Variablen 'Schulbildung', 'Höchster Bildungsabschluss' und 'Erwerbstätigkeit' mit Bezug auf die jeweils höchste Ausprägung als Referenzkategorie ist dagegen im SOEP$^{BSW}$ stärker.[104]

Wohn (2006) erklärt die unterschiedlichen Teilnahmequoten des Mikrozensus und des BSW unter anderem durch einen Bildungsbias[105] des BSW, in dem höher gebildete Befragte überrepräsentiert sind. Unter der Voraussetzung, dass ein positiver Zusammenhang zwischen einem hohen Bildungsniveau und Weiterbildungsbeteiligung besteht – was auch mit diesen Daten nachgewiesen wurde – führt dies dazu, dass ein höherer Anteil von Befragten mit hohem Bildungsniveau konsequenterweise auch eine höhere Weiterbildungsbeteiligung aufweist (vgl. ebd.: 21). Die Randverteilungen des Merkmals Bildung im BSW weichen erheblich von denen des Mikrozensus ab. Durch die verpflichtende Teilnahme am Mikrozensus und durch einen sehr großen Stichprobenumfang kann davon ausgegangen werden, dass die Verteilung von Bildungsabschlüssen hier relativ unverzerrt wieder gegeben wird. Die Differenz zu den Randverteilungen des SOEP$^{BSW}$ zeigt jedoch kaum ein anderes Bild und ist im Gegenteil noch ausgeprägter. Auch hier sind Personengruppen mit hohem Bildungsniveau im Vergleich mit der amtlichen Statistik überrepräsentiert. Die Differenzen der Teilnahmequoten an beruflicher Weiterbildung zwischen SOEP und Mikrozensus (16,8% vs. 8,3%) sind jedoch nicht ganz so hoch, wie die zwischen BSW und Mikrozensus (26,8 vs. 8,3%) und sogar geringer als die zwischen SOEP und BSW.

Als weiteren und sehr viel bedeutenderen Erklärungsfaktor für die Differenzen zwischen den Teilnahmequoten von Mikrozensus und BSW führt Wohn (2006) die stark voneinander abweichenden Erhebungsinstrumente der beiden Befragungen an. Angesichts der deutlichen Parallelen der Fragebögen von SOEP und BSW scheint dieser Erklärungsansatz in dieser Vergleichsarbeit nicht so weit zu greifen. Die intensionale Bedeutung von Weiterbildungsbeteiligung dürfte in beiden Studien durch eine relativ einheitlich Frageformulierung nicht sehr

---

[104] Allerdings kann an dieser Stelle nicht ausgeschlossen werden, dass die Abweichungen der odds ratio außerhalb eines zufälligen Bereichs liegen. Dies müsste durch ein entsprechendes inferenzstatistisches Verfahren getestet werden, welches nach Kenntnis der Verfasserin jedoch bisher nicht zur Verfügung steht.

[105] Hinter den Begriffen Bildungsbias und Mittelstandsbias stehen folgende Annahmen. 1) Die Bereitschaft, an Umfragen teilzunehmen, ist in der mittleren Schicht höher als bei Personen aus der Unter- bzw. Oberschicht. 2) Die Bereitschaft zur Teilnahme steigt entsprechend dem Niveau des Schulabschlusses (vgl. Rendtel 1995: 193f.). Da die Teilnahme am Mikrozensus verpflichtend ist, hat das Bildungsniveau in diesem Fall keinen Zusammenhang mit der nonresponse.

weit auseinander liegen. Durch die miteinander übereinstimmenden Korrespondenzregeln müssten sich auch die extensionalen Bedeutungen von Weiterbildungsbeteiligung – also die Personen, auf die der Begriffe Weiterbildungsbeteiligung angewendet werden kann – nicht sehr weit voneinander entfernt bewegen.

Diese Beobachtung legt nahe, dass ein weiterer Erklärungsfaktor für die unterschiedlichen Teilnahmequoten sehr viel stärker ins Gewicht fällt. Das BSW als Einthemenbefragung präsentiert sich schon bei der Kontaktaufnahme der Interviewer mit den Befragten als Untersuchung mit dem Themenschwerpunkt Weiterbildung. Nicht weiterbildungsaktive Personen können deswegen eine Teilnahme ablehnen, weil sie annehmen, zu diesem Thema keine Informationen beitragen zu können (vgl. Wohn 2006: 22). Nicht weiterbildungsaktive Personen haben vermutlich auch weniger Interesse an dem Thema Weiterbildung als Personen mit Weiterbildungserfahrung. Das Interesse an einem Thema ist nach der Leverage-Saliency-Theorie[106] ein wichtiger Faktor für die Entscheidung, an einer Umfrage teilzunehmen. Geht man davon aus, dass Menschen, die an einem Thema mehr Interesse haben, auch andere Merkmalsausprägungen auf den in Frage kommenden Variablen besetzen, führt der Ausfall von Menschen ohne Interesse und die Überrepräsentation von Menschen mit Interesse zu systematischen Verzerrungen der Stichprobe und der Antworten (vgl. Groves/Presser/Dipko 2004).

Vergleicht man zwischen den zwei Stichproben die odds der Personengruppen nach Bildungsniveau, so betragen die odds eher an Weiterbildung teilzunehmen als nicht teilzunehmen für Personen mit niedrigem Bildungsniveau im BSW 0,21 und im $SOEP^{BSW}$ 0,1. Das odds ratio beträgt 2,1 und bedeutet, dass die odds eher an Weiterbildung teilzunehmen als nicht an Weiterbildung teilzunehmen für Personen mit niedrigem Bildungsniveau im BSW 2,1 mal größer sind als die entsprechenden odds für Personen mit niedrigem Bildungsniveau im $SOEP^{BSW}$.

Dieser Zusammenhang würde die Hypothese der Leverage-Saliency-Theorie unter Annahme eines Bildungsbias bestärken. Personen mit niedrigem Bildungsniveau nehmen wahrscheinlich seltener an freiwilligen Umfragen teil. Falls sie in die Befragung einwilligen, ist es wahrscheinlich, dass in vielen Fällen ein Interesse für das Thema ausschlaggebend ist. Im Fall von Weiterbildung liegt es nahe zu vermuten, dass das Interesse am Thema mit einer bestimmten Form der Involviertheit verbunden ist, die sich nicht selten dadurch ergibt, dass die be-

---

[106] Nach dieser Theorie ist die Entscheidung über die Teilnahme an einer Befragung durch individuell verschiedene Faktoren beeinflusst, die die Aufmerksamkeit der Befragten auf sich ziehen und somit bestimmte „Hebelwirkungen" in Gang setzen. Neben dem Interesse am Befragungsthema selbst spielen zum Beispiel auch die Einstellungen zum Auftraggeber der Studie oder die Abwägungen des Aufwands oder die Aussicht auf Entschädigungen eine Rolle (vgl. Groves/Singer/Corning 2000).

troffenen Personen Weiterbildungserfahrung in Kursen oder Lehrgängen gesammelt haben, die wiederum in einem Zeitraum stattgefunden haben, der noch nicht so lange zurückliegt als dass das Thema Weiterbildung nicht mehr wichtig oder vergessen sein könnte.

Demnach würde Weiterbildungsbeteiligung im BSW als Einthemenbefragung überschätzt werden.

Das SOEP als Mehrthemenbefragung ist von dieser einseitigen Verzerrung nicht betroffen. Allerdings ist das SOEP als Umfrage ebenso wie das BSW durch eine überproportionale Erfassung von Personen mit höheren Bildungsabschlüssen mit einem Bildungsbias behaftet. Vor dem Hintergrund eines positiven Zusammenhangs von Bildungsniveau und Weiterbildung kann also auch für das SOEP vermutet werden, dass aufgrund der überproportionalen Erfassung von Personen mit höheren Bildungsabschlüssen Weiterbildung durch die Anlage der Stichprobe eher überschätzt wird.

# 7 Konsequenzen

„Unser Ziel ist es, die Beteiligung der Bevölkerung an Weiterbildung bis zum Jahr 2015 von 41 auf 50 Prozent zu steigern." (BMBF 2007) Diese bildungspolitische Absicht wurde herangezogen, um den Bezugsrahmen dieser Arbeit einzuleiten und soll hier noch einmal angeführt werden, um die theoretischen Überlegungen und empirischen Ergebnisse in diesem Kontext zusammenzuführen. 2016 wird die 13. Erhebung des Berichtssystems Weiterbildung durchgeführt werden. Falls dieses Zitat bis dahin nicht in Vergessenheit geraten ist, können Bildungspolitik und die interessierte Öffentlichkeit dann prüfen, ob diese Zielgröße erreicht wurde. Die jüngste Pressemitteilung vom Februar 2008 greift die 50-Prozent-Marke wieder auf und sieht sich auf gutem Weg, diese zu erreichen, da die Teilnahmequote von 2003 auf 2005 um zwei Prozent gestiegen ist (vgl. BMBF 2008a). Ohne sich an dieser Verlautbarung aufzuhängen, kann man aus verschiedenen Perspektiven in Frage stellen, wie sinnvoll diese Art von Monitoring ist.

Zunächst einmal bezieht sich die hier verfolgte Benchmark auf die Teilnahmequote an beruflicher und nichtberuflicher Weiterbildung im BSW. Auch wenn die traditionelle Segmentierung dieser beiden Bereiche umstritten ist (vgl. Fuchs/Reuter 2000:126f.), scheint es angesichts der unterschiedlichen Bedeutungszuschreibungen an diese Bildungsbereiche vorschnell, die beiden Begriffe in einer Teilnahmequote zusammen zu fassen.[107]

Verfolgt man lediglich den Anstieg von Teilnahmequoten, kann dieser bildungspolitisch zwar als Erfolg dargestellt werden, letztlich sind diese Zahlen jedoch gehaltlos, sofern sie nicht in Bezug zu weiteren Informationen gesetzt werden. Die Teilnahmequote an sich sagt nichts über die Beteiligung von bestimmten Personengruppen, den Umfang oder gar die Qualität der in Anspruch genommenen Weiterbildungsangebote aus. Erst durch diese zusätzlichen Informationen lassen sich vor dem Hintergrund theoretischer Annahmen und empirischer Befunde Schlüsse ziehen, die politischen Handlungsbedarf aufzeigen und helfen, das Weiterbildungsgeschehen in seiner Komplexität zu beobachten (vgl. Kuwan

---
[107] Antizipiert man jedoch die Einführung des AES und die Zuordnungsproblematiken von BSW und AES hinsichtlich beruflicher und allgemeiner Weiterbildung, könnte sich diese Deckelung durch eine Gesamtquote im Endeffekt als vorteilhaft erweisen.

2004: 217). Dennoch kommt der Erfassung von Weiterbildungsbeteiligung eine Schlüsselrolle zu, da sie als conditio sine qua non vor allen weiteren Fragestellungen steht. Dies sollte Anlass sein, sich intensiv mit deren Operationalisierung und Erhebung auseinander zu setzen, insbesondere dann, wenn verschiedene Datenquellen mit unterschiedlichen Ergebnissen zur Verfügung stehen.

Das Steuerungswissen einer empirischen Bildungspolitik ist im Rahmen der Bildungsberichterstattung an die bestehenden Datenquellen und deren Operationalisierungsleistungen gebunden. Dasselbe gilt für eine empirische Bildungsforschung, der im Prozess des Bildungsmonitorings eine beratende Funktion zukommt. Was außerhalb dieser Operationalisierungsleistungen und Erhebungen liegt, kann zwar geahnt und gedacht werden, bleibt aber – empirisch gesehen – Nichtwissen.

Um dieses Nichtwissen so weit wie möglich reduzieren oder benennen zu können, sollte sich in einem ersten Schritt der Operationalisierung von Weiterbildungsbeteiligung zugewandt werden. Aus einer theoretischen Perspektive muss der Begriff Weiterbildung in seiner Bedeutung und Reichweite erforscht werden. Mit Blick auf die Erhebungen müssen diese theoretischen Konzepte unter methodischen Gesichtspunkten mit den zur Verfügung stehenden Datenquellen abgeglichen werden. Dabei sollten die Unterschiede in den Erhebungen nicht nur benannt und nebeneinander gestellt, sondern so weit wie möglich erforscht werden, welche Effekte diese auf die Zahlen zur Weiterbildungsbeteiligung haben. Validierungsmöglichkeiten bestehen zu einem gewissen Umfang durch den empirischen Vergleich der verschiedenen Erhebungen. Die Ergebnisse aus zusätzlichen Untersuchungen, wie sie von Wohn durchgeführt wurden, sind dabei wichtige Interpretationshilfen, um die Wirkungen der unterschiedlichen Erhebungsinstrumente zu verstehen. Da diese mit einem verhältnismäßig geringem Aufwand durchgeführt werden können, sollten sie in jedem Fall Teil der wissenschaftlichen Expertise im Kontext von Bildungsmonitoring werden. Dies gilt selbstverständlich auch für den Vergleich internationaler Erhebungskonzepte, wobei hier kulturspezifische Aspekte besondere Beachtung erfahren müssen.

# 8 Diskussion und Ausblick

Der Vergleich der Operationalisierung von Weiterbildungsbeteiligung in empirischen Studien war Gegenstand dieser Arbeit. Anlass dafür war die zunehmende Bedeutung, die empirischen Erkenntnissen über Weiterbildung im Zuge einer empirisch gestützten Bildungspolitik in politischen Entscheidungsprozessen zukommt. Wissenschaftliche Expertise – in diesem Fall die der empirischen Bildungsforschung – hat in diesem Prozess eine beratende Funktion und nimmt eine entscheidende Rolle bei der Generierung steuerungsrelevanten Wissens ein. Steuerungsrelevantes Wissen wird innerhalb des Bildungsmonitorings vor allem über die Beobachtung des Bildungssystems durch die Bildungsberichterstattung gewonnen. Diese Form der Beobachtung stellt durch den Rückgriff auf Indikatoren bestimmte Bedingungen an die Datenquellen, auf der diese Beobachtungen beruhen. Die Gegenüberstellung der für den Bereich Weiterbildungsbeteiligung relevanten Studien zeigte, dass diese aufgrund unterschiedlicher Studiendesigns und Operationalisierungen von Weiterbildungsbeteiligung zu äußerst unterschiedlichen Teilnahmequoten kommen. Der Forschungsstand zeigt für diesen Bereich deutliche Defizite wissenschaftlicher Expertise.

Nicht nur für die Bildungsberichterstattung, sondern auch im Erkenntnisinteresse der eigenen disziplinären Forschungsarbeit, sollten diese Defizite in Forschungsdesiderate umgewandelt werden. In dieser Arbeit wurden anhand des Vergleichs von zwei Erhebungen die Unterschiede in der sozio-demographischen Struktur von Weiterbildungsbeteiligung näher untersucht. Dies war eine grundlegende Annäherung auf einem relativ oberflächlichen Niveau. In weiteren Vergleichen wäre es interessant zu untersuchen, inwieweit sich diese Unterschiede bei einer differenzierten Betrachtung von Weiterbildung, zum Beispiel bezüglich des Kursdauer oder der Finanzierung, fortsetzen.

Zur Beurteilung der Validität der Fragen zur Weiterbildungsbeteiligung müssen Erkenntnisse über das Begriffsverständnis von Weiterbildung in der Bevölkerung im Zusammenhang mit der Frageformulierung und -konstruktion von Items zur Weiterbildungsbeteiligung gewonnen werden. Dies kann in kognitiven Interviews und Methoden-Split-Experimenten geschehen, wie die Forschungsarbeiten von Wohn (2006) gezeigt haben.

Insofern steht am Ende dieser Arbeit ein deutliches Plädoyer für eine stärkere Auseinandersetzung mit den Daten zur Weiterbildungsbeteiligung und deren Entstehungskontexten.

Auch wenn dadurch die Qualität des Steuerungswissens verbessert werden kann, bleibt an dieser Stelle völlig offen, ob besseres Wissen auch zu besseren bildungspolitischen Entscheidungen führt. Da sich die bildungspolitischen Verantwortungen für Weiterbildung in verschiedenen politischen Bereichen auf verschiedenen Ebenen bewegen oder gar in Form von betrieblicher Weiterbildung oder auch privaten Weiterbildungsanbietern nur indirekt im politischen Einflussbereich liegen, bedürfen bildungspolitische Entscheidungsprozesse in diesem Fall erheblicher Koordinationsleistungen. Das dafür benötigte Wissen kann dabei nicht alleine auf den Individualbefragungen zurückgreifen und muss aus Erkenntnissen der Anbieterforschung und der Betriebsbefragungen ergänzt werden. Inwiefern die Beobachtung von Weiterbildungsbeteiligung und das Wissen über deren Zusammenhänge in bildungspolitische Entscheidungen einfließt und welche Wirkungen diese wiederum auf den Weiterbildungsbereich haben, bleibt abzuwarten und kann im Nachhinein durch Systemevaluationen gezeigt werden.

# 9 Literaturverzeichnis

Alt, Christian/Bien, Walter (1994): Gewichtung, ein sinnvolles Verfahren in der Sozialwissenschaft? In: Gabler/Hoffmeyer-Zlotnik et al. 1994: 124-140

Arbeitsgemeinschaft Betriebliche Weiterbildungsforschung e.V./Projekt Qualitäts-Entwicklungs-Management Berlin (Hrsg.) (2005): Internationale Trends des Erwachsenenlernens. Monitoring zum Programm „Lernkultur Kompetenzentwicklung". Münster, New York u.a. Waxmann

Arbeitskreis Deutscher Markt- und Sozialforschungsinstitute (ADM) e.V./ Arbeitsgemeinschaft Media-Analyse (AG.MA) e.V. (1999): Stichproben-Verfahren in der Umfrageforschung. Eine Darstellung für die Praxis. Opladen. Leske + Budrich

Arnold, Rolf/Schiersmann, Christiane (2004): Entwicklungstrends im Weiterbildungsbereich. In: Baethge/Buss et al. 2004: 33-66

Arnold, Rolf/Gieseke Wiltrud (1999): Die Weiterbildungsgesellschaft. Band 1. Bildungstheoretische Grundlagen und Perspektiven. Neuwied. Luchterhand

Bascia, Nina/Cumming, Alister/Datnow, Amanda/Leithwood, Kenneth/Livingstone, David (2005): International Handbook of Educational Policy. 1&2. Dordrecht. Springer

Baethge, Martin/Lanfer, Carmen/Achtenhagen, Frank/Arnold, Rolf/Bellmann, Lutz/Brosi, Walter/Krüger, Helga/Kutscha, Günter/Kuwan, Helmut/Schiersmann, Christiane/ Solga, Heike/Timmerman, Dieter (Hrsg.) (2004): Expertisen zu den konzeptionellen Grundlagen für einen Nationalen Bildungsbericht – Berufliche Bildung und Weiterbildung/Lebenslanges Lernen. Bildungsreform Band 8. Berlin. URL: www.bmbf.de/pub/nationaler_bildungsbericht_bb_weiterbildung.pdf

Baethge, Martin/Buss, Klaus-Peter/Lanfer, Carmen (2003): Expertisen zu den konzeptionellen Grundlagen für einen Nationalen Bildungsbericht – Berufliche Bildung und Weiterbildung/Lebenslanges Lernen. Bildungsreform Band 7. Berlin. URL: www.bmbf.de/pub/nationaler_bildungsbericht_bb_weiterbildung.pd

Behringer, Friederike (1999): Beteiligung an beruflicher Weiterbildung. Humankapitaltheoretische und handlungstheoretische Erklärungen und empirische Evidenz. Opladen. Leske+Budrich

Behringer, Friederike/Infratest Sozialforschung (1980): Berichtssystem Weiterbildungsverhalten 1979. München

Belli, Robert F./Shay, William L./Stafford, Frank P. (2001): Event History Calendars and Question List Surveys. In: Public Opinion Quarterly 2001/65: 45-74

Bellmann, Johannes (2006): Bildungsforschung und Bildungspolitik im Zeitalter 'Neuer Steuerung'. In: Zeitschrift für Pädagogik (ZfPäd) 51(2006)4: 487-504

Bellmann, Lutz/Leber, Ute (2005): Berufliche Weiterbildungsforschung. Datenlage, Forschungsfragen und ausgewählte Ergebnisse. In: report 28(2005)2: 29-40

Bellmann, Lutz (2004): Der Stand der Aus- und Weiterbildungsstatistik. In: Baethge/Buss et al. 200: 67-101

Bellmann, Lutz (2003): Datenlage und Interpretation der Weiterbildung in Deutschland. Schriftenreihe der Expertenkommission Finanzierung Lebenslangen Lernens. Band 2. Bielefeld. Bertelsmann Verlag

Bemerburg, Ivonne/Niederbacher, Anne (Hrsg.) (2007): Die Globalisierung und ihre Kritik(er). Zum Stand der aktuellen Globalisierungsdebatte. Wiesbaden. VS Verlag

Benz, Arthur (2004): Governance – Regieren in komplexen Regelsystemen. Wiesbaden. VS Verlag

Berka, Walter/Schmidinger, Heinrich/Österreichische Forschungsgemeinschaft (Hrsg.) (2007): Vom Nutzen der Wissenschaft. Wissenschaft, Bildung, Politik. Band 10. Wien, Köln, Weimar. Böhlau

Bishop, George/Smith, Andrew (2001): Response-Order Effects and the Early Gallup Split-Ballots. In: Public Opinion Quarterly 2001/65: 479-505

Blossfeld, Hans-Peter/Bos, Wilfried/Lenzen, Dieter/Müller-Böling, Detlef/Prenzel, Manfred/Wößmann, Ludger (2008): Bildungsrisiken und -chancen im Globalisierungsprozess. Aktionsrat Bildung, Jahresgutachten 2008. Herausgegeben von der Vereinigung der Bayerischen Wirtschaft. URL: http://www.aktionsrat-bildung .de/fileadmin/Dokumente/ Aktionsrat_Bildung_Jahresgutachten_2008.pdf

Borkowsky, Anna (2000): Indicators on Continuing Education and Training. Compendium for the INES General Assembly in September 2000. GA(2000)12. (ohne Ort). URL: http://circa.europa.eu/Public/irc/dsis/ edtcs/library?l=/public/measuring_life long/reference_methodological /borkowsky_pdf/_EN_1.0_&a=d

Bormann, Inka/de Haan, Gerhard (Hrsg.) (2008): Kompetenzen der Bildung für nachhaltige Entwicklung. Operationalisierung, Messung, Rahmenbedingungen, Befunde. Wiesbaden. VS Verlag

Bottani, Norberto/Walberg, Herbert J. (1994): Wozu braucht man internationale Bildungsindikatoren? In: OECD 1994: 9-16

Brehm, John (1960): The Phantom Respondents. Opinion Surveys and Political Representation. Ann Arbor. The University Of Michigan Press

Brinkmann, Christian/Koch, Susanne/Mendius, Hans Gerhard (Hrsg.) (2006): Wirkungsforschung und Politikberatung – eine Gratwanderung? Beiträge zur Arbeitsmarkt und Berufsforschung. BeitrAB 300. Nürnberg

Brosziewski, Achim (2007): Bildungsmonitoring in der Globalisierung der Bildungspolitik. In: Bemerburg/Niederbacher 1997: 135-148

Brüsemeister, Thomas/Eubel, Klaus-Dieter (Hrsg.) (2008): Evaluation, Wissen und Nichtwissen. Wiesbaden. VS Verlag

Buer, Jürgen van/Wagner, Cornelia (Hrsg.) (2007): Qualität von Schule. Ein kritisches Handbuch. Frankfurt, Berlin u. a. Peter Lang

Bundesinstitut für Berufliche Bildung (BIBB) (ohne Jahr): Die BIBB/IAB-Erhebungen im Überblick. Überblick über die Stichproben der vier Erhebungswellen. Ohne Ort. URL: http://www.bibb.de/dokumente/pdf/a22_bibb-iab-1998-1999_ueberblick.pdf

Bundesministerium für Bildung und Forschung (BMBF) (2008): Rahmenprogramm zur Förderung der empirischen Bildungsforschung. Bildungsforschung Band 22. Bonn Berlin. URL: www.bmbf.de/pub/foerderung_der_empirischen_bildungsforschung.pdf

Bundesministerium für Bildung und Forschung (BMBF) (2008a): Storm: Mehr Menschen beteiligen sich an Weiterbildung. 15.02.2008. Pressemitteilung 025/2008. URL: http://www.bmbf.de/press/2235.php

Bundesministerium für Bildung und Forschung (BMBF) (2007): Beteiligung an Weiterbildung auf 50 Prozent erhöhen. 27.09.2007. Pressemitteilung 194/2007. URL: www.bmbf.de/press/2138.php

Bundesministerium für Bildung und Forschung (BMBF) (2006): Bildungsbericht markiert Einstieg in neue Steuerungsphilosophie. 04.07.2006. Pressemitteilung 118/2006. URL: www.bmbf.de/press/1831.php

Bund-Länder-Kommission (BLK) (2004): Strategie für Lebenslanges Lernen in der Bundesrepublik Deutschland. Materialien zur Bildungsplanung und Forschungsförderung. Heft 115. Bonn. URL: www.blk-bonn.de/papers/heft115.pdf

Bund-Länder-Kommission (BLK) (2003): Vergleichende internationale Bildungsstatistik. Sachstand und Vorschläge zur Verbesserung. Materialien zur Bildungsplanung und Forschungsförderung. Heft 103. Bonn. URL: http://www.blk-bonn.de/papers/heft 103.pdf

Bund-Länder-Kommission (1973): Bildungsgesamtplan. Band I. Bonn. Klett

Buse, Michael (2004): Bildungspolitik im föderativen System und internationaler Einfluss. Gütersloh. Bertelsmannstiftung u.a. URL: http://www.stiftung-marktwirtschaft.de/module/Gutachten_Buse_zusammengesetzt.pdf

Bußhoff, Heinrich (Hrsg.) (1992): Politische Steuerung: Steuerbarkeit und Steuerungsfähigkeit. Beiträge zur Grundlagendiskussion. Baden-Baden. Nomos

CEDEFOP (2008): Evaluation of Eurostat Education, Training and Skills Data Sources. Panorama. Thessaloniki

CEDEFOP (2009): Terminology of European education and training policy. Luxembourg

Commission of the European Communities (2008): Progress towards the Lisbon Objectives in Education and Training. Commission Staff Working Document based on SEC(2008)2293. URL: http://ec.europa.eu/education/policies/2010/doc/progress08/report_en.pdf

Commission of the European Communities (2007): Progress towards the Lisbon Objectives in Education and Training. Commission Staff Working Document based on SEC(2007)1284. URL: http://ec.europa.eu/education/policies/2010/doc/progress06/report_en.pdf

Commission of the European Communities (2006): Progress towards the Lisbon Objectives in Education and Training. Commission Staff Working Document SEC(2006)639. URL: http://ec.europa.eu/education/policies/2010/doc/progressreport06.pdf

Commission of the European Communities (2005): Progress towards the Lisbon Objectives in Education and Training. Commission Staff Working Paper SEC(2005)419. URL: http://ec.europa.eu/education/policies/2010/doc/progressreport05.pdf

Commission of the European Communities (2004): Progress towards the Common Objectives in Education and Training. Indicators and Benchmarks. Commission Staff Working Paper SEC(2004)37. URL: http://ec.europa.eu/education/policies/2010/doc/progress_towards_common_objectives_en.pdf

Council of the European Union (2001): Report from the Education Council to the European Council. The Concrete Future Objectives of Education and Training Systems. 5980/01 EDUC 23. URL: http://ec.europa.eu/education/policies/2010/doc/rep_fut_obj_en.pdf.

Couper, Mick P. (1997): Survey Introductions and Data Quality. In: Public Opinion Quarterly 1997/61: 317-338

Cusso, Roser/D'Amico, Sabrina (2005): From Development Comparatism to Globalization Comparativism: Towards more Normative International Education Statistics. In: Comparative Education 41(2005)2: 199-216

Deutscher Bildungsrat (1970): Strukturplan für das Bildungswesen. Stuttgart. Klett Verlag

De Vaus, David A. (2002a): Editor's Instruction: Social Surveys – An Overview. In: De Vaus (2002): IX-XLIV

De Vaus, David A. (2002b): The Nature of Surveys. In: De Vaus (2002): 3-10, Vol I. Ursprünglich erschienen in: De Vaus, David (1995): Surveys in Social Research. 4th edn. London. UCL Press: 3-10

De Vaus, David A. (Ed) (2002): Social Surveys. Volume I-IV. London, Thousand Oaks, New Delhi. Sage

De Vaus, David A. (2001): Research Design in Social Research. London, Thousand Oaks, New Delhi. Sage

De Vaus, David A. (1990): Surveys in Social Research. 2nd ed. Contemporary social research series: 11. London. Unwin Hyman

Diekmann, Andreas (Hrsg.) (2006): Methoden der Sozialforschung. Sonderheft 44/2004. Kölner Zeitschrift für Soziologie und Sozialpsychologie. Wiesbaden. VS Verlag

Diekmann, Andreas (2006a): Aktuelle Probleme der empirischen Sozialforschung. In: Diekmann 2006: 8-32

Diekmann, Andreas (2006b): Empirische Sozialforschung. Grundlagen, Methoden, Anwendungen. Reinbeck. Rowohlt Taschenbuch Verlag GmbH

DIW (2006): A General Introduction to German Socio-Economic-Panel-Study (SOEP). Design, Contents and Data Structure [waves A-V, 1984-2005] (last update: 22 May 2006). Berlin. URL: www.diw.de/deutsch/sop/service/doku/docs/soep_overview.pdf

Döbert, Hans (2007): Bildungsberichterstattung in Deutschland als Instrument bildungspolitischer Steuerung. In: Kasper/Suchart/Schulzeck 2007: 177-196

Döbert, Hans/Avenarius, Hermann (2007): Konzeptionelle Grundlagen der Bildungsberichterstattung in Deutschland. In: Buer/Wagner 2007: 297-314

Dollhausen, Karin (2008): Die Wirklichkeit der Weiterbildungsstatistik – Anmerkungen im Übergang vom BSW zum AES. In: Gnahs/Kuwan et al. 2008: 15-24

Dostal, Werner/Jansen, Rolf/Parmentier, Klaus (2000): Wandel der Erwerbsarbeit. Arbeitssituation, Informatisierung, berufliche Mobilität und Weiterbildung. Beiträge zur Arbeitsmarkt- und Berufsforschung BeitrAB 231. Nürnberg

Dröll, Hajo (1998): Weiterbildungspolitik. Politische Positionen zum quartären Bildungssektor. DIE, texte.online zur Erwachsenenbildung. URL: www.die-frankfurt.de/esprid/dokumente/doc-1999/droell99_01.doc

Durkheim, Emile (1961): Die Regeln der soziologischen Methode. Soziologische Texte. Band 3. Neuwied. Hermann Luchterhand

Eckert, Thomas (Hrsg.) (2007): Übergänge im Bildungswesen. Münster, New York u.a. Waxmann

Eckert, Thomas (2007a): Weiterbildungsteilnahme unter biografischer, historischer und sozialisationstheoretischer Perspektive. In: Eckert 2007: 251-164

Egner, Ute (2002): Berufliche Weiterbildung in Unternehmen (CVTS 2). Projektbericht. Statistisches Bundesamt. Wiesbaden. URL: www.forschungsdatenzentrum.de /bestand/cvts/cf/2000/fdz_cvts_cf_2000_bericht.pdf

Ellwein, Thomas/Hesse, Joachim Jens/Mayntz, Renate/Scharpf, Fritz W. (Hrsg.) (1987): Jahrbuch zur Staats- und Verwaltungswissenschaft. Band I. Baden-Baden. Nomos

Ertl, Hubert (2006): Educational Standards and the changing Discourse on Education: The Reception and Consequences of the PISA Study in Germany. In: Oxford Review of Education 32 (2006)5: 619-634

Esser, Hartmut (1975): Soziale Regelmäßigkeiten des Befragtenverhaltens. Meisenheim am Glan. Anton Hain

Europäische Gemeinschaft (1998): Verordnungen (EG) Nr. 577/98 des Rates vom 9. März 1998 zur Durchführung einer Stichprobenerhebung über Arbeitskräfte in der Gemeinschaft. Amtsblatt der Europäischen Gemeinschaften. 14.03.98. L77/3

Europäische Kommission (2005): Schlüsselzahlen zum Bildungswesen in Europa 2005. Luxemburg. URL: http://eacea.ec.europa.eu/ressources/eurydice/pdf/0_integral/ 052 DE.pdf

Europäische Kommission (2001): Schlüsselzahlen zur Berufsbildung in der Europäischen Union. Übergang vom Bildungswesen ins Erwerbsleben. Luxemburg. Amt für amtliche Veröffentlichungen der EG

Europäische Kommission/Eurostat (2001): Bericht der Eurostat-Taskforce zur Messung des lebenslangen Lernens. URL: http://circa.europa.eu/Public/irc/dsis/edtcs /library?l=/public/measuring_lifelong/force_mlll_report/_DE_1.0_&a=d

European Commission (EC) (2002): Labour Force Survey 2003 - ad hoc module on lifelong learning (LFS/LLL). Explanatory notes draft 14.11.2002. Directorate E: Social statistics, Unit E-3: Health, education and culture. URL: http://circa.europa .eu/Public/irc/dsis/edtcs/library?l=/public/education_labour/lfs_2003_ahm_lll

European Commission/Eurostat (2007): Adult Education Survey. Manual. URL: http://circa.eropa.eu/Public/irc/dsis/edtcs/library?l=/public/measuring_lifelong/education_survey&vm=detailed&sb=Title

European Commission/Eurostat (2005): Task Force Report on Adult Education Survey. Luxembourg. URL: http://circa.europa.eu/Public/irc/dsis/edtcs/library?l=/public/ measuring_lifelong/education_survey/tfaes_reportpdf/_EN_1.0_&a=d

Europäischer Rat (2000): Schlussfolgerungen des Vorsitzes. Europäischer Rat Lissabon. 23. und 24. März 2000. URL: http://www.bologna-berlin2003.de/pdf/Beschluesse De.pdf

Bundesforschungsanstalt für Landwirtschaft (FAL) (2005): Jahresbericht 2005. Braunschweig. URL: http://www.fal.de/cln_045/nn_787794/SharedDocs/00__FAL/DE /Publikationen/Jahresbericht/jb__2005,templateId=raw,property=publicationFile.pdf /jb_2005.pdf

Faulstich, Peter/Teichler, Ulrich/Bojanowski, Arnulf/Döring, Ottmar (1991): Bestand und Perspektiven der Weiterbildung. Das Beispiel Hessen. Weinheim. Deutscher Studien-Verlag

Faulstich, Peter (2000): Internationalität und Erwachsenenbildung. Bielefeld. Bertelsmann

Faulstich, Peter (1995): Öffentliche Verantwortung für die Weiterbildung. In: Jagenlauf/Schulz et al. 1995: 77-91

Feller, Gisela (Hrsg.) (2006): Weiterbildungsmonitoring ganz öffentlich. Entwicklungen, Ergebnisse und Instrumente zur Darstellung lebenslangen Lernens. Bielefeld. Bertelsmann

Frick, Joachim (2006): A General Introduction to the German-Socio-Economic-Panel Study (SOEP) – Design, Contents and Data Structure (waves A-V, 1984-2005). Ohne Ort. URL: http://www.diw.de/documents/dokumentenarchiv/ 17/43529/soep_overview.pdf

Fuchs, Hans-Werner/Reuter Lutz R. (2000): Bildungspolitik in Deutschland. Entwicklungen, Probleme, Reformbedarf. Opladen. Leske + Budrich

Fuhr, Thomas/Gonon, Phillip/Hof, Christiane (Hrsg.) (2009): Handbuch der Erziehungswissenschaft. Band 2. Teilband 2. Paderborn. Schöningh Verlag

Gabler, Siegfried (2006): Gewichtungsprobleme in der Datenanalyse. In: Diekmann 2006: 128-147

Gabler, Siegfried/Hoffmeyer-Zlotnik, Jürgen/Krebs, Dagmar (Hrsg.) (1994): Gewichtung in der Umfragepraxis. Opladen. Westdeutscher Verlag

Gerß, Wolfgang (2004): Nutzung von Daten der historischen Statistik in Lehrforschungsprojekten. Duisburger Beiträge zur soziologischen Forschung 3/2004. URL: http://soziologie.uni-duisburg.de/forschung/DuBei_0304.pdf

Gnahs, Dieter (2008): „Weiterbildung" und „adult learning" – deutsche und europäische Begriffswelten. In: Gnahs/Kuwan et al 2008: 25-34

Gnahs, Dieter (2007): Steuerungswissen durch international vergleichende Kompetenzmessung bei Erwachsenen. In: Eckert 2007: 295-311

Gnahs, Dieter (2007a): Ein PISA für Erwachsene? Dokument aus der Reihe „DIE FAKTEN" des Deutschen Instituts für Erwachsenenbildung, Bonn. URL: http://www.die-bonn.de/doks/gnahs0701.pdf

Gnahs, Dieter (1999): Weiterbildungsstatistik. In: Tippelt 1999: 360-373

Gnahs, Dieter/Kuwan, Helmut/Seidel, Sabine (Hrsg.) (2008): Weiterbildungsverhalten in Deutschland. 2. Berichtskonzepte auf dem Prüfstand. Bielefeld. Bertelsmann

Gnahs, Dieter/Pehl, Klaus/Seidel, Sabine (1999): Towards a European Statistic for Adult Education. ESNAL subproject 3.3.1 statistics. URL: http://www.die-bonn.de/esprid/dokumente/doc-2000/gnahs00_01.pdf

Grek, Sotiria (2008): From Symbols to Numbers: The Shifting Technologies of Education Governance in Europe. In: EERJ 7(2008)2: 208-218

Groves, Robert M./Presser, Stanley/Dipko, Sarah (2004): The Role of Topic Interest in Survey Participation Decisions. In: Public Opinion Quarterly 1(2004)68: 2-31

Groves, Robert M./Singer, Eleanor/Corning, Amy (2000): Leverage-Saliency-Theory Of Survey Participation. In: Public Opinion Quarterly 3(2000)64: 299-308

Hartmann, Josef/Bielenski, Harald/Rosenbladt, Bernhard von (1999): Erwerb und Verwertung beruflicher Qualifikationen von Erwerbstätigen. BIBB/IAB-Erhebung

1998/99. Gewichtung und Strukturkontrolle der Stichprobe. Vorgelegt von Infratest Burke Sozialforschung. München. URL: http://www.bibb.de/dokumente/pdf/a22 _bibb-iab-1998-1999_gewichtung.pdf

Hartwich, Hans-Hermann/Wewer, Göttrik (Hrsg.) (1991): Regieren in der Bundesrepublik III. Systemsteuerung und „Staatskunst". Theoretische Konzepte und empirische Befunde. Opladen. Leske + Budrich

Heidelberger Akademie der Wissenschaften (Hrsg.) (2006): Politikberatung in Deutschland. Wiesbaden. VS Verlag

Helsper, Werner/Böhme, Jeanette (Hrsg.) (2008): Handbuch der Schulforschung. 2. Aufl. Wiesbaden. VS Verlag

Hüfner, Angelika (2006): Bildungsberichterstattung – Erwartungen aus der Sicht der Politik. In: Krüger/Rauschenbach et al. 2006: 15-19

Hutmacher, Walo (1997): Ein Konsens über die Erneuerung der Wissensgrundlagen in Bildungssystemen: Gedanken zur internationalen Arbeit auf dem Gebiet der Bildungsindikatoren. In: OECD 1997: 101-117

Imhof, Margarete (2005): Zur Rezeption der Ergebnisse der PISA-Studie durch Lehrer und Lehrerinnen. Meinungen und Einstellungen. In: Unterrichtswissenschaft 33(2005)3: 255-271

Infratest Sozialforschung (2001): Fragebogen des BSW 2000. Aus Methodenbericht und Dokumentation zum scientific usefile der GESIS. Zentralarchiv-Archivnummer: 3997 (siehe Ausschnitt im Anhang)

Infratest Burke Sozialforschung (2000): Personenfragebogen SOEP 2000. (siehe Ausschitt im Anhang).

Infratest Burke Sozialforschung/Infas (1998): Erwerb und Verwertung beruflicher Qualifikationen von Erwerbstätigen. BIBB/IAB-Erhebung 1998/99. Erhebungsinstrument. Fragebogenmaster für die CAPI-Programmierung. BIBB-Forschungsprojekt 1.1006. Ohne Ort. URL: www.bibb.de/dokumente/pdf/a22_bibb-iab-1998-1999_fragebogen .pdf (siehe Ausschnitt im Anhang)

Ioannidou, Alexandra (2007): A Comparative Analyses of New Governance. Instruments in the Transnational Educational Space: a shift to knowledge-based instruments? In: European Educational Research Journal 6(2007)4: 336-347

Ioannidou, Alexandra (2006): Lebenslanges Lernen als bildungspolitisches Konzept und seine Bedeutung für die Bildungsberichterstattung. In: Feller 2006: 11-34

Jagenlauf, Michael/Schulz, Manuel/Wolgast, Günther (Hrsg.) (1995): Weiterbildung als quartärer Bereich. Bestand und Perspektiven nach 25 Jahren. Neuwied, Kriftel, Berlin. Luchterhand

Jansen, Rainer/Schulz, Uwe/Wiegelmann, Ulrike/Menzel, Susanne/Franke, Nicole/Götte, Katharina/Idems, Christine (Hrsg.) (2003): Akzeptanz und Ignoranz. Festschrift für Jens Naumann. Frankfurt am Main, London. IKO

Jütte, Wolfgang (1999): Translation Difficulties and the Importance of Terminology Work in Comparative Adult Education. In: Reischmann/Bron et al. 1999: 261-272

Kaase. Max (Hrsg.) (1999): Qualitätskriterien der Umfrageforschung. Denkschrift. Deutsche Forschungsgemeinschaft. Berlin. Akademischer Verlag

Kalton, Graham/Schuman, Howard (1982): The Effect of the Question on Survey Responses: A Review. In: DeVaus 2002: 209-256, Vol. III. Ursprünglich erschienen in: Journal of the Royal Statistical Society, Series A(1982)145: 42-73

Karmasin, Fritz/Karmasin, Helene (1977): Einführung in Methoden und Probleme der Umfrageforschung. Wien, Köln, Graz. Hermann Böhlhaus Nachf. Gesellschaft mbH

Kasper, Oliver/Suchart, Claudia/Schulzeck, Ursula (Hrsg.) (2007): Kontexte von Bildung. Erweiterte Perspektiven in der Bildungsforschung. Münster, New York u.a. Waxmann

Kirchgässner, Gebhard (2007): Wissenschaft und Politik: Chancen und Gefahren einer unvermeidlichen Allianz. In: Berka/Schmidinger et al. 2007: 183-219

Klemm, Elmar (2002): Einführung in die Statistik. Für die Sozialwissenschaften. Wiesbaden. Westdeutscher Verlag

Klemm, Klaus et al. (1990): Bildungsgesamtplan 90. Ein Rahmen für Reformen. Weinheim, München. Juventa

Klieme, Eckhard (2004): Begründung, Implementation und Wirkung von Bildungsstandards: Aktuelle Diskussionslinien und empirische Befunde. In: Zeitschrift für Pädagogik 50(2004)5: 625-634

Klieme, Eckhard/Avenarius, Herman/Baethge, Martin/Döbert, Hans/Hetmeier, Hans-Werner/Meister-Scheufelen/Rauschenbach, Thomas/Wolter, Andrä (2006): Grundkonzeption der Bildungsberichterstattung für Deutschland. In: Krüger/Rauschenbach et al. 2006: 129-145

Knoll, Joachim H. (1997): „Lebenslanges Lernen" im Kontext internationaler Bildungspolitik und Bildungsreform. In: report 39/1997: 27-40

Koch, Hans Harald (2006): „Erwartungen der Bildungspolitik". Beitrag zur Tagung „Zur Lage der Erziehungswissenschaft" der Deutschen Gesellschaft für Erziehungswissenschaft (DGfE) am 20.01.2006. In: Erziehungswissenschaft 33(2006)17: 14-24

Kommission der Europäischen Gemeinschaften (2002): Europäische Benchmarks für die allgemeine und berufliche Bildung. Follow-up der Tagung des Europäischen Rates von Lissabon. KOM (2002)629. URL: http://ec.europa.eu/education/policies/2010/doc/bench_ed_trai_de.pdf

Kommission der Europäischen Gemeinschaften (2001): Einen europäischen Raum des lebenslangen Lernens schaffen. Mitteilung der Kommission. KOM(2001)678. URL: http://eurlex.europa.eu/LexUriServ/LexUriServ.do?uri=COM:2001:0678:FIN:DE:PDF

Kommission der Europäischen Gemeinschaften (2000): Memorandum über Lebenslanges Lernen. Arbeitsdokument der Kommissionsdienststelle. 30.10.2000. SEK (2000) 1832. Brüssel. URL: ec.europa.eu/education/policies/lll/life/memode.pdf

Kommission der Europäische Gemeinschaften (1998): Verordnung (EG) Nr. 1571/98 der Kommission vom 20. Juli 1998 zur Umsetzung der Verordnung (EG) Nr. 577/98 des Rates über die Durchführung einer Stichprobenerhebung über Arbeitskräfte in der Gemeinschaft. L205/40. URL: http://eur-lex.europa.eu/LexUriServ/LexUriServ.do?uri=OJ:L:1998:205:0040:0065:DE:PDF

Konsortium Bildungsberichterstattung (2008): Bildung in Deutschland. Ein indikatorengestützter Bericht mit einer Analyse zu Übergängen im Anschluss an den Sekundarbereich I. Bielefeld. Bertelsmann. URL: http://www.bildungsbericht.de/daten 2008 /bb_2008.pdf

Konsortium Bildungsberichterstattung (2006): Bildung in Deutschland. Ein indikatorengestützter Bericht mit Indikatoren zu Bildung und Migration. Bielefeld. Bertelsmann. URL: www.bildungsbericht.de/daten/gesamtbericht.pdf

Konsortium Bildungsberichterstattung (2006a): Zur langfristigen Sicherstellung der Datenbasis für die Bildungsberichterstattung. Interner Bericht. Frankfurt am Main, den 9. Januar 2006. URL: http://www.bildungsbericht.de/daten/datenstrategie.pdf

Konsortium Bildungsberichterstattung (2005): Bildungsberichterstattung. Entwurf eines Indikatorenmodells. Vorlage für die Sitzung mit Steuerungsgruppe und Beirat am 09. März 2005 in Bonn. Bonn. URL: www.bildungsbericht.de/daten/indikatorenmodell.pdf

Krämer, Walter (2006): Statistik: Vom Geburtshelfer zum Bremser der Erkenntnis in den Sozialwissenschaften? In: Diekmann 2006: 51-60

Kromrey, Helmut (1995): Empirische Sozialforschung. Modelle und Methoden der Datenerhebung und Datenauswertung. 7. revidierte Auflage. Opladen. Leske + Budrich

Kromrey, Helmut (1992): Zum Umgang mit Informationen in der empirischen Sozialforschung. Ein Vergleich quantitativer und qualitativer Ansätze. Bergische Universität Gesamthochschule Wuppertal. Fachbereich Gesellschaftswissenschaften. Arbeitspapiere Nr. 2

Krüger, Heinz-Hermann/Rauschenbach, Thomas/Sander, Uwe (Hrsg.) (2006): Bildungs- und Sozialberichterstattung. Zeitschrift für Erziehungswissenschaften, Beiheft 6/2006. Wiesbaden. VS Verlag

Krüger, Heinz-Hermann/Rauschenbach, Thomas/Sander, Uwe (Hrsg.) (2006): Editorial. In: Krüger/Rauschenbach et al. 2006: 5-8

Kruppe, Thomas (2006): Wirkungsanalyse der Förderung beruflicher Weiterbildung im Spannungsverhältnis von Monitoring und Evaluation. In: Brinkmann/Koch et al. 2006: 151-159

Kultusministerkonferenz (KMK) (2001): Vierte Empfehlung der Kultusministerkonferenz zur Weiterbildung. Beschluss der Kultusministerkonferenz vom 01.02.2001. Bonn. URL: www.kmk.org/doc/beschl/vierteweiterb.pdf

Kuper, Harm (2009): Quantitative Daten. In: Fuhr/Gonon et al. 2008

Kuper, Harm (2008): Wissen – Evaluation – Evaluationswissen. In: Brüsemeister/Eubel 2008: 61-73

Kuper, Harm (2008a): Operationalisierung der Weiterbildung: Begriffswelten und Theoriebezüge. In: Gnahs/Kuwan et al. 2008: 35-42

Kuper, Harm (2000): Weiterbildung – von der Kontrast- zur Integrationsformel erwachsenpädagogischer Reflexion. DIE, texte.online zur Erwachsenenbildung. URL: http://www.die-frankfurt.de/esprid/dokumente/doc-2000/kuper00_01.doc

Kuwan, Helmut (2004): Berufliche Weiterbildung in Deutschland. Anmerkungen zur derzeitigen Datenlage und zu zukünftigen Anforderungen. In: Baethge/Lanfer 2003: 197-222

Kuwan, Helmut/Bilger, Frauke/Gnahs, Deiter/Seidel, Sabine (2006): Berichtssystem Weiterbildung IX. Integrierter Gesamtbericht zur Weiterbildungssituation in Deutschland. Herausgegeben vom Bundesministerium für Bildung und Forschung. Bonn, Berlin. URL: www.bmbf.de/pub/berichtssystem_weiterbildung_9.pdf

Kuwan, Helmut/Thebis, Frauke/Gnahs, Dieter/Sandau, Elke/Seidel, Sabine (2003): Berichtssystem Weiterbildung 2000. Herausgegeben vom Bundesministerium für Bildung und Forschung. Bonn. URL: www.bmbf.de/pub/berichtssystem _weiterbildung _viii-gesamtbericht.pdf

Lange, Bettina/Alexiadou, Nafsika (2007): New Forms of European Union Governance in the Education Sector? A Preliminary Analysis of the Open Method of Coordination. In: European Educational Research Journal 6(2007)4: 321-335

Lawn, Martin/Lingard, Bob (2002): Constructing a European Policy Space in Educational Governance: the role of transnational policy actors. In: European Educational Research Journal 1(2002)2: 290-307

Lehnert, Daniel/Weiss, Felix/Kohlmann, Annette (2003): ZUMA-Methodenbericht 2003/09. Mikrozensus 2000. Dokumentation und Datenaufbereitung. Mannheim. URL: http://www.gesis.org/Publikationen/Berichte/ZUMA_Methodenberichte/documents/pdfs/2003/03_09_Kohlmann_Lehnert.pdf

Leibfried, Stephan/Martens, Kerstin (2008): PISA – Internationalisierung von Bildungspolitik. Oder: Wie kommt die Landespolitik zur OECD? In: Leviathan 36(2008)1: 3-14

Lenhardt, Gero (2008): Vergleichende Bildungsforschung – Bildung, Nationalstaat, Weltgesellschaft. In: Helsper/Böhme 2008: 1009-1028

Lenzen, Dieter/Luhmann, Niklas (Hrsg.) (1997): Bildung und Weiterbildung im Erziehungssystem. Lebenslauf und Humanontogenese als Medium und Form. Frankfurt am Main. Suhrkamp

Leschinsky, Achim (2003): Bemerkungen zum Verhältnis von Politik und Wissenschaft. In: Jansen/Schulz et al. 2003: 33-36

Leuze, Kathrin/Brand, Tilman/Jakobi, Anja P./Martens, Kerstin/Nagel, Alexander/ Rusconi, Alessandra/Weymann, Ansgar (2008): Analysing the Two-Level-Game. International and National Determinants of Change in Education Policy Making. Sfb 597, Transformation of the State, Working Paper No. 83. URL: http://www.sfb597.uni-bremen.de/pages/download.php?ID=85&SPRACHE=en&TABLE=AP&TYPE= PDF

Löffler, Ute (1999): Ein Kurzüberblick über die gebräuchlichsten Stichproben-Verfahren in der Marktforschung. In: ADM/AG.MA 1999: 17-22

Ludwig, Joachim (2007): Das Projekt Forschungslandkarte Erwachsenen- und Weiterbildung. Laufend aktuelle Informationen. In: Weiterbildung 5/2007: 29-31

Luhmann, Niklas (1989): Politische Steuerung. Ein Diskussionsbeitrag. In: Politische Vierteljahresschrift 30(1989)1: 4-9

Martens, Kerstin/Balzer, Carolin/Sackmann, Reinhold/Weymann, Ansgar (2004): Comparing Governance of International Organisations – The EU, the OECD and Educational Policy. Sfb 597, Transformation of the State, Working Paper No. 7. URL: http://www.sfb597.uni-bremen.de/pages/download.php?ID=8&SPRACHE=de&TABLE=AP&TYPE=PDF

Mayntz, Renate (1987): Politische Steuerung und gesellschaftliche Steuerungsprobleme – Anmerkungen zu einem theoretischen Paradigma. In: Ellwein/Hesse et al. 1987: 89-110

Mayntz, Renate/Scharpf, Fritz W. (2005): Politische Steuerung – Heute? In: Zeitschrift für Soziologie 34(2005)3: 236-243

Moore, David M. (2002): Measuring New Types of Question-Order Effects. In: Public Opinion Quarterly 2002/66: 80-91

Münch, Joachim (1993): „Die" Weiterbildung als begriffliches und bildungspolitisches Problem. In: Sommer/Twardy 1993: 61-81

Nagel, Alexander/Bieber, Tonia/Jakobi, Anja P./Knodel, Philipp/Niemann, Dennis/Teltemann, Jana (2009): Measuring Transformation: A Mixed-Method-Approach to the Internalization of Education Policies. Sfb 597, Transformation of the State, Working Paper No. 83. URL: http://www.sfb597.uni-bremen.de/pages/download.php?ID=98&SPRACHE=de&TABLE=AP&TYPE=PDF

Nikel, Jutta/Müller, Susanne (2008): Indikatoren einer Bildung für nachhaltige Entwicklung. In: Bormann/de Haan 2008: 233-251

Noelle-Neumann, Elisabeth/Petersen, Thomas (2005): Alle, nicht jeder. Einführung in de Methoden der Demoskopie. 4. Aufl. Berlin, Heidelberg. Springer-Verlag

Noelle-Neumann, Elisabeth (1997): Quality Criteria in Survey Research. Keynote Speech Presented at the WAPOR Thematic Seminar on June 27, 1996, Cadenabbia, Italy. In: International Journal of Public Opinion Research 9(1997)1: 29-32

Noll, Heinz-Herbert (Hrsg.) (1997): Sozialberichterstattung in Deutschland. Weinheim, München. Juventa

Nuissl, Ekkehard (1998): (Weiter-)Bildungspolitik im nächsten Jahrhundert. In: report 41/1998: 56-62

Organisation for economic Co-operation and Development (OECD) (ed.) (2008): Education at a Glance 2008. OECD Indicators. Paris

Organisation for economic Co-operation and Development (OECD) (ed.) (2007): Education at a Glance 2007. OECD Indicators. Paris

Organisation for economic Co-operation and Development (OECD) (ed.) (2006): Educational Policy Analysis. Focus on Higher Education – 2005-2006 Edition. Paris

Organisation for economic Co-operation and Development (OECD) (ed.) (2006a): Education at a Glance 2006. OECD Indicators. Paris

Organisation for economic Co-operation and Development (OECD) (ed.) (2005): Education at a Glance 2005. OECD Indicators. Paris

Organisation for economic Co-operation and Development (OECD) (ed.) (2004): UOE Data Collection. Data Collection on Educational Statistics. 2004 Data Collection on Education Systems. UOE Data Collection Manual. Paris. URL: http://www.oecd.org/dataoecd/32/53/33712760.pdf

Organisation for economic Co-operation and Development (OECD) (ed.) (2004a): OECD Handbook for Internationally Comparative Education Statistics. Concepts, Standards, Definitions and Classifications. Paris

Organisation for economic Co-operation and Development (OECD) (2000): Guidelines on the Measurement of Training – a draft Proposal- Working Party on Employment and Unemployment Statistics. DEELSA/ELSA/WP (2000)6. URL: http://circa.europa.eu/Public/irc/dsis/edtcs/library?l=/public/measuring_lifelong/reference_method ological/oecd_guidelines/_EN_1.0_&a=d

Organisation for economic Co-operation and Development (OECD) (ed.) (2001): Education at a Glance 2001. OECD Indicators. Paris

Organisation for economic Co-operation and Development (OECD) (ed.) (2000a): Education at a Glance 2000. OECD Indicators. Paris

Organisation for economic Co-operation and Development (OECD) (1998): Harmonisation of Training Statistics. DEELSA/ELSA/WP7(98)4. URL:http://www.oecd.org/ LongAbstract/0,3425,en_2649_39263294_1943530_119656_1_1_1,00.html

Organisation for economic Co-operation and Development (OECD) (ed.) (1998a): Education at a Glance 1998. OECD Indicators. Paris

Organisation for economic Co-operation and Development (OECD) (Hrsg.) (1997): Wissensgrundlagen für die Bildungspolitik. Beiträge zu einer OECD-Konferenz in Maastricht vom 11. bis 13. September 1995. Frankfurt, Berlin u.a. Peter Lang

Organisation for economic Co-operation and Development (OECD) (1997a): Manual for better Training Statistics: Conceptual, Measurement and Survey Issues. Paris

Organisation for economic Co-operation and Development (OECD) (ed.) (1997b): Education at a Glance 1997. OECD Indicators. Paris

Organisation for economic Co-operation and Development (OECD) (ed.) (1996): Education at a Glance 1996. OECD Indicators. Paris

Organisation for economic Co-operation and Development (OECD) (ed.) (1995): Education at a Glance 1995. OECD Indicators. Paris

Organisation for economic Co-operation and Development (OECD) (Hrsg.) (1994): Die internationalen Bildungsindikatoren der OECD – ein Analyserahmen. Ein OECD/CERI-Bericht. Frankfurt, Berlin u.a. Peter Lang

Pehl, Klaus (2005): Ein (Wahrscheinlichkeits-)modell zur Relation zwischen Teilnehmenden und Teilnahmefällen in der Weiterbildung. Die texte.online zur Erwachsenenbildung. URL: http://www.die-bonn.de/esprid/dokumente/doc-2005/pehl05_07.pdf

Phelps, Richard/Stowe, Peter (1998): Review of OECD Countries' Survey Items on Continuing Education and Training and Analyses of ther Comparability. Unveröffentlichtes Working Paper des U.S. Education Department

Pischner, Rainer (2007): Die Querschnittsgewichtung und die Hochrechnungsfaktoren des sozio-oekonomischen Panels (SOEP) ab Release 2007 (W). Modifikationen und Aktualisierungen. DIW Berlin. Data Documentation 22. URL: http://www. diw.de/documents/publikationen/73/60091/ diw_datadoc_2007-022.pdf

Porst, Rolf (2000): Praxis der Umfrageforschung. 2. überarbeitete Auflage. Studienskripten zur Soziologie. Stuttgart, Leipzig, Wiesbaden. Teubner

Porst, Rolf (1996): Ausschöpfung bei sozialwissenschaftlichen Umfragen. Die Sicht der Institute. ZUMA-Arbeitsbericht 96/07. URL: www.gesis.org/Publikationen/berichte /ZUMA_Arbeitsberichte/96/96_07.pdf

Power, Michael (1997): From Risk Society to Audit Society. In: Soziale Systeme. Zeitschrift für soziologische Theorie 3(1997)1: 3-21

Presser, Stanley/Couper, Mick P./Lessler, Judith T./Martin, Elizabeth/Martin, Jean/ Rothgeb, Jennifer M./Singer, Eleanor (2004): Methods for Testing and Evaluation Survey Questions. In: Public Opinion Quarterly 2004/68: 109-130

Quatember, Andreas (1996): Das Quotenverfahren. Schriften der Johannes-Kepler-Universität. Reihe B - Wirtschafts- und Sozialwissenschaften. Linz. Universitätsverlag Rudol Trauner

Recum, Hasso von (2006): Steuerung des Bildungssystems. Entwicklung, Analysen, Perspektiven. Bildung in neuer Verfassung. Band III. Post mortem, herausgegeben von Füssel, Hans-Peter/Terhart, Ewald. Berlin. BWV

Recum, Hasso von (2003): Deutsche Bildungspolitik zwischen Vergangenheitsbewältigung und Zukunftsgestaltung. In: Recum 2006: 203-219

Recum, Hasso von (1997): Bildungspolitische Steuerung oder die Kunst, das Unmögliche möglich zu machen. Zwei Essays. 2. erweiterte Aufl. DIPF. Frankfurt am Main.

Recum, Hasso von (1988): Aufstieg und Niedergang gesamtstaatlicher Bildungsplanung in der Bundesrepublik Deutschland. In: Recum 2006: 107-126

Reischmann, Jost (2000): Internationale und Vergleichende Erwachsenenbildung: Beginn einer Konsolidierung. In: Faulstich 2000: 39-50

Reischmann, Jost/Bron, Michael Jr./Jelenc, Zoran (1999): Comparative Adult Education 1998. Ljubljana

Rendtel, Ulrich (1995): Lebenslagen im Wandel. Panelausfälle und Panelrepräsentatitvität. Franfurt a. M. Campus Verlag

Renn, Ortwin (2006): Möglichkeiten und Grenzen sozialwissenschaftlicher Politikberatung. In: Heidelberger Akademie der Wissenschaften 2006: 47-70

Roitsch, Jutta (2002): Reflexe und Ignoranzen. Politische Reaktionen auf die Pisa-Studie. In: Blätter für deutsche und internationale Politik 2002: 451-461

Rosenbladt, Bernhard von/Infratest Sozialforschung (2001): SOEP 2000 Methodenbericht zum Befragungsjahr 2000 (Welle 17) des Sozio-ökonomischen Panels. München. URL: http://www.diw.de/documents/dokumentenarchiv/17/39005/meth_2000.pdf

Rosenbladt, Bernhard von/TNS Infratest (2008): Weiterbildungsbeteiligung in Deutschland und Europa. Konzeptionelle Fragen. BSW-AES Arbeitspapier Nr. 3. München

Rosenbladt, Bernhard von/Bilger Frauke (2008): Weiterbildungsbeteiligung in Deutschland – Eckdaten zum BSW-AES 2007. TNS Infratest Sozialforschung München. URL: www.bmbf.de/pub/weiterbildungsbeteiligung_in_deutschland.pdf

Rosenbladt, Bernhard von/Bilger Frauke (2008a): Weiterbildungsverhalten in Deutschland. 1. Berichtssystem Weiterbildung und Adult Education Survey 2007. Bielefeld. Bertelsmann

Rosenbladt, Bernhard von/Bilger, Frauke/Wich, Philipp (2008): Nutzerhandbuch für die Daten des deutschen „Adult Education Survey" (AES 2007). ZA-Nr. 4265. München

Rosenbladt, Bernhard von/Bilger, Frauke/Wich, Philipp (2008a): Nutzerhandbuch für die Daten des „Berichtssystems Weiterbildung" (BSW Trend 2007). ZA-Nr. 4264. München

Roth, Paul (1986): Die „neue Weltinformationsordnung" und die Krise der UNESCO. In: Stimmen der Zeit 10(1986)111: 704-714

Rothe, Günther/Wiedenbeck, Michael (1994): Stichprobengewichtung. Ist Repräsentativität machbar? In: Gabler/Hoffmeyer-Zlotnik et al. 1994: 46-61

Rürup, Matthias (2008): Zum Wissen der Bildungsberichterstattung. Der deutsche Bildungsbericht als Beispiel und Erfolgsmodell. In: Brüsemeister/Eubel 2008: 141-169

Sauter, Edgar (1990): Weiterbildungsstatistik. Ansätze, Defizite, Vorschläge. In: Recht der Jugend und des Bildungswesens 3/1990: 258-270
Scharpf, Fritz W. (1989): Politische Steuerung und politische Institutionen. In: Politische Vierteljahresschrift 30(1989)1: 10-21
Scheerens, Jaap (2004): Perspectives on Education Quality, Education Indicators and Benchmarks. In: European Educational Research Journal 3(2004)1: 115-138.
Schemmann, Michael (2007): Internationale Weiterbildungspolitik und Globalisierung. Orientierungen und Aktivitäten von OECD, EU, UNESCO und Weltbank. Bielefeld. Bertelsmann
Schmidt, Manfred G. (1995): Wörterbuch zur Politik. Stuttgart. Alfred Kröner Verlag
Schnell, Rainer/Hill, Paul B./Esser, Elke (1999): Methoden der empirischen Sozialforschung. 6. Aufl. München, Wien, Oldenburg. Oldenburg Verlag
Schroedter, Julia H./Lechert, Yvonne/Lüttinger, Paul (2006): Die Umsetzung der Bildungsskala ISCED-1997 für die Volkszählung 1970, die Mikrozensus-Zusatzerhebung 1971 und die Mikrozensen 1976-2004. Version 1. ZUMA-Methodenbericht 2006/08. URL: http://www.gesis.org/fileadmin/upload/forschung/publikationen/gesis_reihen/gesis_methodenberichte/2006/06_08_Schroedter.pdf
Schwarz, Norbert/Sudman, Seymour (eds) (1992): Context Effects in Social and Psychological Research. New York, Berlin, Heidelberg a. o. Springer-Verlag
Schwarz, Norbert/Sudman, Seymour (eds) (1994): Autobiographical Memory and the Validity of Retrorespective Reports. New York, Berlin, Heidelberg a. o. Springer-Verlag
Schwegler, Helmut/Roth, Gerhard (1992): Steuerung, Steuerbarkeit und Steuerungsfähigkeit komplexer Systeme. In: Bußhoff 1992: 11-49
Sedel, Julie (2004): Three Sets of Indicators in Education: Educations at Glance (OECD, Key Data on Education (European Union), The State of Education (French Ministry of Education). Elements of Comparison and Analysis. In: European Educational Research Journal 3(2004)1: 139-167
Seidel, Sabine (2006): Erhebungen zur Weiterbildung in Deutschland. Pfade durch den Statistikdschungel. In Feller 2006: 35-63
Seitter, Wolfgang (2000): Geschichte der Erwachsenenbildung. Eine Einführung. Bielefeld. Bertelsmann
Smith, Thomas M./Baker, David P. (2001): Worldwide Growth and Institutionalization of Statistical Indicators for Education Policy-Making. In: Peabody Journal of Education 76(2001) 3/4: 141-152
Sommer, Karl-Heinz/Twardy, Martin (Hrsg.) (1993): Berufliches Handeln, gesellschaftlicher Wandel, pädagogische Prinzipien. Festschrift für Martin Schmiel zur Vollendung des 80. Lebensjahres. Esslingen. DEUGRO
Sonderforschungsbereich 700 (2007): Grundbegriffe. Ein Beitrag aus dem Teilprojekt A1, SFB-Governance Working Paper Series, Nr. 8. DFG Sonderforschungsbereich 700. Berlin. URL: http://www.sfb-governance.de/publikationen/sfbgov_wp/wp8/index.html
Sroka, Wendelin (2005):Europäische Benchmarks für Bildungssysteme. Instrumente bildungspolitischer Steuerung? In: Tertium Comparationis 11(2005)2: 191-208
Stahl, Thomas (2005): Wissensgesellschaft und lebenslanges Lernen als wesentliche Standortfaktoren eines sich wandelnden Europas. In: Arbeitsgemeinschaft Betriebli-

che Weiterbildungsforschung e.V./Projekt Qualitäts-Entwicklungs-Management Berlin 2005: 17-38

Statistisches Bundesamt (2006): Mikrozensus Qualitätsbericht. Wiesbaden. URL: www.destatis.de/.../DE/Content/Publikationen/Qualitaetsberichte/Mikrozensus/Mikrozensus,property=file.pd

Statistisches Bundesamt (2000): Erhebungsbogen Stichprobenerhebung über die Bevölkerung und den Arbeitsmarkt. Mikrozensus 2000 und Arbeitskräftestichprobe der Europäischen Union. (siehe Ausschnitt im Anhang).

Sudman, Seymour/Bradburn, Norman M. (1982): Asking Questions. A Practical Guide to Questionnaire Design. San Francisco, London. Jossey-Bass

Tenorth, Heinz Elmar (2003): Bildungsziele, Bildungsstandards und Kompetenzmodelle – Kritik und Begründungsversuche. In: Recht der Jugend und des Bildungswesens 2/2003: 156-164

Terhart, Ewald (2001): Bildungsforschung, Bildungsadministration, Bildungswirklichkeit: eine systematische Annäherung. In: Tillmann/Vollstädt 2001: 17-32

Tillmann, Klaus-Jürgen/Dedering, Kathrin/Kneuper, Daniel/Kuhlmann, Christian/Nessel, Isa (2008): PISA als bildungspolitisches Ereignis. Oder: Wie weit trägt das Konzept der „evolutionsbasierten Steuerung"? In: Brüsemeister/Eubel 2008: 117-140

Tillmann, Klaus Jürgen/Vollstädt, Witlof (Hrsg.) (2001): Politikberatung durch Bildungsforschung. Das Beispiel: Schulentwicklung in Hamburg. Opladen. Leske + Budrich

Tippelt, Rudolf (1999): Handbuch Erwachsenenbildung/Weiterbildung. 2. überarb. und aktualisierte Auflage. Opladen. Leske + Budrich

TNS Infratest Sozialforschung (2004): Berichtssystem Weiterbildung VIII. Methodenbericht und Datendokumentation. ZA-Nr. 3997. München

Tuijnman, Albert (2003): Measuring Lifelong Learning for the New Economy. In: Compare 33(2203)4: 471-482

Ulrich, Joachim Gerd (2000): Weiterbildungsbedarf und Weiterbildungsaktivitäten der Erwerbstätigen in Deutschland. Ergebnisse aus der BIBB/IAB-Erhebung 1998/1999. In: Berufsbildung in Wissenschaft und Praxis 3/2000: 23-29

United Nations Educational, Scientific and Cultural Organization (UNESCO) (2007): Quality Assurance and Accreditation. A Glossary of Basic Terms and Definitions. Bukarest. URL:http://www.cepes.ro/publications/pdf/Glossary_2nd.pdf

United Nations Educational, Scientific and Cultural Organization (UNESCO) (2006): International Standard Classification of Education. ISCED 1997. Re-edition May 2006. URL: http://www.uis.unesco.org/TEMPLATE/pdf/isced/ISCED_A.pdf

United Nations Educational, Scientific and Cultural Organization (UNESCO) /Organisation for economic Co-operation and Development (OECD) (Hrsg.) (1999): Investing in Education – Analysis of the 1999 World Education Indicators. URL: http://www.uis.unesco.org/template/pdf/wei/WEI1999 InvestingInEducation.pdf

van Ackeren, Isabell/Hovestadt, Gertrud (2003): Indikatorisierung der Empfehlung des Forum Bildung. Bildungsreform Band 4. Hrsg. BMBF. Berlin. URL: bildungsministerin.info/pub/indikatorisierung_der_empfehlungen_des_forum_bildung.pdf

van Herpen, Max (1994): Gegenwärtige begriffliche Modelle für Bildungsindikatoren. In OECD 1994: 29-61

Wagner, Gert G./Frick, Joachim R./Schupp, Jürgen (2007): The German Socio-Economic Panel-Study (SOEP) – Scope, Evolution and Enhancements. In: Schmoellers Jahrbuch 2007/127-1: 139-169

Weick, Stefan (1997): Querschnitt- und Längsschnittdaten in der Sozialberichterstattung. In: Noll 1997: 294-311

Weisberg, Herbert F. (2005): The total Survey Error Approach. A Guide to the New Science of Survey Research. Chicago, London. The University of Chicago Press

Weishaupt, Horst (2006): Der Beitrag von Wissenschaft und Forschung zur Bildungs- und Sozialberichterstattung. In: Zeitschrift für Erziehungswissenschaft 9(2006)6: 42-52

Weiß, Reinhold (2002): Weiterbildung in Eigenverantwortung. Ergebnisse einer telefonischen Befragung. Köln. Deutscher-Instituts-Verlag

Weymann, Ansgar/Martens, Kerstin (2005): Bildungspolitik durch internationale Organisationen. Entwicklung, Strategien und Bedeutung der OECD. In: Österreichische Zeitschrift für Soziologie 30(2005)4: 68-86

Weymann, Ansgar (2004): Individuum – Institution – Gesellschaft. Erwachsenensozialisation im Lebenslauf. Wiesbaden. VS Verlag

Wilkens, Ingrid/Leber, Ute (2003): Partizipation an beruflicher Weiterbildung. Empirische Ergebnisse auf der Basis des Sozio-Ökonomischen Panels. In: Mitteilungen aus der Arbeitsmarkt- und Berufsforschung 3/2003: 329-337

Willke, Helmut (1995): Systemtheorie III. Steuerungstheorie. Grundzüge einer Theorie der Steuerung komplexer Sozialsysteme. Stuttgart, Jena. Gustav Fischer Verlag

Willke, Helmut (1994): Systemtheorie II. Interventionstheorie. Einführung in die Theorie der Intervention in komplexe Sozialsysteme. 3. Aufl. Stuttgart, Jena. Gustav Fischer Verlag

Willke, Helmut (1991): Regieren als die Kunst systemischer Intervention. In: Hartwich/Wewer 1991: 35-51

Windzio, Michael/Sackmann, Reinhold/Martens, Kerstin (2005): Types of Governance in Education. A Quantitative Analyses. Sfb 597, Transformation of the State, Working Paper No. 25. URL: http://www.sfb597.uni-bremen.de/pages/ download.php?ID=27&SPRACHE=en&TABLE=AP&TYPE=PDF

Wittpoth, Jürgen (1997): Recht, Politik und Struktur der Weiterbildung. Eine Einführung. Baltmannsweiler. SchneiderVerlag Hohengehren

Wittpoth, Jürgen (1997a): Grenzfall Weiterbildung. In: Lenzen/Luhman (1997): 71-93

Wohn, Kathrin (2006): Effizienz von Weiterbildungsmessung. Eine Expertise gefördert durch den Rat für Sozial- und Wirtschaftsdaten im Rahmen des Wettbewerbs 'Bildung im Erwerbsleben. ZUMA. URL: www.ratswd.de/download/workingpapers2007/19_07.pdf

Alle Angaben zu URL-Adressen wurden am 07.04.2009 letztmalig auf Gültigkeit überprüft.

# Anhang

## Anhang A

*Abbildung 21:* Teilnahme an allgemeiner und beruflicher Weiterbildung 1991-2003 (in%) in der Darstellung von »Bildung in Deutschland« (2006)

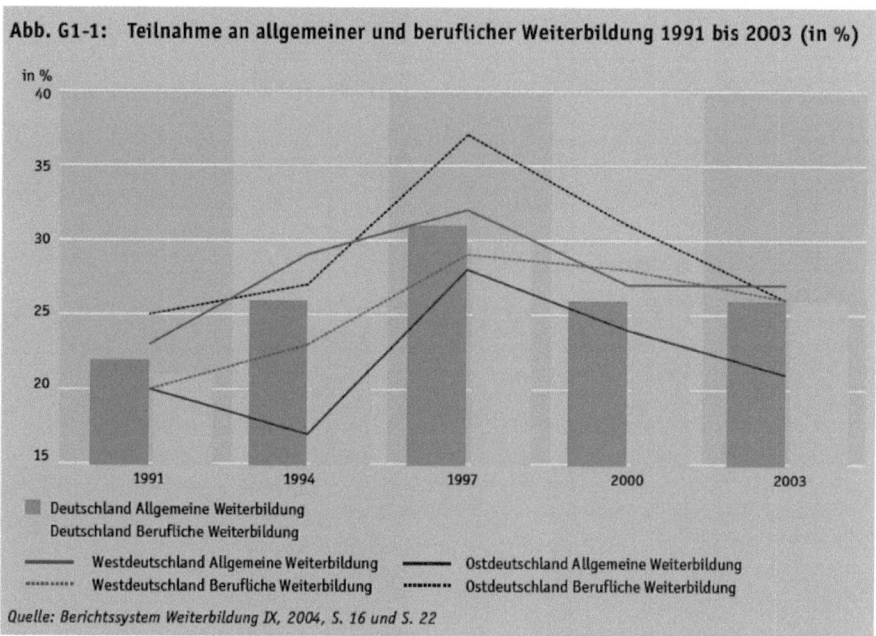

Quelle: KBBE (2006): Bildung in Deutschland. PDF-Version, Seite 124 (Das Original ist farbig. Für den Druck in schwarz-weiß mussten Qualitätsmängel in Kauf genommen werden.)

## Anhang B – Auszüge aus dem Fragebogen des Mikrozensus

| | | | | | | | |
|---|---|---|---|---|---|---|---|
| 109 | Nehmen Sie gegenwärtig an einer **Bildungsmaßnahme teil**, oder haben Sie an einer solchen **seit Ende April 1999** teilgenommen? | | | | | | |
| | | **Ja** – und zwar ... | | | | | |
| | | an einer beruflichen Aus- oder Fortbildung bzw. Umschulung | 1 | 1 | 1 | 1 | 1 |
| | Bitte weiter mit 116 ← | an einer Maßnahme der allgemeinen Weiterbildung | 2 | 2 | 2 | 2 | 2 |
| | | sowohl an einer beruflichen Aus- oder Fortbildung bzw. Umschulung als auch einer Maßnahme der allgemeinen Weiterbildung | 3 | 3 | 3 | 3 | 3 |
| | Bitte weiter mit 120 ← | **Nein** | 8 | 8 | 8 | 8 | 8 |
| 109a | Haben Sie an der **beruflichen Ausbildung, Fortbildung oder Umschulung** in den letzten 4 Wochen teilgenommen? | | | | | | |
| | | Ja | 1 | 1 | 1 | 1 | 1 |
| | | Nein | 8 | 8 | 8 | 8 | 8 |
| 110 | Ist (oder war) diese **Maßnahme** ein **berufliches Praktikum** oder eine **Lehrausbildung**? | | | | | | |
| | | **Ja** - und zwar ... | | | | | |
| | | ein berufliches Praktikum | 1 | 1 | 1 | 1 | 1 |
| | | eine Lehrausbildung | 2 | 2 | 2 | 2 | 2 |
| | | **Nein**, eine sonstige Ausbildung, Fortbildung, Umschulung | 8 | 8 | 8 | 8 | 8 |
| 112 | Was ist (oder war) der **Zweck dieser Maßnahme**? | | | | | | |
| | | Erste berufliche Ausbildung | 1 | 1 | 1 | 1 | 1 |
| | | Durch das Arbeitsamt geförderte Maßnahme der Aus- und Fortbildung, Umschulung | 2 | 2 | 2 | 2 | 2 |
| | | Berufliche Weiterbildung - und zwar ... | | | | | |
| | | zur beruflichen Weiterentwicklung, Vertiefung von Fachkenntnissen, Anpassung an technologische Veränderungen | 3 | 3 | 3 | 3 | 3 |
| | | zur Vorbereitung auf die Rückkehr ins Arbeitsleben nach längerer Unterbrechung | 4 | 4 | 4 | 4 | 4 |
| | | zu sonstigen Zwecken | 5 | 5 | 5 | 5 | 5 |
| 113 | Wo beziehungsweise **wie** wird (oder wurde) diese **berufliche Maßnahme** überwiegend durchgeführt? | | | | | | |
| | | Am Arbeitsplatz und in einer beruflichen Schule/Bildungseinrichtung | 1 | 1 | 1 | 1 | 1 |
| | | Unterricht an einer beruflichen Schule/Hochschule oder einer sonstigen Bildungseinrichtung | 2 | 2 | 2 | 2 | 2 |
| | | Am Arbeitsplatz | 3 | 3 | 3 | 3 | 3 |
| | | Durch Fernunterricht | 4 | 4 | 4 | 4 | 4 |
| | Bitte weiter mit 116 ← | Selbststudium | 5 | 5 | 5 | 5 | 5 |
| | | Tagungen, Seminare, Arbeitsgruppen | 6 | 6 | 6 | 6 | 6 |

Quelle: Mikrozensus. Stichprobenerhebung über die Bevölkerung und den Arbeitsmarkt. Mikrozensus 2001 und Arbeitskräftestichprobe der Europäischen Union 2001. Erhebungsbogen 1+E. URL: http://www.gesis.org/fileadmin/upload/dienstleistung/ daten/amtl_mikrodaten/mz/Grundfile/mz2000/frabo00.pdf

# Anhang C – Auszüge aus dem Fragebogen der BIBB/IAB-Erhebung

**B100_i** (10 Schleifen maximal. _i=01,02,... ,10)

Wir möchten uns nun Ihrer beruflichen Ausbildung zuwenden. Wir interessieren uns für alle Arten von Ausbildungen oder Fortbildungen, die zu einem beruflichen Abschluß führen, unabhängig davon, ob Sie sie abgeschlossen haben oder nicht.

Kurze Weiterbildungskurse zählen nicht dazu. Allerdings werden mehrere einzelne Kurse zusammen als ein Ausbildungsabschnitt betrachtet, wenn sie hintereinander besucht wurden, aufeinander aufbauten und zu einem Berufsabschluß hinführten.

Die einzelnen Ausbildungsgänge werden nacheinander abgehandelt.
Denken Sie nun zunächst an Ihre erste Berufsausbildung, die Sie begonnen haben. Was war bzw ist das für eine Ausbildung? Welcher Punkt auf dieser Liste trifft zu?
*Interviewer: Blaue Liste 400 vorlegen! Nur eine Nennung.*

| | | |
|---|---|---|
| (Betriebliche) Lehre | 1 | ☐B101_i |
| Schulische Berufsausbildung in Berufsfachschule oder Fachschule | 2 | ☐B200_i |
| Studium | 3 | ☐B200_i |
| Beamtenausbildung (nicht DDR) | 4 | ☐B401_i |
| Referendariat, Facharztausbildung, Psychotherapeutenausbildung oder ähnliches *(in d. Regel nicht als erste Ausbildung möglich)* | 5 | ☐B101a_i |
| Ausbildung (Fortbildung) zum Meister, Techniker, Betriebswirt oder Fachwirt *(in d. Regel nicht als erste Ausbildung möglich)* | 6 | ☐B200a_i |
| Volontariat | 7 | ☐B101_i |
| Traineeausbildung | 8 | ☐B101_i |
| sonstige berufliche Fortbildung oder Ausbildung (z.B. auch an einer Bildungsstätte der Kammern, der Gewerkschaften, eines freien oder privaten Trägers, oder ähnliches) | 9 | ☐B200_i |
| habe keine berufliche Ausbildung oder Fortbildung begonnen | 10 | ☐B501 |
| weiß nicht/ verweigert | 99 | ☐B501 |

**F501** Denken Sie nun einmal an die letzten 5 Jahre, also die Zeit von Anfang 1994 bis heute.

Haben Sie in dieser Zeit Lehrgänge, Kurse oder Seminare besucht, die der Weiterbildung im Beruf oder der beruflichen Umschulung dienen?

| | | |
|---|---|---|
| Ja | 1 → | F502 |
| Nein | 2 → | F503 |
| Weiß nicht/verweigert | 9 → | F503 |

**F502** In welchem Jahr haben Sie zuletzt an einem solchen Lehrgang oder Kurs teilgenommen?

Weiß nicht/verweigert: 9999

[____] Jahr 9999

**F503** Welche der folgenden Fortbildungsmöglichkeiten haben Sie in den vergangenen zwei Jahren – also seit Beginn 1997 – genutzt, um zusätzliche Kenntnisse zu erwerben? (*Liste 503 vorlegen – Mehrfachnennungen möglich*)

| | | |
|---|---|---|
| F503A | Fachmessen, Kongresse, Ausstellungen besucht | 1 |
| F503B | An Fachvorträgen, Vorführungen, Präsentationen teilgenommen | 1 |
| F503C | Einarbeitung, Einweisung am Arbeitsplatz | 1 |
| F503D | An betrieblichen Maßnahmen wie Qualitätszirkeln, Lernstatt o.ä. teilgenommen | 1 |
| F503E | Praktikum, Hospitation, Abordnung | 1 |
| F503F | Besondere Aufgaben übernommen, um berufliche Kenntnisse, Erfahrungen zu erweitern | 1 |
| F503G | Regelmäßige Lektüre von Fachzeitschriften, Fachliteratur | 1 |
| F503H | Anderweitig beruflich fortgebildet (aber nicht Lehrgänge, Kurse oder Seminare) | 1 |
| F503N | Nichts davon | 1 |
| F503W | Weiß nicht/verweigert | 1 |

Quelle: Infratest Burke Sozialforschung/Infas: Erhebungsinstrument. Fragebogenmaster für die CAPI-Programmierung. Erwerb und Verwertung beruflicher Qualifikationen. BIBB/IAB-Erhebung 1998/99. URL: www.bibb.de/dokumente/pdf/a22_bibb-iab-1998-1999_fragebogen.pdf

# Anhang D – Auszüge aus dem Fragebogen des SOEP

**107.** Die folgenden Fragen zur <u>beruflichen Weiterbildung</u> richten sich nur an Personen unter 65 Jahren.

Sind Sie  65 Jahre und älter? ....... ☐ ➡ *Sie springen auf Frage **115!***
  unter 65 Jahre alt? ....... ☐
  ⇩

**108.** Beruflich Weiterbildung kann verschiedene Ziele haben.
Welche der folgenden Ziele könnten für Sie persönlich ein Grund sein, an beruflicher Weiterbildung teilzunehmen?
☞ *Mehrfachnennungen möglich!*

| | |
|---|---|
| Eine berufliche Abschlußprüfung nachholen | ☐ |
| Sich auf einen anderen Beruf umschulen lassen | ☐ |
| Berufliche Kenntnisse, die zum Teil veraltet sind, wieder auffrischen | ☐ |
| Sich ständig neuen Entwicklungen im Beruf anpassen | ☐ |
| Sich weiter qualifizieren, um beruflich aufsteigen zu können | ☐ |
| Neue Gebiete kennenlernen, um beruflich nicht so festgelegt zu sein | ☐ |
| Nichts davon, **kein Interesse** an Weiterbildung | ☐ |

**109.** Es kann auch bestimmte Gründe geben, <u>nicht</u> an Weiterbildung teilzunehmen.
Welche der folgenden Aussagen treffen für Sie zu?

| | Trifft zu | Trifft nicht zu |
|---|---|---|
| Durch Teilnahme an beruflicher Weiterbildung kann ich meine persönlichen Berufschancen nicht verbessern | ☐ | ☐ |
| Für eine Teilnahme an beruflicher Weiterbildung fehlt mir die Zeit | ☐ | ☐ |
| Wenn berufliche Weiterbildung mit Kosten oder Verdienstausfall verbunden ist, kommt das für mich nicht in Frage | ☐ | ☐ |

**110.** Wenn man sich beruflich weiterbilden will, gibt es dafür verschiedene Möglichkeiten. Denken Sie einmal an die letzten drei Jahre.
Haben Sie für Ihre eigene berufliche Weiterbildung in dieser Zeit –

|  | Ja | Nein |
|---|---|---|
| – regelmäßig Fachzeitschriften oder Fachbücher gelesen? | ☐ | ☐ |
| – Fachmessen oder Kongresse besucht? | ☐ | ☐ |
| – an berufsbezogenen Lehrgängen oder Kursen teilgenommen, einschließlich solchen, die derzeit noch laufen? | ☐ | ☐ ➜ Sie springen auf Frage **115!** |

**111.** Wie viele Kurse oder Lehrgänge zur beruflichen Weiterbildung haben Sie in den letzten drei Jahren besucht? Anzahl: ☐

☞ Längerdauernde Kurse, die schon früher begonnen haben, aber im Zeitraum der letzten drei Jahre endeten, sind mitzurechnen. Entsprechende Angaben bitte auch in Frage 112.

Bitte weiter mit Frage **112!**

---

**Fortsetzung Frage 112**

|  | letzter oder derzeitiger Kurs 1 | der Kurs davor 2 | der Kurs davor 3 |
|---|---|---|---|
| **g) Von welchem Veranstalter wurde dieser Kurs durchgeführt?** | | | |
| Arbeitgeber, Betrieb, Behörde, bei dem / der man beschäftigt ist | ☐ | ☐ | ☐ |
| Besondere Ausbildungsstätte der Firma / Behörde | ☐ | ☐ | ☐ |
| Volkshochschule | ☐ | ☐ | ☐ |
| Wirtschafts- oder Berufsverband / Kammer / Innung | ☐ | ☐ | ☐ |
| Gewerkschaft | ☐ | ☐ | ☐ |
| Kirche | ☐ | ☐ | ☐ |
| Privates Schulungszentrum / Institut | ☐ | ☐ | ☐ |
| Sonstiges | ☐ | ☐ | ☐ |
| **h) Erhielten Sie für diese Weiterbildungsmaßnahme finanzielle Unterstützung oder Lohnfortzahlung vom Arbeitgeber, vom Arbeitsamt oder von einer anderen Stelle?** | | | |
| Ja, vom Arbeitgeber | ☐ | ☐ | ☐ |
| Ja, vom Arbeitsamt | ☐ | ☐ | ☐ |
| Ja, von anderer Stelle | ☐ | ☐ | ☐ |
| Nein | ☐ | ☐ | ☐ |

Anhang

i) Wie hoch waren die Kosten, die Ihnen selbst durch die Teilnahme an der Weiterbildungsmaßnahme entstanden sind?

Entstandene Kosten　　　　　　　　DM ......... ☐☐☐☐ ☐☐☐☐ ☐☐☐☐

Keine eigenen Kosten entstanden ................................ ☐ ................. ☐ ................ ☐

113. Im nachhinein betrachtet, wie hat sich die Weiterbildung beruflich für Sie ausgezahlt?

Sehr ................................. ☐
Ein wenig ........................... ☐
Gar nicht ........................... ☐
Weiß nicht, noch nicht zu sagen ........ ☐

114. Inwieweit könnten Sie die neu erworbenen Kenntnisse im Falle eines Stellenwechsels auch in einem anderen Betrieb anwenden?

Überhaupt nicht ............................. ☐
Begrenzt, nur einen kleinen Teil ......... ☐
Weitgehend ................................... ☐
Voll und ganz ................................ ☐

Quelle: Infratest Burke Sozialforschung: Personenfragebogen SOEP 2000: URL: http://www.diw.de/documents/dokumentenarchiv/17/38993/fr_personen.354378.pdf

## Anhang E – Auszüge aus dem Fragebogen des BSW

*Liste 18*

| | Ja, in den letzten 3 Jahren (2001 - 2003) | Ja, schon länger her |
|---|---|---|

A  Ich habe mich mit Hilfe von Lehrgängen / Kursen auf einen anderen Beruf umschulen lassen

B  Ich habe an Lehrgängen / Kursen für den beruflichen Aufstieg teilgenommen (z.B. zum Meister, Techniker, Betriebswirt)

C  Ich habe im Betrieb an besonderen Lehrgängen / Kursen zur Einarbeitung in eine neue Arbeit teilgenommen

D  Ich habe an Lehrgängen / Kursen zur Anpassung an neue Aufgaben in meinem Beruf teilgenommen

E  Ich habe an sonstigen Lehrgängen / Kursen in meinem Beruf teilgenommen

---

*Befragungspersonen: alle derzeit/früher Erwerbstätigen lt. F03*
**[F09_1]**

Haben Sie im letzten Jahr, also 2000, oder in den letzten drei Jahren, also 1998-2000 eine oder mehrere der folgenden Formen des berufsbezogenen Lernens oder des Lernens am Arbeitsplatz ausgeführt? Weiterbildung in Form von LEHRGÄNGEN oder KURSEN ist hier NICHT gemeint!

--> Liste 9 vorlegen!

Fortsetzung auf den nächsten Seiten!

**[F09_2]**

--> Fortsetzung von Frage 9 !

- ❏ Ja, im letzten Jahr (2000)  *[1]*
- ❏ Ja, in den letzten 3 Jahren (1998-2000)  *[2]*
- ○ Nein                                                                 *[3]*
- ○ Keine Angabe  *[4]*

Wie ist das mit berufsbezogenem Lernen vom Typ:
{Kennziffer} {Text} ?

Haben Sie diese Form des Lernens letztes Jahr oder in den letzten 3 Jahren ausgeführt?

Anhang 173

**Beginn der Schleife für die berufliche Weiterbildung**
**(Abfrage erfolgt für bis zu 4 Kurse der beruflichen Weiterbildung)**

*Befragungspersonen: Teilnehmer an beruflicher Weiterbildung 2000 (nur 1. Kurs)*
**[F20A]**

Wir bitten Sie nun um einige nähere Informationen zu den Lehrgängen / Kursen, an denen Sie im Jahr 2000 teilgenommen haben.

Wenn Sie an mehreren Lehrgängen / Kursen teilgenommen haben, nennen Sie bitte ALLE Veranstaltungen. Beginnen Sie bitte mit dem Lehrgang / Kurs, den Sie ZULETZT besucht haben.

Bei mehr als 4 Lehrgängen / Kursen im Jahr 2000:
Wählen Sie bitte die Veranstaltungen mit den meisten Stunden aus.

*Befragungspersonen: Teilnehmer an beruflicher Weiterbildung 2000 (nur 2.-4. Kurs)*
**[F35]**

Haben Sie im Jahr 2000 an weiteren Lehrgängen oder Kursen zur beruflichen Weiterbildung teilgenommen?

- Ja *[1]*
- Nein *[2]*

*Befragungspersonen: Teilnehmer an beruflicher Weiterbildung 2000*
**[F21]**

Es geht jetzt um den *{n}*. von Ihnen besuchten Lehrgang oder Kurs!
Bitte sagen Sie mir anhand dieser Liste, was für ein Lehrgang oder Kurs das war.

--> Liste 21 vorlegen!

- (A) Umschulung *[1]*
- (B) Beruflicher Aufstieg *[2]*
- (C) Einarbeitung *[3]*
- (D) Anpassung *[4]*
- (E) Sonstiger Lehrgang / Kurs _____ *[5]*

- KA *[6]*

Quelle: Infratest Sozialforschung. Befragungssysteme 2001. Fragenprogramm zu Berichtssystem Weiterbildung VIII (Bezugsjahr 2000). Bezogen über das Zentralarchiv der Gesis, Köln.

# VS RESEARCH

„Theorie und Empirie Lebenslangen Lernens"
Herausgeber: Christiane Hof, Jochen Kade, Harm Kuper, Sigrid Nolda,
Burkhard Schäffer und Wolfgang Seitter.

zuletzt erschienen:

Jörg Dinkelaker
**Kommunikation von (Nicht-) Wissen**
Eine Fallstudie zum Lernen Erwachsener in hybriden Settings
2008. 281 S., 8 Tab., Br. € 35,90
ISBN 978-3-531-15944-7

Christine Hartig
**Berufskulturelle Selbstreflexion**
Selbstbeschreibungslogiken von ErwachsenenbildnerInnen
2008. 357 S., Br. € 39,90
ISBN 978-3-531-15941-6

Cornelia Maier-Gutheil
**Zwischen Beratung und Begutachtung**
Pädagogische Professionalität in der Existenzgründungsberatung
2009. 272 S., 8 Abb., Br. € 34,90
ISBN 978-3-51-16588-2

Ines Himmelsbach
**Altern zwischen Kompetenz und Defizit**
Über den Umgang mit eingeschränkter Handlungsfähigkeit am Beispiel
der altersbedingten Makuladegeneration
2009. 323 S., 36 Abb., Br. € 39,90
ISBN 978-3-531-16442-7

www.vs-verlag.de

VS Verlag für Sozialwissenschaften
Abraham-Lincoln-Straße 46
65189 Wiesbaden

**VS** RESEARCH

MIX
Papier aus verantwortungsvollen Quellen
Paper from responsible sources
FSC® C105338

If you have any concerns about our products,
you can contact us on
**ProductSafety@springernature.com**

In case Publisher is established outside the EU,
the EU authorized representative is:
**Springer Nature Customer Service Center GmbH
Europaplatz 3, 69115 Heidelberg, Germany**

Printed by Libri Plureos GmbH
in Hamburg, Germany